조선왕실의 군사의례

조선왕실의 의례와 문화 7

조선왕실의 군사의례

초판 1쇄 인쇄 2019년 5월 3일

초판 1쇄 발행 2019년 5월 10일

지은이 이왕무

펴낸이 이방원

편 집 강윤경·김명희·안효희·윤원진·정조연·정우경·송원빈

디자인 손경화·박혜옥 **영 업** 최성수 **마케팅** 이미선

펴낸곳 세창출판사

출판신고 1990년 10월 8일 제300-1990-63호

주소 03735 서울시 서대문구 경기대로 88 냉천빌딩 4층

전화 723-8660 **팩스** 720-4579

이메일 edit@sechangpub.co.kr **홈페이지** http://www.sechangpub.co.kr

ISBN 978-89-8411-816-4 04900

978-89-8411-639-9 (세트)

_ 이 도서의 국립중앙도서관 출판시도서목록(CIP)은 서지정보유통지원시스템 홈페이지(http://seoji.nl.go.kr)와 국가자료공동목록시스템(http://www.nl.go.kr/kolisnet)에서 이용하실 수 있습니다. (CIP제어번호: CIP2019014789)

_ 이 도서는 2011년도 정부재원(교육과학기술부 학술연구지원사업비)의 지원에 의하여 연구되었음(AKS-2011-ABB-3101)

조선왕실의
의례와 문화
7

조선왕실의
군사의례

이왕무
지음

세창출판사

머리말

영국 여왕 엘리자베스 2세는 매년 날씨가 화창한 초여름에 자신의 생일을 기념하는 왕실 근위대의 퍼레이드[Queen's official Birthday]를 사열(査閱)한다. 작년에도 어김없이 여왕이 주재하는 생일 퍼레이드가 진행되었다. 1953년 여왕 대관식을 거행한 이후 지속된 생일 기념 퍼레이드이다. 엘리자베스 여왕이 즉위한 이후 왕실 근위대를 사열할 때는 늘 군복을 착용하고 말을 탔으나 1987년부터는 나이를 고려해 평상복에 마차를 이용한다. 그럼에도 근위대의 퍼레이드 진행에는 큰 변화가 없다. 여왕은 버킹검 궁 정문에서 근위 기병대의 에스코트를 받으며 사열장으로 향한다. 여왕이 사열하는 부대는 은색 투구와 갑옷의 기병대[House hold Carvalry], 검은색 털모자와 빨간색 제복의 보병 및 군악대[Master band]로 구성되어 있다.

여왕은 부대별로 근위병들의 복장과 무기를 살피고 군기(軍旗)를 대표로 하는 근위부대의 경례를 받는다. 사열은 근위 기병, 포병, 보병, 군악대 순서로 사열대를 지나가며 여왕에게 경례를 하는 것으로 막을 내리고, 엘리자베스 여왕은 퍼레이드를 사열한 후 군악대를 앞세워 부대를 이끌고 궁으로 돌아가는 것으로 퍼레이드는 종결된다. 퍼레이드가 사라지는 순간부터 연변에 운집했던 사람들이 버킹검 궁 정문으로 몰려들면서 이날을 경축하고 여왕은 가족과 같이 궁전의 발코니에서 군중들의 환호에 답한다. 여왕, 깃발, 군인, 군대가 하나로 합해져서 연출되는 왕실의 퍼레이드, 바로 왕실 군례가 전통으로 자리 잡아 장기 지속되는 모습이다.

영국 왕실의 퍼레이드에 나타나는 군례는 조선왕조에서도 기물의 차이는 있으나 의례적 상징성은 동일하게 존재했다. 정조시대 수원[화성(華城)] 원행(園幸)에서 보여 주던 행행(幸行) 행렬의 반차(班次)는 조선왕실 군례가 전형적으로 거행되던 퍼레이드였다. 정조가 창덕궁을 출발하여 도성-한강-수원에 이르는 여정에서 보여 주던 반차 구성은 군사 행렬로서 왕실 군례의 연출이었다. 정조를 중심으로 한 행렬은 왕실 호위군에서부터 악대, 의장병에 이르기까지 영국 여왕의 퍼레이드처럼 국왕의 위의(威儀)를 빛내며 왕실의 영속성(永續性)을 대내외에 표명하였다. 특히 정조의 행행 모습을 보려고 몰려들던 백성들이 자유롭게 행동하며 국왕의 위용을 바라보면서 축제의 한마당처럼 즐거워하던 장면은 버킹검 궁전 앞에 모여드는 관광객과 동일한 모습이다.

이런 배경에서 조선왕실의 군사의례는 일반적인 군사 활동과는 구분되는 왕실 문화의 하나라고 평가할 수 있다. 군주이건 대통령이건 통치권자의 퍼레이드는 사람들의 이목을 끌기에 충분한 흥미 요소가 담겨 있기 때문이라고 본다. 조선왕실의 군례가 다른 국가의례와 차별적인 것이 그런 재미 때문이기도 하다. 군례가 무거운 주제이기는 하지만, 왕실 군례는 많은 사람들이 소통하고 접근할 수 있는 요소를 지니고 있다. 물론 국왕의 위의와 권력을 강조하기 위해 설행하는 경우도 있었다. 그렇지만 국왕이 주재자인 왕실 군례에서는 퍼레이드가 주요 내용이었으므로 일반인과의 소통은 필연적 결과였다.

필자는 조선왕조 국가의례의 정착 배경과 국왕별 변화상에 입안하여 왕실 군사의례를 연구하였다. 군사의례의 역사적 유래와 성립, 그리고 변화를 조명하여 조선왕실 문화의 시대성을 조명하는 데 중점을 두었다. 또한 군례가 의례에서 특수한 부분이 아닌 조선왕조가 지향하던 문화 코드의 하나로 위치하였음을 밝히고자 하였다. 이를 통해 조선왕조가 문치주의를 지향한 국가로 유교이념에 젖었던 문약한 국가라는 이미지를 극복하는 데에도 조선왕실의 군사의례 연구가 일조할 것으로 기대한다.

2019년 4월

이 왕 무

차례

제 1 장

서론

1 연구의 목적과 필요성

『조선왕실의 군사의례』는 조선시대 왕실과 국가에서 시행하였던 다양한 군사의례를 연구대상으로 한다. 군사는 국가적 단위의 물리력을 동원하는 군사 활동으로 군사훈련, 무력시위, 전쟁 등을 의미한다. 이 같은 군사 활동이 중국에서는 선진(先秦) 시대부터 이미 국가의례화하여 전례(典禮)에 포함되었을 정도로 역사적 기원이 오래되었다. 예컨대 의례의 원형으로 자주 인용되는 『주례(周禮)』의 오례 속에 이미 군례가 들어가 있었으며, 이 같은 전통은 중국의 역대 왕조로 계승되었다. 중국 왕조에서 군례를 유지한 것은 군사라는 무력의 성격 때문이다. 군례는 군사의 동원과도 관계가 있지만, 통치권을 안정적으로 소유하고 있다는 군주의 무력 장악 정도를 의례적으로 정리한 것이다.

군례가 단순히 무력을 보유하고 강화하는 수단으로만 사용되었다면 역대 중국 왕조에서 농경민족만이 아니라 진, 당, 원, 청과 같은 북방 기마민족이 지배할 때 굳이 군례를 사용할 필요가 없었을 것이다. 기마민족이 중원의 농경민족이 창안하고 정착시킨 유교적 의례인 군례를 자신들의 강력한 무력 집단에 도입했다는 것은 군사적인 문제보다 통치, 정치에 연관되었다고 볼 수밖에 없다. 군례 이외의 다른 의례도 통치와 연관되어 있다고 할 수도 있겠지만, 정권의 안녕을 해치고 권력을 견제할 수 있는 물리적 수단은 군사력만한 것이 없다. 또한 정권이 안정기에 접어들면 권력을 위협할 수 있는 군사력의 절제와 남용을 제한하는 제도의 정비가 필요하다. 이런 상황에서 권력 구성원들이 자발적으로 움직이고 절제하도록 하는 것은 의례만한 것이 없다.

반면 동양과 달리 유럽은 군례가 중세 이후에 재조정되는 모습을 보인다. 유럽이 제국주의국가로 변모하여 해외식민지 개척에 나서게 된 배경에는 강력한 군사력이 주요한 원동력이기도 하였다. 유럽의 군대는 로마 황제와 샤를마뉴 대제기에 강력한 모습을 보였다. 특히 로마의 하드리아누스 황제가 구축한 제국 방어선체제[Cordon defense]의 영구적인 요새와 성벽들은 로마군의 강인함을 상징하는 그 자체였다. 하지만 유럽 군대가 십자군 전쟁에서 살라딘에게 참패하고, 폴란드 평원에서 몽골군에게 전멸되고, 오스만제국군에게 비잔틴제국이 멸망되던 시기를 생각한다면, 근대로 진입하기 전 중세기의 유럽 군대는 강력한 존재라고 단정하기는 어렵다. 그런데 유럽은 15세기 말 이탈리아 전쟁, 16세기 후반의 종교전쟁, 1568년 이후 스페인과 홀랜드의 80년 전쟁, 17세기 전반의 30년 전쟁과 17세기 후반의 프랑스 대외침략전쟁, 18세기 초두의 스페인 계승전쟁과 북방전쟁, 18세기 중반의 오스트리아 계승전쟁과 7년 전쟁, 18세기 말부터의 나폴레옹전쟁이 이어져서 16세기는 10년, 17세기는 4년, 18세기는 16년 등 30년 정도만이 평화의 시기일 정도로 전쟁의 시기를 경험했다.[1]

유럽의 장기간의 전쟁 경험은 과거와는 다른 전혀 새로운 군사 문화를 수용하고 변화시키게 되었다. 이에 따라 유럽의 군례는 시기별로 확연하게 차이를 나타낸다. 가톨릭 교황 중심의 중세 병농일치적인 체제에서 황제 중심의 근세 시민군 중심으로 전환되면서 지휘 체계와 운영 방법에 이르기까지 확연한 차이를 보였다.[2] 그중 대표적인 것이 16세기부터 17세기에 이르기까지 군대에 제복이 채용된 일이다. 제복은 군대의 결속을 높이는 것과 동시에 국왕의 위엄을 높이는 데 목적이 있었다. 특히 제복은 군대

1 阪口修平, 「軍隊」, 『近代ヨロッパの探究』, ミネルウァ書房, 2009, 68쪽.

2 阪口修平, 『歴史と軍隊』, 創元社, 2010, 2~6쪽.

계급과 사회계층의 차별을 의례화시키고 국민국가의 상징으로까지 작용하였다.[3]

이와 같이 동서양의 군례는 시대적으로 큰 차이를 보이는 것은 물론 중국을 중심으로 하는 동북아시아의 오례에 기초한 군례가 다른 지역에서는 나타나지 않는 특별한 형태임을 확인할 수 있다. 조선은 물론 역대 중국 왕조의 군례가 늘 주례를 비롯하여 고대 중원에서 착안한 오례의 구조에서 벗어나지 않은 것은 흥미로운 점이다. 물론 그 배경에는 유교라는 이데올로기적인 전통이 있었고, 그 유교 때문에 왕실의 군례도 오례의 큰 범위 안에서 장기적으로 유사한 양상을 보이며 유지되었다. 바로 이 점이 왕실의 군례를 연구하는 큰 기점이라고 본다. 또한 동서양 군사 제도의 제 양상에 대한 인식을 정립한 뒤에야 한국사에서 조선시대 왕실 군례의 역사성과 특성을 바르게 알 수 있을 것이다.

그렇다면 한국사에서 군례가 등장하고 정립되던 시기는 언제였을까? 역사의 보편적인 흐름과 양상에 따라 삼국시대에 본격적으로 중국 왕조의 문명과 문물의 영향을 받았듯이 군례도 이 시기에 수용한 것으로 인식할 수 있다. 고구려와 백제, 신라에서 군대의 사열(査閱)을 행한 것에서 그 기원을 찾고 있다.[4] 조선시대의 군사의례는 성종대에 반포된 『국조오례의(國朝五禮儀)』의 군례를 표준으로 한다. 『국조오례의』 군례에는 사우사단의(射于射壇儀), 관사우사단의(觀射于射壇儀), 대열의(大閱儀), 강무의(講武儀), 구일식의(求日食儀), 계동대나의(季冬大儺儀), 향사의(鄕射儀) 등 총 7개의 군사의례가 정비되었다. 이 7개의 군사의례는 직접적으로는 『세종실록』 오례의 군례를 재정비한 것이었다. 『세종실록』 오례의 군례는 고려시대 오례의 군례, 중국의 길례(古禮), 명나라의 시왕례(時王禮)를 참조하여 완성했다.

3 阪口修平, 「軍隊」, 『近代ヨロッパの探究』, 46~47쪽.

4 채미하, 「신라의 軍禮 수용과 王權」, 『한국사연구』 149, 2010, 108~115쪽.

따라서 조선시대의 군사의례는 그 기원을 삼국시대로 보며, 대내적으로는 고려시대의 군사의례를 계승, 발전시킨 것이며 대외적으로는 중국의 군사의례를 계승, 발전시킨 것이라고 할 수 있다. 이런 점에서 조선시대 군사의례의 특징과 기능을 심층적, 구조적으로 파악하기 위해서는 고려시대의 군사의례 그리고 중국의 군사의례와의 비교가 필수적이다.

『국조오례의』에 규정된 7개의 군사의례 중에서 향사의를 제외한 6개의 군사의례는 국왕을 중심으로 하였다. 이들 6개의 군사의례 중에서 사우사단의와 관사우사단의는 왕과 관료들의 활쏘기 의례였고, 대열의는 군사사열 의례였으며, 강무의는 사냥 의례였다. 즉 이들 4가지 의례는 왕이 관료들과 군사들을 거느리고 시행하는 군사훈련으로서 국내의 반란군이나 역적들을 경계시키기 위한 목적에서 시행되었다. 반면 구일식의는 말 그대로 일식을 구제하기 위한 의례였고, 계동대나의는 역병을 쫓기 위한 의례로서 조선 백성들의 삶을 위협하는 귀신들을 몰아내기 위한 목적에서 시행되었다.

이 같은 군사의례를 통하여 조선시대의 국왕은 중앙집권적 군사 통솔권을 대외적으로 보여 주었다. 동시에 정장한 정예병과 무기, 기치(旗幟)들을 통하여 왕권과 권위를 시각적으로 왕국의 신민들에게 각인시켰으며, 한걸음 더 나아가 국왕은 불길한 귀신까지도 몰아내는 신성한 능력의 소유자임을 알렸다. 이런 면에서 조선시대 왕권의 군사적 기능과 특징을 파악하기 위해서는 군사의례에 대한 이해가 필수적이다. 다음의 〈표 1〉은 조선시대 의례서에 게재된 군례의 변화상을 정리한 것이다.

그런데 군사의례 이외의 의례는 국왕과 신료만이 제한된 공간에서 행사를 거행한 것에 반해 군사의례는 궁궐을 벗어나 개방된 야외에서 행하였으므로 민인들도 국왕의 의례에 참여하는 만민적 역할도 수행하였다. 이런 현상은 역대 중국 왕조에서도 유사하게 보인다. 예컨대 청대에 열하(熱

표1 조선시대 의례서의 군례 변화

	『세종실록』「오례의」	『국조오례의』 1474(성종5)	『속오례의』 1744(영조20)	『국조오례통편』	『춘관통고』 1788(정조12)
개선	-	-	선로포의	선로포의	헌괵의 선로포헌괵의 선로포의
사례	사우사단의 관사우사단의 향사의	사우사단의 관사우사단의 향사의	대사의	사우사단의 관사우사단의 대사의 향사의	사우사단의 관사우사단의 대사의 연사의 친림시사의 친림융무당문신삭시사의 친림연융대시사의 향사의
열병	대열의	대열의	-	대열의	대열의
훈련	취각 강무의	강무의	-	성조의 강무의	강무의 성조의 야조의 용주도섭의
구식	구일식의	구일식의	친림구일식의	구일식의 구월식의	구월식의 구일식의 친림구일식의
나례	계동대나의	계동대나의	-	계동대나의	계동대나의
호궤	-	-	-	-	친림춘당대호궤의 친림호궤의

河)에서 군대 사열과 사냥에 임하던 강희제와 건륭제의 모습은 노량진과 화성(華城)에서 대열을 행하던 정조와 큰 차이를 보이지 않는다. 따라서 군사의례는 국왕과 왕실의 정치적 위상을 드높이는 행사에 국한된 의례가 아니었으며, 동북아시아 왕조들의 보편적인 군사 문화를 보여 준다는 면에서도 학술적 중요성이 크다.

이 외에 조선왕실의 군례가 중국, 일본의 주변 국가와 다른 점은 무엇인가 하는 점도 밝힐 필요가 있다. 중국은 당, 원, 청과 같이 상무(尙武) 정신을 높이던 왕조가 성립되면서 군례가 더욱 성대하게 진행되었으며, 일본은 가마쿠라[鎌倉] 막부와 전국시대(戰國時代)를 거치면서 고정불변적인 의례보다는 전장에서 활용되는 실용적인 부분이 나타났다. 반면 한국은 조선을 건국한 이성계의 일족이 무장 집단이었음에도 오히려 상무적인 지향보다는 문치적(文治的)인 의례의 정착에 주력했다. 이 점이 조선왕실 군사의례가 지니는 가장 큰 특징이며, 왕실의례가 지니는 공통적인 특징이다.

2 선행 연구 및 연구 방법

군사의례 연구는 조선시대는 물론 한국사 전체 범위에서 다소 미약한 실정이다. 최근 조선시대 국가의례 연구가 심층적으로 진행되고 있지만, 군례 연구는 상대적으로 많이 이루어지지 않았다.[5] 물론 군례의 하나인 군사훈련에 관해서는 다양한 연구들이 진행되었지만, 군례의 기원을 밝히거나 역사성 내지는 시대성을 천착한 연구는 미진하다. 무엇보다 군례 연구가 부진한 원인은 군례의 근원인 의례 연구가 미진했다는 것과 함께 1980년대까지 군사정권을 거치면서 사회분위기상 군대와 관련된 연구를 기피한 결과라고도 볼 수 있다. 예컨대 1960년대 국방부가 주도해서 출판한『한국군제사』의 개정판이 50년이 지난 2012년에 와서야 출간된 것이 반

5 池斗煥,「朝鮮初期 朱子家禮의 理解過程: 國喪儀禮를 중심으로」,『韓國史論』8, 1982; 지두환,『朝鮮前期 儀禮硏究: 性理學 正統論을 中心으로』, 서울대, 1994; 백영자,『朝鮮時代의 어가행렬』, 한국방송통신대학교, 1994; 李完宰,「朝鮮初期의 儒教的 國家儀禮에 대한 연구－五禮의 儀禮官을 중심으로」,『한국사상사학』10, 1998; 韓亨周,「朝鮮初期 朝賀儀禮에 대한 考察－正至朝賀를 중심으로」,『명지사론』13, 2002; 李範稷,「儒教 儀禮의 象徵」,『建大史學』10, 2003; 신병주,「仁祖代 '禮呈' 儀式의 추진과 관련 의례 연구」,『韓國學報』114, 2004; 김세은,「高宗初期(1863~1873) 國家儀禮 시행의 의미」,『朝鮮時代史學報』31, 2004; 지두환,「朝鮮後期 國喪儀禮 變遷－卒哭 練祭 前後 喪服의 변화를 중심으로」,『韓國學論叢』27, 2005; 김문식,「高宗의 皇帝 登極儀에 나타난 상징적 함의」,『조선시대사학보』37, 2006; 이왕무,「영조의 私親宮·園 조성과 幸行」,『藏書閣』15, 2006; 박례경,「조선시대 國家典禮에서 社稷祭 儀禮의 분류별 변화와 儀註의 특징」,『奎章閣』29, 2006; 강제훈,「조선 초기 朝儀의 의례구조와 상징」,『한국사연구』137, 2007; 이왕무,「조선 후기 국왕의 幸行時 궁궐의 宿衛와 留都軍 연구」,『軍史』62, 2007; 김문식,「국조오례통편(國朝五禮通編)의 자료적 특징」,『한국문화연구』12, 2007; 이욱,『조선시대 재난과 국가의례』, 창비, 2009; 한형주,「조선초기 왕세자의 국가의례 참여와 그 성격」,『역사민속학』30, 2009; 심승구,「朝鮮時代 大射禮의 設行과 政治·社會的 意味－1743년(영조 19) 大射禮를 중심으로」,『한국학논총』32, 2009; 정재훈,「조선시대 국왕의례에 대한 연구－講武를 중심으로」,『한국사상과 문화』5, 2009; 임민혁,「조선 초기 국가의례와 왕권－『국조오례의』를 중심으로」,『역사와 실학』43, 2010.

증일 것이다.

지금까지 국내에서 조선시대 군사의례와 관련해서는 주로 강무(講武), 열무(閱武), 대열(大閱), 대사례(大射禮), 행행(幸行) 등을 중심으로 단편적, 개별적 차원에서의 연구가 이루어졌다. 이 같은 연구를 통하여 국왕이 군사의례를 시행한 배경과 참석한 이유, 시대별 사례, 정치적 의미 등이 설명되었다. 반면 강무, 열무, 대사례가 조선왕조에 도입된 배경에서 그 군사의례의 유래가 단편적으로만 규명되거나 인용되어 군사의례의 시대적 연결성은 물론 목적성도 국왕별로 차이를 보이는 한계가 있다. 군례의 도입과 정착, 변화라는 역사적 변화 양상을 설명하기에도 다소 미흡한 실정이다. 특히 임진왜란과 양차의 호란으로 인해 큰 변화를 가져오는 조선의 전략전술에 대한 연구가 미흡한 상황에서 조선 전기와 후기의 군례를 비교하고 유기적으로 연결시키는 연구는 진행되지 못하고 있다. 결국 조선왕조 전 시기에 걸쳐 오례가 국가의례로 사용되었음에도 시대적 차이와 변화를 시사해 주지 못하고 있어서 자칫 왕조의 정체성만을 부각하는 모습이 되고 있다.

더욱이 조선시대의 군사의례에 관련된 기왕의 연구에서는 고대 중국 왕조에서 의례가 도입된 사실만을 지나치게 강조함으로써 역대 한국 왕조의 군사의례가 단절되었다는 오해를 불러일으킬 위험성을 가지고 있다. 또한 기존의 연구에서는 국가의례 자체가 지니는 성격보다 그 파생적인 현상에 편중하여 군사의례 거행의 본래 취지와 목적을 소략히 다룬 한계가 있다. 게다가 조선과 중국 간의 군사의례를 동시에 비교하는 연구도 이뤄지지 않아 군사의례의 역사적 연결성과 특징을 부각시키지 못했고 더 나아가 한족 중심의 역사서만 이용하고 원나라와 같은 유목 민족이 세운 정복왕조의 기록은 소홀히 다루어 중국 군사의례의 시대상도 정리하지 못한 실정이다.

따라서 현 시점에서 조선왕실의 군사의례에 관한 연구를 한 단계 진전시키기 위해서는 기왕의 연구 성과를 바탕으로 중국과의 비교사적 연구는 물론, 삼국시대부터 고려시대에 이르는 통시대적 비교연구가 절실한 상황이다. 또한 중국사적 시각이 아닌 북방 유목 민족의 영향에 따른 군례의 변화에도 주목하고자 한다. 이 책에서는 군사의례와 관련된 역대의 전례서(典禮書)와 의궤, 등록 등을 사용하였다. 군사의례가 조선왕조의 국가의례 체제인 오례에 해당하므로 전례서의 이용은 필수적이다. 조선시대의 군사의례를 다루는 국가전례서인 『세종실록』 오례, 『국조오례의』, 『속오례의(續五禮儀)』, 『국조오례통편(國朝五禮通編)』, 『춘관통고(春官通考)』, 『춘관지(春官志)』, 『증보문헌비고(增補文獻備考)』 등을 기본 자료로 하여 중국의 대표적 전례서인 『당개원례(唐開元禮)』, 『홍무예제(洪武禮制)』, 『대명집례(大明集禮)』, 『대명회전(大明會典)』, 『대청회전(大淸會典)』, 『오례통고(五禮通考)』 그리고 삼국시대와 고려시대의 국가의례와 관련된 『삼국사기』 예지(禮誌), 『고려사』 속지(禮誌) 등과 비교 분석할 것이다. 또한 군사의례를 행하는 군사들을 운영하던 『이진총방(隸陣總方)』과 같은 진법서(陣法書)들과 『대사례의궤(大射禮儀軌)』를 비롯한 다양한 의궤의 반차도와 왕실회화의 행사도를 이용하였다. 이들 자료에는 동원된 군사들의 수치, 위치, 기물, 복식에 이르기까지 다양한 내용들을 확인할 수 있다. 이외에 군례의 사상적 근원과 기원도 살피고자 한다. 기존 연구에 『주례』를 중심으로 하관(夏官)의 군례 사상을 밝힌 사례가 있다. 이 연구는 "봉강고국지사상(封疆固國之思想), 병농법합일지사상(兵農法合一之思想), 기천도신의어군사지사상(寄天道神意於軍事之思想), 군경합일사민휼중지사상(軍經合一使民恤衆之思想), 군권산출군령통일지사상(軍權散出軍令統一之思想), 중시군사교육공고영도중심지사상(重視軍事教育鞏固領導中心之思想), 협화만방제약부경지사상(協和萬邦濟弱扶傾之思想)" 등의 『주례』의 군례에 담긴 사상적 특징을 분류해서 설명하였다.[6] 군례가 지니는 정치적 목적 이외에 사상적인 토대를 밝힌 것이 주목된다. 이 책에서도 이와 같이 군례의 기원을 역사적인 정치 사건에 국한해서만이 아니라 군사사상이라는 배경에서도 접근해 보고자 한다.

6 鄭定國,『周禮夏官的軍禮思想』, 文史哲出版社, 1995.

제 2 장

『국조오례의』 군례의 성립과 특징

조선왕조의 오례는 기본적으로 제왕을 위한 통치의례로서 군례보다는 제사가 대부분인 길례(吉禮)와 상장례(喪葬禮)인 흉례(凶禮)가 차지하는 비중이 크다. 이 점은 조선시대 연대기 자료에서 군례가 진행되었던 기사와 관련 내용이 상대적으로 소략한 것에서도 알 수 있다. 그런데 『국조오례의』가 정착되기 이전의 시기에는 국왕의 사냥에서 대외정벌에 이르기까지 다양한 군례가 행해졌다. 이런 배경을 바탕으로 이 장에서는 군례가 조선 전기 『국조오례의』 체제로 정착되는 과정을 통시적으로 비교하여 분석하였다. 또한 조선시대 오례가 고려와 명나라의 예제를 흡수하여 성종대 『국조오례의』로 발전하는 과정을 설명하였다. 중국 고대의 군사의례의 등장과 성립 과정에서 삼국시대부터 전래되는 군사의례의 발달 과정, 신라의 당나라 군사의례의 도입과 고려시대 송나라와 원나라 군사의례의 도입, 조선시대에 계승한 군사의례의 전 과정을 정리하였다. 군사의례의 유입과 전개, 발전, 정착, 쇠퇴 등의 다양한 변화가 이루어진 이유와 의미에 대해 고대부터 조선에 이르기까지 사례를 들어 살펴보았다. 특히 『고려사』 예지, 『홍무예제』, 『국조오례의』 군례를 비교하여 조선왕조에서 수용한 내용과 변형된 부분을 살펴 조선왕조 군례의 특징을 부각시키고자 했다. 예컨대 고려가 적극적인 국제관계를 위해 군례에 출정 의식을 두었던 반면 조선의 군례에는 국외적 군사 활동보다 국내적인 것에 국한되는 모습을 통해 그 차별성을 살폈다.

1　군사의례의 기원과 의례화(儀禮化)

1686년(숙종 12) 봄, 숙종이 능행(陵幸)을 거행했다. 숙종은 숭릉(崇陵), 현릉(顯陵), 목릉(穆陵)을 차례로 알현한 다음 건원릉(健元陵)을 봉심(奉審)하였다. 이후 주정소(晝停所)에 이르러 소를 잡고 술자리를 마련하도록 하여 장병들을 먹이게 했다. 그리고 사하리(沙河里) 교장에 이르러서는 말에서 내려 장단(將壇)으로 올라가 열무(閱武)를 행하고자 했다. 이때 삼사(三司)와 승정원에서 번갈아 알현하고 열무를 행하지 말 것을 간하였으나 듣지 않았다. 이에 영의정 김수항(金壽恒), 좌의정 남구만(南九萬), 약방 도제조 김수흥(金壽興)도 입대를 청하여 간절하게 중지할 것을 청했으나 숙종은 끝내 받아들이지 않았다. 그리고는 훈련대장 신여철(申汝哲)에게 명하여 방진(方陣)을 치게 하고, 금군별장(禁軍別將) 민섬(閔暹)에게 금군(禁軍)을 거느리고 훈련도감의 진영으로 달려가서 그 기고(旗鼓)를 빼앗게 한 다음, 병조판서 이숙(李翻)에게도 수기(帥旗)를 가지고 단상에 올라 좌작진퇴(坐作進退)의 호령을 상례대로 다 마치게 한 뒤에 환궁하였다.[1] 조선왕조실록에 실린 숙종의 일화는 군례가 왕권에 의해 좌우되며 국왕을 제외한 누구도 간여할 수 없는 권한이었음을 보여 주고 있다. 오늘날 민주국가에도 군사권은 통수권과 직접 관련된 것으로 시스템적인 운용 구조라기보다는 최고 통수권자의 의지에 따라 좌우되는 경향이 있다. 물론 숙종의 사례같이 국왕의 일방적인 의사에 따라 군사를 움직이는 경우는 흔치 않았다.

1　『숙종실록』 권17, 숙종 12년, 3월 16일(경오).

과거에도 군대의 유지는 군주권의 강화를 의미하며, 국왕은 군대를 유지하기 위한 재원과 병력의 확보를 위해 여러 신분 계층의 협력이 필요하였다. 군대는 농민을 위주로 하는 병력의 징병과 항상적인 재원의 확보를 위한 과세가 도입되어야만 유지될 수 있었다.[2] 병농일치인 농업사회에서 군대를 유지하기 위한 인력과 재력을 확보하기 위해 군역(軍役)이 제도적으로 만들어지고 동시에 징집되거나 고용된 군사들을 군례에 맞추어 통솔했다. 국가의 재정이나 군주 개인의 자금만으로도 중세 유럽의 용병이나 일본 전국시대의 낭인을 고용했던 것처럼 국가의 안위와 군주의 시위를 담당하게 할 수 있었다. 그럼에도 국왕들은 국가의 공식적인 군사의례를 정착시켜 군대를 통솔했다. 조선왕조는 건국기부터 쇠망기까지 지속적으로 군례를 국가 체제에서 거행하였다.

조선왕조의 존속기간 동안 유럽, 명, 청, 일본의 전국시대와 에도시대에는 조선과 비교할 수 없을 정도로 거대한 군대가 유지되었고 많은 전쟁이 있었다. 따라서 군례의 형식에서 군사 동원의 양태가 조선보다 더 역동적이었다. 그러나 조선도 건국 초부터 북방 여진과 대마도 정벌, 왜구의 침략 등 임진왜란과 양차의 호란 이전부터 잠재적인 전란 상황이었다. 더욱이 건국 초기에는 고려의 유습에 젖어 국왕을 숙위(宿衛)하는 호위군에게 『신중경(神衆經)』 중에서 재앙을 없애는 주문을 대궐 뜰에서 외우게 할 정도로 군례의 이해수준이 미흡하였다.[3] 물론 태조가 중군(中軍)의 둑[纛]을 강무당(講武堂)에 옮겨 군사들이 갑옷을 입고 칼을 들고서 시위하게 했다는 기사를 보면 군례라는 국가의례의 상징성을 인지하고 있었음을 알 수 있다.[4] 둑기는 군신(軍神)을 상징하는 것으로 조선시대 국왕들이 지속적으로 제사를 지

2 阪口修平, 「軍隊」, 『近代ヨロッパの探究』, 72~76쪽.
3 『태조실록』 권3, 태조 2년, 2월 27일(임인).
4 『태조실록』 권6, 태조 3년, 9월 16일(계축).

내게 하고 군례 시행의 하나로 운영하였다.

그럼에도 조선왕조에서 문치적(文治的)인 오례 체제하의 군례가 지속되었던 것은 유교적 통치 시스템의 장점을 적극 수용하려던 조선 지배층의 의도라고 보아야 할 것이다. 예컨대 역대 중국 왕조에서 의례를 적극적으로 수용했던 한나라의 고조(高祖)를 생각해 볼 수 있다. 한나라 고조인 유방이 항우를 처단하고 중원의 일인자가 되면서 정치체제를 안정화시키기 위해 적극적으로 수용한 부분이 유교의 의례 체제였다. 유방이 중원을 통일하기 이전 항우와의 전쟁에서는 무장 집단의 육성과 협력이 절대적으로 필요했으므로 신분의 고귀는 물론 지위고하를 막론하고 무력이 뛰어난 인물이 중요시되었다. 더욱이 유방의 출신이 유협(遊俠)이다보니 상하 간의 격식을 차린 관계보다는 우정이나 실력에 따른 친분 관계가 더 중요시되었으며, 제왕인 유방과도 격의 없이 지내던 것이 습관이 되어 한나라 건국 초기 궁정은 시정잡배의 생활과 유사한 양태가 벌어졌다. 전쟁이 끝난 평화 시기에 안정적인 정치체제의 확립은 권력자가 늘 기대하는 목표이다. 유방도 이 점을 해결하기 위해 육가(陸賈)와 숙손통(叔孫通)이 주장한 유교적 의례 체제를 적극적으로 수용하였다. 후한의 한무제도 동중서를 통해 적극적으로 유교를 통치술로 사용한 것에서도 재차 확인된다. 이후 당나라 태종이 『정관예서(貞觀禮書)』를 지어 예치적(禮治的) 통치를 지향한 것에서도 무력보다 문치를 우선시한 역대 중국 제왕들의 취향을 알 수 있다.

조선왕조 건국기에도 정도전이 유학을 통치에 적극적으로 이용할 것을 주장하였다. 그는 『삼봉집』에서 유교 의례의 전래를 열거하면서 조선왕조에서도 형벌을 강조하는 법치보다는 예치적 통치를 다음과 같이 주장했다.

> "묻는다. 예로부터 선치(善治)의 방법을 말하는 자는 반드시 성법(成法)이 있어서 지수(持守)의 도구로 삼는다고 한다. 국맥(國脈)을 기르고 인심을 착

하게 하며 나라의 복조(福祚)를 누대에 전하는 까닭이 모두 여기에서 말미암으니 삼가지 않을 수 없다. 상고하건대, 유우(有虞)는 질종(秩宗)이 예(禮)를 맡고 사사(士師)가 형(刑)을 밝혔으며, 주나라는 종백(宗伯)이 예를 맡고 사구(司寇)가 형을 맡아서 화락하고 태평한 정치를 이루었는데, 그에 대해 상세히 말할 것이며, 그 관직을 임명한 것이 같고 그 직책을 배열한 것도 같으니 예와 형이 과연 경중이 없는 것일까? 한나라에 이르러 숙손통이 예를 제정하고 소하(蕭何)는 율(律)을 제정하였는데, 그들은 무엇을 근본으로 하였는가? 면최(緜蕞)의 의식을 식자들은 기롱하고 화일(畫一)의 법은 청정영일(淸淨寧一)의 효과를 가져왔다. 그리고 당 태종은 『정관예서(貞觀禮書)』를 지어 중외에 반포하고, 또 다스림을 '덕으로 하고 형으로 하지 않는다'라고 주장하여 정관의 태평성치를 이루었다. 이로 보면 한나라의 정치는 형법에 근본하였고, 당나라의 정치는 덕과 예에 근본하였거늘, 선유(先儒)들이 '한나라의 대강(大綱)은 바르고 당나라의 대강은 바르지 않다'라는 것은 무엇인가? 이른바 덕과 예가 대강이 아니란 말인가? 삼가 생각하건대, 주상 전하는 총명한 덕과 용감하고 지혜로운 자질로써 하늘과 사람에게 순응하여, 일찍이 큰 터전을 만들어서 세력과 지위가 높다고 여기지 아니하고 언제나 온화하고 엄숙한 인품이며 인자하고 측은하게 여기는 마음을 지니고 있으므로 예를 삼가고 형벌을 불쌍히 여기는 근본이 여기에서 선 것이다. 그리하여 유사(有司)에게 명하여 고금의 예전(禮典)을 상고하여 그것을 손익하고, 조정에서 반포하는 법률을 번역하여 백성들을 깨우치니 예가 정해졌다 하겠고 형벌이 밝다고 할 만하다. 그런데도 그 상제(喪祭)의 제도가 과연 선왕의 옛 제도에 합치되어, 음사(淫祀)·부도(浮屠)의 영향이 섞이지 않았는가? 그 군례를 제정함에 있어서도 과연 장수를 기르고 군사를 가르치는 법에 합당하여 무비(武備)가 해이한 데에 이르지 않았는가? 또 연향(宴享)에 있어서는 녹명(鹿鳴)의 화락한 뜻을 얻었으며, 혼인에 있어서는 부원후별(附遠厚別)의 의의를 얻어서 습속의 더러움이 없는가? 탐욕을 그치게 하지 않는 것이 아니며 폭난을 금하지 않는 것이 아니건만 간사한 짓을 해서 법을 범하는 자가 간혹 있으니 그 이유가 어디에 있는가? 이는 유사가 우리 임금의 뜻을 본받지 못하여, 예와 형법을 문구(文具)로만 다루고 받들어 봉행하기를 철저히 하지 못했기 때문인가? 아니면 고려조에 문란했던 폐습을 이어받아 그 폐습이 이미 심해져서 쉽사리 고치지 못해서인가? 저 예로써는 문(文)을 질서 있게 하고 전(典)을 조리 있게 하여, 위로 종묘와 조정에서부터 아래로 여항(閭巷)과 향정(鄉井)에 이르기까지 문으로써 서로 대하고 은혜로써 서로 사랑해야 할 것이며, 저 형으로는 그 분별을 똑바르게 하고 행하는 것을 조리 있게 하되 위로 권세 있는 자도 회피하지 않고 아래로 유약한 자라도 업신여기지 아니하여, 형벌을 쓰지 않는 지경까지 가서 지극히 잘 다스려진 세상이 되어야 할 것이다. 그 방법이 어디에 있는가? 제생들은 체(體)에 밝고 용(用)에 맞는 학문으로써 유사의 물음을 기다린 지 오래일 것이니 그 모두를 글로 나타내게 하라."[5]

정도전의 말을 요약한다면, 당 태종이 『정관예서』를 지어 예치적인 정치로 정관(貞觀)의 태평성치를 이루었으며, 형법의 실행보다는 도덕을 기준으로 하는 통치를 주장하고 있다. 특히 예로써는 문(文)을 질서 있게 하고 전(典)을 조리 있게 하여, 형벌을 쓰지 않는 지경까지 가서 지극히 잘 다스려진 세상이 될 것이라는 이상적인 사회의 전형으로 소개하고 있다. 군례의 기본이 군사라는 것을 생각한다면 예치는 결국 무력을 사용하지 않는, 혹은 군이 유지할 필요가 없는 국가 권력을 말하고 있다. 정도전은 이상적인 왕조 국가 통치 구조를 생각했다고 볼 수 있으며 국왕과 신료들이 일체가

5 『삼봉집』 권4, 策題, 會試策.

되어 유교 통치 체제를 운영할 것을 기대했던 것이다.

이 외에도 정도전은 태조 집권 초기인 1394년(태조 3) 군사 제도의 개정에 대해서도 판의흥삼군부사(判義興三軍府事)의 지위로 다음과 같은 상소문을 올렸다.

> (전략) 송나라 태종은 아름다운 명칭으로써 금군(禁軍)의 그전 칭호를 고쳐 사기(士氣)를 진작시켜 새롭게 했던 것입니다. 지금 우리 전하께서는 동반(東班)의 관명(官名)과 직호(職號)는 일체 모두 개정하여 명칭에 따라 실상을 책임지우니, 백관이 일에 나아가고 공을 힘쓰게 되는데, 유독 부위의 칭호만은 그전대로 그냥 있으며, 폐단도 또한 전과 같습니다. 신 등은 직책이 삼군을 관장했으니, 염려하지 않을 수 없사와 삼가 부위의 당연히 행해야 될 사건을 조목별로 아래에 갖추어 올립니다.
>
> 첫째, 의흥친군좌위(義興親軍左衛)는 의흥시위사(義興侍衛司)로 고치고, 우위(右衛)는 충좌시위사(忠佐侍衛司)로 고치고, 응양위(鷹揚衛)는 웅무시위사(雄武侍衛司)로 고치고, 금오위(金吾衛)는 신무시위사(神武侍衛司)로 고쳐서, 1사(司)마다 각기 중·좌·우·전·후의 5령(領)을 두어 중군(中軍)에 속하게 하고, 좌우 위(衛)는 용양순위사(龍驤巡衛司)로 고치고, 신호위(神虎衛)는 용기순위사(龍騎巡衛司)로 고치고, 흥위위(興威衛)는 용무순위사(龍武巡衛司)로 고쳐서 1사마다 또한 각기 5령을 두어 좌군에 속하게 하고, 비순위(備巡衛)는 호분순위사(虎賁巡衛司)로 고치고, 천우위(千牛衛)는 호익순위사(虎翼巡衛司)로 고치고, 감문위(監門衛)는 호용순위사(虎勇巡衛司)로 고쳐서, 1사마다 또한 각기 5령을 두어 우군에 속하게 하고, 우시위·순위(巡衛) 등 10사는 1사마다 인신(印信) 1과(顆)를 주조하여 주고, 도위(都尉)로 하여금 이를 맡게 합니다.
>
> 둘째, 상장군(上將軍)은 도위사(都尉使)로 고치고, 대장군은 도위첨사(都尉僉事)로 고치고, 제위(諸衛)의 장군은 중군사마(中軍司馬)·좌군사마(左軍司馬)·

우군사마(右軍司馬)로 고치고, 장군은 사마(司馬)로 고치고, 중랑장(中郎將)은 사직(司直)으로 고치고, 낭장(郎將)은 부사직(副司直)으로 고치고, 별장(別將)은 사정(司正)으로 고치고, 산원(散員)은 부사정(副司正)으로 고치고, 위(尉)는 대장(隊長)으로 고치고, 정(正)은 대부(隊副)로 고치고, 도부외(都府外)는 중군(中軍)으로 고쳐서 사직 1명, 부사직 1명, 사정 2명, 부사정 3명, 대장 20명, 대부 20명으로 하고, 좌군(左軍)은 사직 1명, 부사직 1명, 사정 2명, 부사정 3명, 대장 20명, 대부 20명으로 하고, 우군(右軍)은 위와 같으며, 1사마다 도위사 1명, 도위첨사 2명으로 하고, 1령마다 사마 1명, 사직 3명, 부사직 5명, 사정 5명, 부사정 7명, 대장 20명, 대부 40명으로 하고, 한 개 도마다 절제사(節制使)는 종실(宗室)이 맡고, 부절제사(副節制使)는 중추부(中樞府)에서 맡고, 병마검할사(兵馬鈐轄使)는 가선(嘉善)이 맡는데, 주군(州郡)의 군사 100명을 관장하고, 병마단련사(兵馬團練使)는 정3품·종3품이 맡는데, 주군의 군사 100명을 관장하고, 단련판관(團練判官)에 이르기까지 군사를 관장함이 차등이 있게 하고, 중군은 경기좌우도(京畿左右道)와 동북면(東北面)이 속하고, 좌군은 강릉도(江陵道)·교주도(交州道)·경상도·전라도가 속하고, 우군은 양광도(楊廣道)·서해도(西海道)·서북면(西北面)이 속하게 합니다.

셋째, 시위군(侍衛軍)을 시위·순위(巡衛) 등 여러 사(司)에 나누어 속하게 한 것은 대개 한나라 남북군의 유제(遺制)를 본받은 것입니다. 한나라의 남군(南軍)은 궁문(宮門)의 시위를 맡고, 북군은 경성(京城)의 순검(巡檢)을 맡았으니, 이것이 내외가 서로 제어하여 장구히 치안(治安)되어, 화란이 발생하지 않았던 것으로, 이미 그렇게 된 명백한 증거입니다. 지금 의흥(義興)·충좌(忠佐)·웅무(雄武)·신무(神武)를 시위사(侍衛司)로 삼아 중군에 속하게 하고, 인일(寅日)·신일(申日)·사일(巳日)·해일(亥日)로써 상장군·대장군이 각기 그 령의 장군 이하의 군관을 거느리고 대궐 문에 윤번(輪番)으로 시위하게 하여, 한나라 남군의 제도를 본받고, 용양(龍驤)·용기(龍騎)·용무(龍武)와 호분

(虎賁)·호용(虎勇)·호익(虎翼)을 순위사(巡衛司)로 삼아 좌군과 우군에 속하게 하고, 상장군·대장군이 그 령의 장군 이하의 군관을 거느리고 진양(津梁)을 지키고, 교대로 4개 문을 돌아다니면서 파수해 막고, 윤번으로 상직(上直)하여 돌아다니면서 경계하게 해서 한나라 북군의 제도를 본받고, 그 당번 된 각 사(司) 상장군 이하의 군관을 의흥삼군부(義興三軍府)에서 때때로 명령을 내려 알려 주어서 어기지 못하게 하고, 입직하면 아무런 이유 없이 나가고 들어감을 허락하지 않고, 이를 어긴 사람은 처벌할 것입니다.

넷째, 사순(司楯)·사의(司衣)·사막(司幕)·사이(司彝)·사옹(司饔)의 애마는 고려 왕조 말기에 첨설한 것이니, 마땅히 개혁해 버려야 될 것이지만, 각기 차비(差備)가 있으니 창졸히 혁파하기는 어려울 것 같습니다. 그러나 도목(都目)이 우두머리가 된 자는 여러 령의 직책을 받았으나, 본 번(番)의 사무가 한가함이 없는 이유로써 령을 따를 수 없어서, 이로 인하여 시위가 허술하게 될 것입니다. 지금 각 령에서 녹관(祿官)의 수효를 삭제하고 사순의 제1번에 사직 1명, 부사직 1명, 사정 2명, 부사정 2명, 급사(給事) 3명, 부급사(副給事) 3명을 두고, 그 나머지 3번과 각 애마도 모두 이 사례를 써서 도목을 두원(頭員)으로 삼아, 차례대로 옮겨서 거관(去官)하게 할 것입니다. 이와 같이 한다면, 그 사무가 있는 사람은 그 녹을 먹게 되고, 그 녹을 먹는 사람은 그 사무에 종사하게 되어, 명칭과 실상이 서로 맞아서 올바르게 될 것입니다.

다섯째, 고려 왕조 말기에는 어린 자제(子弟)와 내료(內僚)·공상(工商)·잡예(雜隸)들이 위령(衛領)의 직책에 충당되었으므로, 외람되고 용잡(冗雜)되어 그 임무를 감내하지 못하여, 혹은 권세에 의탁하여 그 사무를 보지 않고서, 늠록(廩祿)만 한갓 허비할 뿐이고 시위는 허술했습니다. 지금 그 폐단을 계승하고 일찍이 이를 개혁하지 않는다면, 전하께서 처음 교화를 시행하여 자손에게 계획을 전하는 좋은 일이 아닙니다. 마땅히 본부와 병조의 제위령(諸衛領)의 현임자로 하여금 신체를 살펴보고 재주를 시험하게 하여, 건장하고 재주가 있는 사람은 그 직책을 다시 주고, 어리고 약한 사람과 늙고 병든 사람과 재주가 없는 사람과 잡류에 속한 사람과 어떤 일을 핑계하고 출근하지 아니한 사람은 일절 모두 삭제하고, 다시 친군위(親軍衛)에 소속된 원종시위(原從侍衛)의 원인(員人)과 훈련관(訓鍊觀)에서 병법을 익힌 원인과 태을수(太乙數)의 산법(算法)을 익힌 원인은 각기 소속 관원들로 하여금 보증 천거하게 하여, 앞에서와 같이 신체를 살펴보고 재주를 시험하여 아뢰어 차비하게 할 것입니다.

여섯째, 대체로 위령(衛領)의 직책에 충원된 사람과 위령에 분속된 각 성중애마(成衆愛馬)를 모두 명부에 이름을 기재하게 하고, 또 시위하고 순작(巡綽)할 번을 당하면 아무 사(司)의 몇 원인과 아무 애마의 몇 원인을 명부에 명백히 써서, 명부에 있는데도 숙위하지 아니한 사람과 명부에 없는데도 들어온 사람을 때때로 죄를 다스리게 하고, 당번으로 숙위하고 순작하는 것을 제외하고는 병진(兵陣)의 법을 예습(預習)시켜서, 잘한 사람은 상을 주고, 잘하지 못한 사람은 처벌합니다.

일곱째, 군사(軍事)는 엄격함으로써 근본을 삼으니, 그 판지(判旨)를 따르지 아니하여 부위의 법에 범한 자가 있는 사람은 의흥삼군부로 하여금 상세히 심문하게 하여, 중한 사람은 계문(啓聞)하여 법사(法司)에 내려서 과단하고, 그 간사하고 완악하여 허물을 고치지 아니하고 성법(成法)을 무너뜨려 여러 사람의 시청(視聽)을 미혹시켜 어지럽게 하는 사람은 변방에 안치하여 군역에 충당합니다.

여덟째, 군사를 거느린 사람은 직위가 낮으면 윗사람의 명령에 순종하게 되어 사역(使役)하기가 쉬우며 그 본분을 편안하게 지킵니다. 지금 조정에 도독(都督)·지휘(指揮)·천호(千戶)가 있으나 군사를 맡은 사람은 백호(百戶)이고, 고려 왕조에서 비록 중추부·병조·상장군·대장군이 있었으나 군사를 맡은 사람은 장군이었으니, 이것은 장구히 치안을 유지하는 계책이었습니다. 본조의 부병 제도도 이미 이 뜻이 있었으니, 장군으로 하여금 5원(員) 10장(將)과 60위정(尉正)을 맡게 하고, 대장군 이상은 참예하지 못하게 하고, 각 도 주군의 군사도 병마사 이하에게 명하여 이를 맡게 하고, 절제사는 때때로 병마사의 부지런하고 태만한 것만 규찰하게 한다면 체통이 서로 유지되므로, 군사가 비록 모이더라도 반란을 그치게 하지 못할 근심은 없을 것입니다.[6]

위와 같은 정도전의 군제 개혁은 중국 역대 왕조의 제도를 도입하는 내용임과 동시에 유교적 개념에서 만든 체제이다. 고려의 제도를 지속적으로 유지하는 부분은 건국 초기 군제의 새로운 변혁이 용이하지 않았음을 보여 주고 있다. 사실 정도전이 주장한 내용들은 군기와 군율인 기강을 확립하고 통수권을 안정시키는 차원에서 이루어졌다고 보이는 것들이다. 특별히 군사전략적이나 국가 방위 차원에서 접근했다기보다는 정권의 안정을 위한 군사제도와 군례의 정비라고 보아야 할 것이다.

한편 유교 통치 체제에서 군주의 권위는 종교적인 신성이나 주술적인 신통력이 아니라 윤리적인 도덕성에서 강조되는 것이며, 정통적인 의례를 고수하고 유지하는 것이 임무이며 권리였다. 그런데 조선 초기 지배층이 성리학적인 이데올로기에 충실하지 못한 상황에서 의례를 정돈하고 강조하려면 시간이 필요했다. 조선왕실의 의례 전서라고 할 수 있는 오례의(五禮儀)가 성종대에 완성된 것에서도 확인되는 문제이다. 더욱이 정도전과 이방원을 비롯한 왕자들 간의 정쟁은 세종대에 이르러서야 오례의가 정착되게 하는 정치적 장애물이었다. 물론 태종도 1410년부터 의례상정소(儀禮詳

6 『태조실록』 권5, 태조 3년, 2월 29일(기해).

定所)를 두어 본격적인 의례의 정비를 추진하였다. 특히 태종대에 고려조의 유산인 환구제가 황제국의 의례로 참람하다는 이유로 폐지된 것은 조선과 명나라의 정치적 관계는 물론 조선왕실의 의례가 지향하는 모습을 대외적으로 드러낸 사건이었다.[7]

누구나 동의하듯이, 동서고금을 막론하고 국가는 합법적이라는 미명 아래 무력을 행사하고 독점하려는 정치집단이다. 조선왕조의 수장인 국왕도 중앙집권적 권력 체제에서 공권력의 폭력 수단인 군사권을 독점했다. 이는 원칙적으로 당위성으로 이루어진 것이다. 국왕은 천명을 받아 모든 토지와 인민을 지배한다는 "부천지하 막비왕토 솔토지빈 막비왕신(溥天地下 莫非王土 率土之濱 莫非王臣)"은 국왕이 모든 무력을 합법적으로 소유하고 제어한다는 논리를 제공해 주었다. 인민에게 군역을 의무적으로 부과시켜 국왕을 정점으로 하는 체제를 유지하면서 국가는 재원을 인민에게 부담시키는 이중적인 정책이었다. 또한 군역을 부과했다는 것은 조선왕조가 문치주의를 정치의 기본으로 지향했음을 보여 주는 부분이며, 군례의 운영도 문치적인 시각에서 진행되었음을 시사해 준다.[8]

군례란 대개 군사를 통솔하기 위해서 거행되었다.[9] 조선왕조에서는 창업기에서 후기로 갈수록 군사들의 기율을 정비하는 데 군례를 사용하였다. 열무 때에 동원된 군사들이 진퇴의 절도가 없어서 타위강무(打圍講武)를 지속해야 한다고 주장하기도 했다.[10] 따라서 조선시대 군례는 군사 제도를 변화시키고 군사를 조련하는 것과 밀접한 관계를 맺고 있다. 그리고 조선은 유럽과 같은 군대 문화의 사회화 내지 도시 문화가 군대에 의해 변화되

7 이완재·김송희, 「조선 초기의 유교적 국가의례에 대한 연구—오례의 의례관을 중심으로」, 『한국사상사학』 10, 1998, 32~37쪽.

8 이성무, 「조선시대의 왕권」, 『동양 삼국의 왕권과 관료제』, 국학자료원, 1998, 75쪽.

9 『태종실록』 권28, 태종 14년, 8월 30일(경오).

10 『중종실록』 권39, 중종 15년, 6월 18일(갑술).

지 않을 정도로 군대를 존재시킨 점도 군례가 미친 영향이라고 본다.[11] 그렇지만 군례의 근간은 국가의례 속에서 보아야 할 것이다. 만약 군례를 군사 문제에 국한시켜 군사훈련의 연장선에서만 본다면 전쟁 기술의 발달이라는 군제사적 측면만 중요시될 것이다. 반면 국가의례의 측면에서 보면 군례가 군사훈련만이 아니라 국왕과 신료 간의 관계, 국왕의 통치술을 결정하거나 조정하는 국가의례의 한 축을 담당하였음을 볼 수 있다. 국왕의 행차가 군사 활동과 동일하게 움직이던 행행(幸行)이 그 대표적인 사례라고 할 수 있다.

다만 조선왕조의 군례는 이전 시대와 달리 외적(外敵)을 정벌하거나 방어하기 위한 전쟁을 모델로 정비된 의례라고 보기는 어렵다. 이성계를 비롯한 건국 세력은 군사 집단이었음에도 유교적 통치를 지향하여 문민적인 요소를 대폭 수용하였다. 이성계의 위화도회군 이후 대외적인 정벌과 명나라와의 마찰을 회피하기 위한 수단으로 볼 수 있다. 따라서 왕권과 국내 정치의 안정을 위한 방법에 치중하여 군례도 그 연장선에서 채용되었다고 본다. 특히 조선왕조의 국왕이 중국 황제와 같이 하늘과 직접 연결되는 초월적인 존재로까지는 자리할 수 없는 제후국의 수장이라는 것에서 국외적인 부분보다는 국내적인 안정과 통치에 힘을 기울일 수밖에 없었다. 여기에 관료 통치를 중시하는 사대부의 문치주의가 군례를 조선의 현실에 맞게 정착시켰다고 생각한다.[12]

사실 조선과 마찬가지로 고대 중국왕조에서도 대내적 질서유지를 위해서 군례를 사용하였다. 다만 한대를 거쳐 당대로 오면서 치른 유목 민족과의 전쟁으로 대내적인 것보다 대외적으로 왕조의 안정을 위한 무력으로

11 阪口修平, 「軍隊」, 『近代ヨロッパの探究』, 95~100쪽.

12 이태진, 「朝鮮王朝의 儒教政治와 王權」, 『한국사론』 23, 1990, 218~219쪽; 와타나베 히로시, 『東アジアの王權と思想』, 東京大學出版會, 1997, 120~123쪽.

중요시되었다. 주 대의 경우 찬월(僭越)하는 제후를 위엄으로써 화합시키는 것으로 군례가 정의되었다. 주 대의 체제가 주 왕실과 제후 간의 세계 질서이기 때문이었다. 그러나 동주(東周) 이후로 오면 새외민족(塞外民族)의 문제가 등장하게 되었고 한대 이후가 되면 더욱더 많은 군사적 접촉이 새외민족과 있었다. 특히 당대에 저술된 『진서(晋書)』를 보면, 군례는 "군소이화외령내 보대정공자야(軍所以和外寧內 保大定功者也)"[13]라고 하여 군대는 외국과의 화평을 주로 하고 국내적으로는 안정을 꾀하는 것이라고 정의하였다. 군례의 시대적 변화를 보여 주는 대목이다.[14]

그런데 조선왕조를 비롯한 동북아시아 왕조들이 오례의 근간이나 전거로 활용한 『예기』, 『춘추(春秋)』의 군례 관련 기사를 본다면 이미 당시부터 군례는 농경 국가의 산물이었다고 볼 수 있다. 『예기』 월령(月令)에는 추수가 끝난 맹동(孟冬)에 천자가 장수들에게 강무(講武)를 시행한다고 했다. 『춘추』에는 가을에 제후들이 군대 사열을 진행하는 것이 일반적이다. 맹동이나 가을은 한 해의 농사를 마친 시기로서 농민 병사를 소집할 수 있는 시기이다. 따라서 유목 민족이 중원에 왕조를 설립하기 이전의 군례는 기본적으로 농경민의 일상에 맞추어 창출되었다고 보아야 할 것이다.

고대 중국의 병농일치의 사회에서 군례는 군대의 출사(出師), 명장(命將), 고제(告祭), 개선(凱旋) 등의 의식을 말했다.[15] 이외에 군례에 대해 대사(大師), 대균(大均), 대전(大田), 대역(大役), 대봉(大封)의 5목(目)으로 나누어 설명하기도 했다. 따라서 군사행동을 군례로 함축한 모습이거나, 군사를 동원하는 군율의 다른 모습이라고도 보았다. 이 중 대사는 천자가 친정(親征)하는 것을 의미한다. 이때 사(師)는 용중(用衆)을 의미한다. 즉 인자(仁者)가 군대를

13 『晋書』 권21, 志11, 禮下.

14 이범직, 『韓國中世禮思想研究－五禮를 中心으로』, 일조각, 1991, 161쪽.

15 『五禮通考』 권233, 군제.

동원할 때 의절(儀節)로써 단속한다는 내용이다. 대균은 근기(近畿)와 지방의 행정 및 조세를 공평히 하여 인민을 건강하게 하고 곤궁하게 하지 않는다는 것이다. 대전은 전수(田狩)로서 천자와 제후가 계절에 맞추어 사냥을 하면서 제사에 올릴 희생을 잡고, 농사에 방해되는 짐승을 제거하고 동원한 병사들을 대열(大閱)한다는 내용이다. 대역은 군대 시설을 만들거나 장인을 부리는 내용이다. 대봉은 봉토(封土), 식수(植樹), 설수(設守)로 국경이나 경계에 군사 거점을 설치하는 내용이다. 이러한 주 대의 군례는 안민(安民), 양민(養民), 교민(教民)이라는 차원에서 이루어졌다고 본다.[16]

원래 군례의 기원과 유래는 고대 동북아시아의 오례의(五禮儀) 정착과 밀접한 관계가 있다. 오례란 국왕의 관례와 혼례, 장례 등의 각종 행사를 길례, 가례, 군례, 흉례, 빈례 등의 5가지 형태로 구분한 것이다.[17] 이 5가지 구분은 주나라의 의례인 『주례』에 그 기원을 두고 있다. 그런데 『주례』에 기초한 오례 구조는 역대 중국 왕조에서 지속적으로 유지되지는 않았다. 후한대에 음양오행의 사상적 체계를 완성한 이후에 와서야 오례의 구조가 정착되었다. 이후 『주례』에 기초한 오례는 수와 당대를 거쳐 국가의례로 정비되었다. 그중 당대의 오례 체계는 『대당개원례』로 정비되었다. 『대당개원례』는 일반 서민들의 생활을 규제하는 의례 내용은 거의 없을 정도로 황실 중심의 의례였다. 또한 『당육전(唐六典)』의 정리도 『주례』를 체계적으로 계승한다는 취지에서 이루어져 당대에 오례의 기틀이 마련되었다고 할 수 있다.[18]

16 鄭定國, 『周禮夏官的軍禮思想』, 文史哲出版社, 1995, 31~35쪽.

17 『尙書全解』, 修五禮.

18 『당육전』은 실제 사용하기 위해 법전으로 편찬하지 않고 현종이 군주의 威儀를 과시하기 위한 수단으로 편찬했다고 본다. 현종은 『주례』의 육전제도가 태평시대를 상징하였으므로 자신의 치세도 盛世로 자임하기 위해 『주례』와 같은 육전 형식으로 『당육전』을 만들었다고 한다. 그리고 『당육전』은 편찬 당시부터 당이 멸망할 때까지 『육전』이라고만 칭한 것으로 보이며 오대 이후에는 『육전』, 『당육전』, 『대당육전』이 혼용되었다(김택민 주편, 『譯註 唐六典』 상, 신서원, 2003, 15쪽).

한국사에서도 오례의 예론(禮論)에 의해 왕권의 수립과 운영이 가능했던 시기는 삼국시대부터로 보고 있으며 그 절정은 조선시대로 보고 있다. 삼국시대의 제왕들은 국가 제사를 통해 그들의 정치적 권위를 수식하고 정치권력의 명분을 제공받고 있었다. 특히 신라 중대에 당의 오묘제(五廟制)가 수용된 것을 보더라도 한국 고대에도 오례는 왕권과 정치 질서의 논리의 하나로 자리매김했다고 할 수 있다.[19] 삼국통일을 전후하여 신라 사회의 전통적인 군사의례는 당나라의 영향을 받게 되었다. 당의 개원례와 신라의 군례를 비교하면 분명하다. 특히 군사의례의 중심인 대열과 관사, 순행에서 잘 나타난다.[20]

삼국시대의 오례 구도는 고려에서도 그대로 계승되었다.[21] 고려의 오례는 사상적으로 유교와 불교, 도교의 혼합적인 상태로 시행되었다. 예컨대 국왕의 친제는 환구제(圜丘祭)와 태묘제(太廟祭)로 국한되어 있었으며[22] 그나마 국왕이 직접 거행한 것이 아니라 섭행하였다. 반면 도교적 색채가 강한 초제(醮祭)에는 번번히 친제가 이루어졌다.[23] 신료들에 의해 섭행되는 유교적 의례도 담당관들이 아예 참석하지 않거나 제물 등의 준비 작업이 미흡하여 소홀히 다루는 경우가 많았다.[24]

조선시대의 군례는 이러한 역사적 기원성을 내포한 채 거행되었다고 볼 수 있다. 조선이 역성혁명으로 전 왕조인 고려를 멸망시켰다고는 하지만 왕조의 의례는 전 왕조의 체제를 그대로 답습했다고 해도 과언이 아니었다. 이 점은 『고려사』에 실린 고려의 군례라고 볼 수 있는 행행의 의장 행렬을 조선과 비교해 보면 확연하게 드러난다. 따라서 조선시대 군례의 기

19 채미하, 「신라 종묘제의 수용과 그 의미」, 『역사학보』 176, 2002, 43~62쪽.
20 채미하, 「신라 홍덕왕대의 정치와 의례」, 『신라문화』 42, 2013, 300~302쪽.
21 김창현, 「고려 의종의 移御와 그에 담긴 관념」, 『역사와 현실』 53, 2004.
22 『고려사』 권59, 志13, 禮1; 『고려사』 권60, 志14, 禮2.
23 『고려사』 권61, 志15, 禮3.
24 이완재·김송희, 「조선초기의 유교적 국가의례에 대한 연구」, 40~41쪽.

원은 고려시대는 물론 삼국시대와 당, 송, 주나라에까지 거슬러 올라갈 수 있으며, 그런 오랜 기간을 통해 정비되고 개선된 의례 형식이 가미되어 조선의 군례가 정착되었음을 알 수 있다. 동시에 조선 전기의 법전 정비와 의례서 편찬에 발맞추어 한층 정밀한 국가의례로 자리 잡게 된다.

예컨대 건국 초기부터 국왕의 대표적 군례인 강무(講武)를 중국 고대부터 시행한 것이므로 조속히 정착시켜야 한다고 주장하였다. 강무의 시행 사례로 주나라는 봄과 여름에 군막에서 군병을 훈련했고, 가을과 겨울에는 군사를 크게 사열했으며, 서한(西漢)은 임금이 직접 군사들에게 손오(孫吳)의 군법을 익히게 하는 강무를 시행했다고 하였다. 그리고 강무를 소홀히 하거나 시행하지 않으면 진나라처럼 국가를 망하게 한다고 비유하였다. 특히 백성들에게 싸우는 법을 가르치지 않는 것은 오히려 그들을 해치는 행위라고 지적하고 있다. 강무가 상무 정신을 함양하는 가장 좋은 방법인 것을 강조하고 있는 것이며, 그 기원은 중국의 고대 역대 왕조에서 차용하고 있는 것이다.[25]

이외에도 의흥삼군부에서 중국 고대의 군례를 이용하는 것으로 군사를 동원할 때 다음과 같이 호부(虎符)를 사용할 것을 건의하였다.

> 의흥삼군부에서 계본을 갖추어 아뢰었다. "한나라의 군정(軍政)은 처음에 우격(羽檄)을 써서 천하의 군사를 불렀으나, 뒤에는 호부를 써서 군국(郡國)의 신(信)을 합하여, 교서(膠西)에서 임의로 군사를 징발하려 하매, 궁고(弓高)가 이를 힐난하였고, 엄조(嚴助)가 절(節)을 가지고 군사를 발하매, 군수가 거절하였으니, 군사를 부르는 것은 주밀하기가 이와 같았습니다. 그러므로 사람들이 간사한 마음이 없어서 한대가 끝날 때까지 안연하여 일이

25 『태조실록』 권10, 태조 5년, 11월 30일(갑신).

없었습니다. 여러 여씨(呂氏)와 칠국(七國)의 변이 창졸 간에 생기었으나, 방비하고 막는 것이 본래 갖추어 있었고, 북호남월(北胡南越)이 군사를 연하기를 여러 해를 하였으나, 나라 근본이 흔들리지 않았으니, 대개 고조가 군사 사이에 출입하여 이병(利病)되는 것을 익히 강구하여 400년의 규모가 광대하였습니다. 원컨대, 이 제도에 의하여 유사로 하여금 호부를 만들어서 무릇 안팎의 동병(動兵)하는 일은 공경하여 왕지(王旨)를 받들어서 호부로 징발하고, 호부가 없이 군사를 부르는 자는 천단히 징발하는 것으로 죄를 의논하도록 항식을 삼으소서"라고 하였다.[26]

호부는 군례의 하나인 명령을 전하고 군대를 통솔하는 신호로 중국 한나라의 사례에서 인용하고 있다. 태조 이성계가 고려를 멸망시키는 정치세력으로 사적인 무장 집단을 운영하였던 것을 감안한다면 이때에 이르러 사적인 군사 집단을 공적인 체제로 전환하려고 했음을 알 수 있다. 그것에 군례라는 국가의례 시스템을 적용하고 있는 것이다. 태조대 마련된 호부제도는 태종대에 정착된다. 태종대 의정부에서 각 도의 발병호부(發兵虎符)를 올렸는데, 이때의 호부는 나무로 만들었다. 마패(馬牌)에 비하여 조금 크고, 호랑이를 가운데에 새겼으며, 음양 두 글자를 좌우에 새기고, 육갑(六甲)으로 표를 하였는데, 이를 쪼개어 양의 부분은 왕부(王府)에 두고, 음의 부분은 각 도 관찰사, 절제사에게 보냈다. 만일 발병할 일이 있으면, 양부를 보내어 음부와 합한 연후에 조발하는 것이었다. 태조가 처음 제정하였던 것을 태종대에 이르러 시행한 것이다.[27] 태종이 왕자의 난을 일으키면서 사적인 무장 집단을 동원하였기 때문에 자신이 권력을 차지한 이후에는 재차 국가의 군사력을 국왕에게 집중하려는 모습이다.

26 『태조실록』 권12, 태조 6년, 10월 16일(갑오).
27 『태종실록』 권6, 태종 3년, 7월 22일(정유).

그럼에도 불구하고 조선 전기 군례가 처음부터 국가의례로 정착했다고 보기는 어렵다. 예컨대 태종의 군사 동원에서 군례가 정착되지 못하는 모습을 볼 수 있다. 1406년(태종 6)에 거행된 태종의 사냥을 사간원에서는 명목 없는 것이라며 정지할 것을 요청하였다.[28] 사간원에서 반대한 논리는 태종이 군사의례에 입각한 행행을 하지 않고 국왕 개인의 유락(遊樂)인 사냥을 위해 도성을 벗어난 것이며, 의례에 맞춰 대열을 갖추지 않았다는 이유였다. 그럼에도 태종은 사간원에서 지적한 부분에 대해서는 응답하지 않고 긴급하지 않은 사안으로 국왕을 번거롭게 한다며 사간원의 주장을 물리쳤다. 그러므로 태종대까지 군례를 비롯한 오례는 국가의례나 예법에 구애됨이 없이 국왕의 의중에 따라 좌우되었다는 것을 볼 수 있다.

군례가 국가의례 차원에서 조속히 정착되지 못한 원인은 조선왕조를 건국한 세력 간의 알력과 왕조 초기의 불안정한 정치 상황으로 인해, 오례는 물론 국정 전반이 국왕의 자의에 의해 결정되는 상황이었기 때문이다. 그 반증으로 세종대를 거쳐 성종대에 이르면서 법전과 예전의 정비가 이루어져 오례가 정착되었다. 물론 조선 초기의 국가의례가 본격적으로 유교적 체제에 맞추어 정비되기 시작한 것은 태종대부터로 볼 수 있다. 그런데 태조와 정종대는 왕권 계승과 관련한 왕실 내부의 골육상전과 개국세력 간의 분쟁으로 국가의례의 정비가 요원한 상황이었다. 당시 국가의례의 대부분은 고려의 것을 답습하는 모습이었으며, 정도전을 중심으로 한 개국공신 세력이 정치 주도권을 가지고 있었기 때문에 국왕을 중심으로 하는 국가의례의 재정비는 이루어지지 못했다. 이후 왕자의 난을 통해 등극한 태종대에 이르러 본격적인 왕권 강화의 일환으로 국가의례의 정비도 이루어지게 되었다.

28 『태종실록』 권11, 태종 6년, 2월 12일(계유).

예컨대 태종 집권 초기 군례의 하나인 사냥이 정비되는 과정을 보면 국왕과 신료 간에 의례적 타협이 진행되었음을 볼 수 있다. 1403년(태종 3) 태종이 해주(海州)에서 강무하기 위하여 삼군을 거느리고 가는 모습을 보면 군례에 대한 정착은 물론 국왕의 행차인 행행 의례도 정비되지 않았음을 알 수 있다.

금교(金郊)에 머무르니, 대간과 형조에서 각각 한 사람씩 호종하였다. 처음에 박석명(朴錫命)을 시켜 전지하기를, "장차 해주에 거둥하여 무사(武事)를 강하겠으니, 시위는 군사를 쓰고, 대간과 각 사(司)는 호종하지 말게 하라. 예전에 인군이 강무하면 혹 수십 일에 이르렀는데, 내가 어찌 이를 본받겠는가? 장차 이달 11일에 동가하여 열흘이 되면 돌아오겠다" 하였다. 조영무(趙英茂)가 말하기를, "대간이 거가(車駕)를 따른 지가 오래니 어떻게 제폐(除廢)하겠습니까? 주상께서 비록 제폐하시더라도 저들이 어찌 호종하려고 하지 않겠습니까?" 하고, 이숙번(李叔蕃)은 말하기를, "이미 강무라고 하였으면, 대간이 호종하더라도 다시 어떻게 말하겠습니까? 비록 데리고 가지 않더라도 저들이 반드시 따르려고 할 것입니다" 하였으나, 듣지 않았다. 사간원에서 상소하기를, "지금 추수가 아직 끝나지 않았으니, 원컨대 예전의 사시(四時)의 사냥에 의하여 중동(仲冬)에 강무하소서" 하였다. 임금이 좌사간 안노생(安魯生)을 불러 명하기를, "강무의 법이 일찍이 상왕의 때에 세워졌는데, 오직 봄·가을 두 차례뿐이니, 고제의 사시의 사냥에 비하면, 오히려 미비하다. 그러나 두 때의 사냥도 오히려 그 폐단을 염려하여, 가을에는 수확이 끝나고, 기후가 춥지 않은 때를 기다려서 10월을 쓰니, 고금을 참작하여 폐단이 없다 하겠다. 지금 말하기를, '예전 제도의 사시의 사냥하는 것에 의하자' 하니, 만일 그렇게 한다면 봄은 2월, 여름은 5월, 가을은 8월, 겨울은 11월인데, 10월에 수확이 아직 끝나지 않았다고 한다면, 8월에는 수확이 끝났느냐? 그리고 5월에는 화곡을 밟아 상할 폐단이 없느냐? 11월에는 군사와 말이 춥고 언다" 하였다. 안노생이 말하기를, "예전에 중국에는 원유(苑囿)가 있으므로 여름과 가을에도 행하였습니다" 하니, 임금이 말하기를, "원유가 있으면 사시에 행하지마는, 우리나라에는 원유가 없는데, 너희들이 나더러 사시의 사냥을 행하라는 것은 무엇인가? 경들이 또 말하기를, '태묘에 향사하려다가 갑자기 돌아왔다'라고 하지만, 내가 까닭 없이 돌아왔느냐? 임금의 과실을 그릇 써서 후세에 남기려고 하는 것은 무엇인가? 만일 말할 일이 있으면 대궐에 나와서 직접 말하는 것이 옳지 않은가?" 하였다. 좌우 정승이 사인(舍人) 이회(李薈)를 시켜 대궐에 나아가 청하기를, "강무의 거둥에 저희 두 사람이 모두 호종하지 않으면 의리에 불가합니다" 하니, 임금이 말하기를, "상왕이 강무할 때에도 좌우 정승이 모두 호종하지 않았다" 하였다. 사헌부에서 대궐에 나와 대간과 형조가 수가(隨駕)하기를 청하고, 하륜(河崙)이 또한 청하기를, "대간은 전하의 좌우의 신하이어서 허물을 다스리고 잘못을 규찰하고 인군의 덕을 보양(保養)하니, 잠깐이라도 떨어질 수 없습니다. 또 더구나 군사가 행할 때에 만일 함부로 행하는 자가 있으면, 누가 금할 수 있겠습니까?" 하니, 임금이 말하기를, "옳다" 하였다. 곧 대간과 형조에서 각각 한 사람씩 시종하도록 명하였다.[29]

태종과 신료들의 대화를 종합해 보면 당시 군례는 농경 국가의 근간을 유지하며 정해진 의례에 따라 움직이도록 주장하는 신료들에 대해 태종은 강무를 국왕의 사냥 차원에서 진행하려는 양측의 의견이 격충되는 지점에 있었음을 보여 준다. 강무의 정확한 진행 일자는 물론 참여 인원과 과정을 신료들, 즉 정부 측에서 파악하지 않은 실정이었다. 또한 관료들이 주장하

29 『태종실록』 권6, 태종 3년, 10월 11일(을묘).

는 군례의 내용은 중국의 고례를 참작하는 것에 그쳐 조선의 현실에 적용되지 않고 있었다. 물론 태종은 하륜의 조언에 따라 간관이 강무의 일행에 참여하는 것을 인정하는 것으로 사건을 마무리시키고 있으나, 역시 군례가 정비된 강무의 시행은 보이지 않는다. 이 점은 4년 뒤 강무에서도 동일하게 나타났다.

1407년 태종이 동교(東郊)에서 매사냥을 구경할 때에 조회(朝會)를 빠트리고, 2회에 걸쳐 시종도 갖추지 않고 의장도 없이 사냥에 나갔다. 이때 신료들은 태종의 행방을 알지 못했다. 그러자 간관이 의례가 없이 나간 것과 춘빙(春氷)이 녹는 시절에 위험을 안고 사냥 가는 것은 인군이 할 일이 아니며, 이러한 예가 아닌 행동을 여러 번 반복하는 것은 옳지 않다고 지적하였다. 이에 태종은 어떠한 대답도 하지 않고 무시하는 태도를 보였다.[30] 그리고 태종은 자신의 의지에 따라 거행한 사냥 등을 간관이 계속 지적하자 수행원으로 참여하려는 사헌부의 의견을 물리치게 된다. 태종은 해주와 평산 등 도성에서 100리 이상 떨어진 곳에 나갔음에도 사헌부 관원의 어가(御駕) 호종(扈從)을 들어 주지 않았다.[31] 이러한 태종의 태도는 곧 그 심중을 드러내는 결과를 가져왔다. 태종은 임실에 행행한 것에 대한 이유를 묻자 "이제 무사한 때를 당하여 나라의 임금이 한 번 나가서 놀이하고 사냥하는 것이 무엇이 해롭겠는가?"라며 강무에 임하는 마음을 내보이게 된다.[32]

그럼에도 불구하고 태종이 강무를 군례에 맞추어 설행하지 않고 국왕 개인의 취미로 인식하고 거행하던 모습도 시간이 흐름에 따라 국가의례 체제로 들어가게 된다. 조선왕조의 국왕이 국가의 주축인 유교적 의례를 무시하고 독자적으로 행동하는 것은 명분상 불가능한 일이라고 평가할 수

30 『태종실록』 권13, 태종 7년, 1월 29일(갑신).
31 『태종실록』 권26, 태종 13년, 9월 9일(을유).
32 『태종실록』 권26, 태종 13년, 9월 20일(병신).

있는 부분이다. 이점은 연산군을 비롯하여 광해군은 물론 조선시대 국왕들의 행동을 제약하고 규정하는 것에 늘 주장되던 내용이기도 하다.

결국 태종은 재위 10년 만인 1410년 의례상정소(儀禮詳定所)[33]를 설치하여 군례를 비롯한 각종 국가의례 정비에 착수하게 한다. 이때 참여한 허조(許稠)를 비롯한 관원들의 대부분은 태종의 정변에 동참하였던 인물이었다.[34] 그런데 의례상정소의 모든 활동은 예조와 합의하여 이루어진다는 특징이 있다. 특히 예제의 상정도 의례상정소에 명령을 하달하는 것이 아니라 예조에 내린 명령을 의례상정소와 상의하여 제정하는 경우가 더 많았다. 상정한 예제도 예조가 단독으로 보고하거나 예조와 함께 보고하였다. 따라서 예제를 주관하는 곳은 어디까지나 예조였음을 짐작하게 한다.[35]

이후 군례를 비롯한 오례는 세종대에 들어와 완비된 형태를 보이기 시작하는데 그것이 『세종실록』「오례의」이다. 『세종실록』「오례의」는 당과 송의 오례를 정리하기는 했지만 당의 『개원례』를 근간으로 하였다. 당의 오례가 황제권을 중심으로 한 것에 반해 송의 경우에는 사대부 『주자가례』가 반영된 체제였기 때문이다. 즉 왕실의 의례는 사적인 개인의 영역보다 한 단계 위라는 점을 감안한 결과라고 볼 수 있다.

「오례의」 서문(序文)에는 조선왕조의 의례에 대한 시각이 잘 드러나 있다. 조선왕조 건국 초기의 혼란한 정치적 상황과 왕실의 행사는 상황에 맞게 임시방편으로 거행한다고 언급하고 있다. 그리고 수차례에 걸쳐 정비한 의례의 내용은 중국과 조선왕조에 전래되던 것을 중심으로 하고 있다. 이것은 조선의 의례가 새롭게 조성한 것이라기보다는 고려시대 이래로 내려오던 전래의 의례와 송, 원, 명을 중심으로 정비되었던 동북아시아 공통

33 의례상정소는 세종 17년(1435)에 폐지되었다[『세종실록』 권70, 세종 17년, 11월 19일(병술)].

34 이완재·김송희, 「조선초기의 유교적 국가의례에 대한 연구」, 35쪽.

35 임용한, 「조선 초기 儀禮詳定所의 운영과 기능」, 『실학사상연구』 24, 2002, 95쪽.

의 의례를 수용했다고 볼 수 있다. 또한 「오례의」 찬술 과정에 국왕이 직접 관여하고 있다. 오례가 단순한 의례서의 일종으로 작성한 것이 아니라 국가의례의 준범이었기 때문으로 생각되는 부분이다.

물론 세종대에 정비된 「오례의」 군례가 완전히 정착되었음을 의미하지는 않는다. 군례의 내용이 국가 기밀로 취급되어 그 내용이 수정되거나 삭제되기도 했다. 성종대 왜인들이 오례의 군례를 보고 총통(銃筒)을 만들 수 있다는 우려로 인해 화기와 관련된 사항은 삭제하였다.[36] 더욱이 임진왜란과 양차의 호란을 거치면서 변화되던 군사전략과 전술에 따라 군례의 양상도 시대에 따라 변화될 수밖에 없었다.

36 『성종실록』, 권97, 성종 9년, 10월 15일(계묘).

2 『고려사』와 『국조오례의』 군례의 비교

『고려사』는 1392년 조선이 개국하면서 태조가 당시 우시중(右侍中) 조준(趙浚), 문하시랑찬성사(門下侍郎贊成事) 정도전, 예문관학사(藝文館學士) 정총(鄭摠)·박의중(朴宜中), 병조전서(兵曹典書) 윤소종(尹紹宗)에게 명하여 수찬하게 하였다.[37] 정도전 등은 1395년 1월 고려 태조부터 공양왕에 이르기까지 37권의 『고려사』를 편찬하여 올렸다. 이때 태조가 『고려사』에 대해 정도전에게 교서를 다음과 같이 내렸다.

"듣건대, 임금이란 하늘의 덕을 대신하여 나라를 가지고, 반드시 문신에게 명하여 역사를 써서 책을 만드는 것이니, 그것은 일대의 전장(典章)만 갖추자는 것이 아니라, 후세를 권장하고 경계하는 것이 중하기 때문이다. 왕씨의 세상을 상고해 보면, 고려라는 국호를 습용하여 삼한을 통합하여 해[歲]를 지낸 것이 500년에 가깝고, 대[世]를 전한 것이 30대를 넘으매, 치란성쇠의 자취와 선악득실의 원인에 대하여 기록이 번거롭게 있으나, 또한 없어진 것도 많으니, 진실로 훌륭한 역사가에 맡기지 않았던들 어찌 완전한 책을 만들 수 있겠는가? (중략) 그랬더니 과연 정치를 잘하면서 훌륭한 역사책을 만들었다. 첫째로 연대를 표기하고 대략 사실을 자세히 기록하였는데, 변고와 상사(常事)는 대체에 관계되는 것을 취사선택하고, 인물의 포폄은 선현의 의견에 얽매이지 아니하였으며, 사건은 원인과 결과를 자세히

37 『태조실록』 권2, 태조 1년, 10월 13일(신유).

썼으되 너무 복잡하지 않고, 문장은 간결하되 속되지 않으니 옛날의 자유(子游)·자하(子夏)의 칭찬을 기다리지 않아도 반고(班固)와 사마천(司馬遷)의 훌륭한 사필의 풍도가 있다. (중략) 전대 흥망성쇠의 자취는 반드시 뒷사람을 기다려서 역사책이 이루어지고, 후왕들의 권계가 되는 것은 경서와 역사에 기록되어 있어 거울삼을 수 있는 것이다. 생각하건대, 왕씨는 고려를 세워 삼한을 통합하여 한 집을 만들고, 오대부터 중국을 섬겨, 세대가 오래고 기록이 대단히 많으나, 여러 번의 난리로 인하여 없어진 것이 있어 사료가 구비되지 못할 뿐만 아니라, 기록한 사람이 하나가 아니어서, 엉성하고 주밀하며 자세하고 간략함이 같지 아니하고, 혹은 너무 길게 기록하여 시비곡직 사정을 가리기 어렵게 되었으니, 만일 일대의 실록을 만들려면 반드시 재질·학문·식견의 삼장(三長)을 다 가진 재사라야 한다. 생각하건대, 경은 기품이 순수하고 맑으며, 학문이 깊고 풍부하며, 언사(言辭)가 간결하여 믿음직하고, 문장(文章)이 우아(優雅)하여 후세에 전할 만하고, 비판은 근엄하고 지조가 있으며, 가슴 속에 들어 있는 권도(權度)는 깨끗하고 틀림이 없는지라, 내가 개국할 때에 경의 협력에 힘을 입어, 국정을 결정하는 의정부에 올리고 사필을 잡는 관원을 겸하게 하였더니, 정치를 협조하는 데 힘을 쓰고 역사를 편찬하는 데 또한 전심하여, 공양삼세(公羊三世)의 일과 사마천의 편년체의 규범에 의하여 고려의 전사를 완성하여 후세에 전하게 하였으니, 의논이 송나라 범조우(范祖禹)가 지은 『당감(唐鑑)』에 부끄럽지 않고, 반고가 지은 『한서』와 같이 야비하지 아니하며, 변사(變事)나 상사(常事)에 대하여 필삭(筆削)이 정(精)하고, 본받을 만하고 경계할 만한 일에 대하여 선악을 명시하였다. 내 마음으로 가상히 여겨 후하게 상을 주는 것이다. (후략)"[38]

38 『태조실록』 권7, 태조 4년, 1월 25일(경신).

이처럼 『고려사』는 조선왕조의 건국 취지와 개국의 정당성을 확보하기 위한 수단으로 만든 것이다. 따라서 군례의 경우 조선왕조가 지향하는 정치 이데올로기에 맞추어 개정할 필요가 있었다. 이는 군례만이 아니라 오례 전체에 해당하는 일이기도 하였다. 특히 위의 글에서 태조는 국가의 흥망성쇠를 중국 역사의 기준에서 정사(正邪)라는 이분법적 시각에서 인식하고 있다. 상하 차서적인 유교적 질서관을 강조하고 있다. 이런 인식이 오례는 물론 군례에도 그대로 반영되었다.

『고려사』 예지 서문을 보면, 고려 초기에는 의례를 논의할 시간이 없었으며, 성종대에 종묘사직을 세우고, 의종대에 가서야 의례서인 『상정고금례(詳定古今禮)』 50권을 편찬했다고 하였다. 조선 초 『고려사』 편찬에 참가한 유학자들이 『고금상정례』를 기본 자료로 활용하면서 오례를 길흉군빈가(吉凶軍賓嘉)로 구분하여 예지를 작성하였다. 따라서 고려시대 의례가 오례로 구분된 것은 조선시대에 작성한 『고려사』에만 보이는 현상이며, 실제로 고려의 의례가 오례로 구분되었는지는 예측하기 어렵다. 고려가 불교 사회였던 점을 생각한다면, 유교 중심의 오례를 기준으로 의례를 구분했다고 단언하기는 어렵기 때문이다. 그리고 『고려사』 예지의 군례는 견장출정의(遣將出征儀), 사환의(師還儀), 구일월식의(求日月蝕儀), 계동대나의(季冬大儺儀) 등 4개 항목과 연대기로 구성되었다. 견장출정의, 사환의는 의례 내용과 관련 기사가 같이 실려 있다. 견장출정의에는 대관전과 태정문이 등장하고 산호재배(山呼再拜)하고 있으며, 사환의는 성궁만복(聖躬萬福)이라고 하여 두 조항들이 원나라 간섭기 이전에 작성했다는 것을 암시해 주고 있다.[39]

『고려사』에 실린 군례 항목을 중국 예서와 사서에 비교해 보면 조선과 중국의 시대적 흐름에 따른 변화상을 볼 수 있다. 가장 주목되는 부분은 시

39 김창혁, 「『고려사』 예지의 구조와 성격」, 『한국사학보』 44, 2011, 52, 66쪽.

대적인 변화상이 군례에 그대로 담겨 있다는 점이다. 『주례』는 국내적 질서유지라는 명분 아래 군의 위엄만을 드러내었다. 그런데 당대에 오면 대외적인 전쟁의 여파로 군대의 기능이 대외적인 부분에 맞추어 변화되었다. 다음의 〈표 2〉를 보면 당대를 전후로 친정이 등장하는 것에서 군례의 큰 변화를 확인할 수 있다.

표 2 고려와 중국의 군례 항목[40]

	『고려사(高麗史)』	『주례(周禮)』	『신당서(新唐書)』	『당개원례(唐開元禮)』	『송사(宋史)』[41]
1	견장출정의(遣將出征儀)	대사지례(大師之禮)	황제친정(皇帝親征)/견장출정(遣將出征)	황제친정(皇帝親征)	마제(禡祭)
2	사환의(師還儀)	대균지례(大均之禮)	중동강무어도외(仲冬講武於都外)	평탕구적선로포(平蕩寇賊宣露布)	열무(閱武)
3	구일월식의(救日月蝕儀)	대전지례(大田之禮)	중동황제수전지례(仲冬皇帝狩田之禮)	견사로군장(遣使勞軍將)	수항헌부(受降獻俘)
4	계동대나의(季冬大儺儀)	대역지례(大役之禮)	사(射)	황제강무(皇帝講武)	전엽(田獵)
5		대봉지례(大封之禮)	합삭벌고(合朔伐鼓)	황제전수(皇帝田狩)	타구(打毬)
6			대나지례(大儺之禮)	황제사어사궁(皇帝射於射宮)	구일(救日), 벌부(伐俘)
7				황제관사어사궁(皇帝觀射於射宮)	
8				제견대장출정유사선태사유사고어태묘(制遣大將出征有司宣太社有司告於太廟)	
9				중춘사마조(仲春祀馬祖)	
10				중하향선목(仲夏享先牧)	
11				합삭벌고(合朔伐鼓)	
12				대나(大儺)	

40 이범직, 「고려사 禮志 軍禮·賓禮의 검토」, 『명지사론』 창간호, 1983, 56쪽 재인용.

『고려사』의 군례를 견장출정의, 사환의, 구일월식의, 계동대나의에 따라 내용별로 정리하면 다음과 같다.[42]

1) 견장출정의(遣將出征儀)

장수를 전선으로 파견할 때 대사(大社)에는 의제(宜祭)를, 태묘에는 고사(告祀)를 지내되 모두 해당 부서에서 주고(奏告)하는 절차와 같이한다. 그리고 부월(斧鉞)을 주장에게 내주거나 받을 때에는 언제나 왕이 경령전(景靈殿)에 친히 고제를 지내기로 되어 있다. 장수가 출정하기 전날 상사국(尙舍局)에서는 대관전에 왕의 좌석을 상례대로 설치하고 원수, 부원수의 욕위(褥位)를 대궐 뜰 안 복판에서 북쪽을 향하게 설치한다. 수궁서(守宮署)에서는 또한 원수와 부원수의 막차를 대궐 문밖 조당(朝堂)에 설치한다. 출정하는 날 예정된 시각에 의장대는 상례대로 대궐 뜰에 정렬하고 추밀관 및 좌우 시신들이 대궐 뜰 안 자리에 들어선다. 원수와 부원수는 융복(戎服)을 입고[하루 앞서 해당 부서에서 왕의 분부를 받아 정포(征袍), 융의(戎衣)들을 가지고 상서병부(尙書兵部)로 가서 집례에 따라 원수 이하 종군하는 문, 무 막료들에게 나누어 준다. 원수와 부원수는 병마 영할(鈴轄)과 승제(承制)로 대충한다] 각 군 종사관들을 인솔하고 일제히 대궐문 밖으로 나가 겹으로 서되 북쪽을 향한다. 왕이 강사포(絳紗袍)를 입고 자리로 나오자 채찍을 울리고 경위대는 만세를 부르고 재배한다. 사인이 "추밀관 이하 시신들 상기거(常起居)"라고 한다. 이것이 끝난 다음 합문이 대신들을 인도하여 지정된 자리에 들어서면 사인이 "대신 재배"라고 한다. 그리고 합문은 그들을 인도하여 동편 층계로부터 전(殿)에 올라 북쪽을 위

41 원나라 순제때 만들었으며, 本紀47·志162·表32·열전255, 총496권이다. 권48부터 권209까지는 志로서 天文·五行·律曆·地理·河渠·禮·樂·儀衛·輿服·選擧·職官·食貨·兵·刑法·藝文 등의 162권이다. 그 중「禮志」는 28권이며, 吉禮·嘉禮·賓禮·軍禮·凶禮의 오례로 구분하였다.

42 『고려사』권64 志, 권18 禮6.

로 하고 동편으로 치우쳐 서쪽을 향하여 선다. 합문은 또한 대신들과 추밀관들을 인도하여 서편 옆 층계로부터 전에 올라 북쪽을 위로 하고 서쪽으로 치우쳐 동향하여 선다. 그리고 원수와 부원수를 인도하여 대궐 뜰로 들어가 욕위로 가서 북쪽을 향하여 선다. 이때 사인이 "원수, 부원수 재배"라고 한다. 합문이 어명이 있다는 것을 전하면 사인이 다시 "재배"라고 한다. 그들은 재배한 후 머리를 숙이고 전달하는 말을 듣는다. 사인이 다시 "원수, 부원수 재배"라고 한다. 합문은 원수를 인도하여 서편 층계로부터 전에 올라 왕좌의 우측으로 가서 전쟁에 대한 여러 가지 방략을 말한다. 상장군이 부월을 가지고 왕좌의 우측으로 나아가 꿇어앉아 왕에게 드리면 왕은 좌석에서 내려 부월을 받아 원수에게 주고 원수는 꿇어앉아 이것을 받아 서편 층계로부터 내려간다. 합문은 원수와 부원수를 인도하여 정문으로 나간다. 이때 낭장(郎將)이 부월을 받아 들고 앞서서 인도한다. 합문이 병마, 영할 및 각 군사(軍使), 부군사, 판관 이상을 인도하여 대궐 뜰로 들어가 동쪽을 위로 하고 북쪽을 향하여 겹으로 서 있으면 사인이 "영할 이하 재배 또 재배"라고 한다. 이것이 끝나면 합문은 그들을 인도하여 서쪽 곁문으로 나간다. 녹사(錄事) 이하 관리들은 대궐문 밖에서 대궐 뜰에서 한 것과 같이 예식을 행한다. 왕은 내전으로 들어가고 대신, 추밀관 이하 좌우 시신들 및 경위원들도 차례로 나간다. 원수와 부원수가 태정문(泰定門) 밖으로 나갈 때 주악이 시작되고 병부에 도착할 때 주악이 멎는다. 영할 이하 각 군사, 부군사, 판관은 층계 위에서 모두 열을 지어 재배하고 녹사 이하는 층계 아래에서 공손히 읍하며 아전들은 절한다. 이것이 끝나는 즉시로 군령식(軍令式)에 의하여 행군을 개시한다.[43]

43 遣將出征, 宜大社告太廟. 竝有司行事, 如奏告之儀. 出鉞還鉞, 王皆親告景靈殿. 前一日, 尙舍局設王座於大觀殿上, 如常儀, 設元帥副元帥褥位於殿庭中心, 北向. 守宮署設元帥副元帥次於殿門外朝堂. 其日, 依時刻, 仗衛入陳於殿庭如儀, 樞密及左右侍臣, 入就殿庭位, 元帥副元帥, 服戎服【前一日, 有司奉宣賚征袍戎衣, 到尙書兵部, 准舊例, 頒賜元帥以下從軍文武員寮】 率兵馬鈐轄【以承制, 充之】 及諸軍從事官, 俱詣

2) 사환의(師還儀)

회군하기 전날 상사국에서는 왕의 자리를 대관전에 정하고 원수와 부원수의 배위(拜位)를 대궐 뜰에 설치하며 수궁시에서는 대궐문 밖 조당(朝堂)에 원수와 부원수의 막차를 설치하고 또한 숙소의 동편 가장자리에 원수와 부원수의 석차를, 서편 가장자리에는 영접하는 대신의 석차를 설치한다. 또한 대궐 뜰 한복판에 원수와 부원수가 배명(拜命)할 욕위를 설치한다. 영접원이 숙소에 이르면 합문은 원수 이하를 인도하여 문 밖까지 나와 서로 읍한 다음 문 안으로 들어가 각각 욕위에 나아가고 영할과 각 군사, 부군사, 판관, 녹사 등은 관등별로 열을 지어 겹으로 선다. 사인이 "원수 이하 대궐을 향하여 재배"라고 말한다. 이것이 끝나면 원수는 영접사에게 국왕의 건강을 묻는다. 사인이 다시 "원수 이하 재배"라고 한다. 영접사가 구두로 대답하면 사인은 "원수 이하 다시 재배"라고 한다. 이것이 끝나자 합문은 영접사와 원수, 부원수를 인도하여 각각 동서편 층계로부터 따로따로 정자 정상(亭上)에 올라 욕위에 가 서면 집례관이 번갈아 문안하는 서한을 전하고 영접사와 원수 간에 안부 인사를 교환한다. 이것이 끝난 다음 합문은 그들을 인도하여 위로하는 연회에 참석한다. 연회를 마치고 합문은 영접사와 원수, 부원수 이하를 인도하여 뜰 한복판으로 내려가서 욕위에 서

殿門外, 重行, 北向立. 訖, 王服絳紗袍, 出坐殿. 鳴鞭, 仗衛奏山呼, 再拜. 訖, 舍人喝, 樞密以下侍臣常起居. 訖, 閤門引宰臣, 入就位. 舍人喝, 宰臣再拜. 訖, 閤門引宰臣, 自東側階升殿, 近東西向, 北上立. 次, 引宰樞, 自西側階升殿, 近西東向, 北上立. 訖, 引元帥副元帥, 入殿庭, 就褥位, 北向立. 舍人喝, 元帥副元帥再拜.

閤門稱有勅, 舍人喝, 再拜躬聽口宣. 訖, 舍人喝. 元帥副元帥再拜. 閤門引元帥, 自西階升殿, 進王座之右, 禀諸方略. 上將軍奉斧鉞, 詣王座右, 跪進, 王降座, 執斧鉞, 授元帥. 元帥跪受, 降自西階. 閤門引元帥副元帥, 由正門出. 郎將傳奉斧鉞, 在前先導. 閤門引兵馬鈐轄, 及諸軍使副判官以上, 入殿庭, 重行北向, 東上立. 舍人喝, 鈐轄以下再拜, 又再拜. 訖, 閤門引, 自西偏門出, 錄事以下, 於殿門外, 禮數如上儀. 王入內殿, 宰臣樞密以下左右侍臣及仗衛, 以次出. 元帥副元帥出泰定門外, 樂作, 至兵部, 樂止. 鈐轄以下諸軍使副判官, 於階上俱重行, 再拜, 錄事以下, 階下祇揖, 吏拜. 訖, 便行師, 如軍令式.

면 사인이 "원수 이하 재배"라고 한다. 이것이 끝난 다음 원수는 사례하는 표를 받쳐 들고 영접사 앞으로 가서 꿇어앉아 올리면 영접사는 조금 앞으로 나서서 표문을 받아 들며 각자 본자리로 돌아간다. 사인이 "원수 이하 다시 재배"라고 한다. 영접사가 함을 든 자에게 표를 전하면 함을 든 자는 이것을 함에 넣어 먼저 밖으로 나가고 원수와 영접사도 같이 문밖으로 나가서 서로 읍하고 갈라진다. 왕이 원수를 접견하는 날 낮에 정(亭)의 동편에 영접사, 공, 후, 백의 좌석을 설치하고 서편에 원수와 부원수의 식차를 준비한다. 그리고 위로연에 참석하는 일이나 사례하는 표문을 전달하는 범절은 위에서 행한 의식과 같다. 원수는 소속 부대와 위병들을 지휘하여 북을 치고 나팔을 불며 개가를 부르게 하고 부대를 좌우 2부로 나누어 차례로 대열을 짓고 우렁차게 주악하면서 행진하여 광화문(廣化門)에 이르렀을 때 주악을 멈춘다. 예정된 시각에 경위원들은 상례와 같이 대궐 뜰에 정렬하고 추밀 이하 좌우 사신들도 대궐 뜰의 자리에 들어선다. 원수와 부원수가 각 군(軍)의 막료들을 인솔하고 대궐문 밖에 이를 때 합문은 원수와 부원수를 인도하여 차례로 대궐 뜰로 들어간다. 근신이 "외판(外辦)"이라고 아뢰면 왕은 강사포를 입고 나와서 전에 좌기한다. 이때 경위원들은 만세를 부르고 재배한다. 사인이 "추밀관 이하 시신들 평신"이라고 한다. 이것이 끝난 다음 합문은 대신들을 인도하여 자리에 들어서고 사인은 "대신들 재배"라고 한다. 이것이 끝나면 합문은 대신과 추밀관들을 인도하여 동서편 층계로부터 각각 전상에 올라 자리에 가 선다. 합문은 또한 각 군사(軍使), 부군사, 판관, 녹사, 모든 영의 낭장(郎將) 이상 군관들을 인도하여 대궐 뜰로 들어가 관등별로 열을 지어 겹으로 선다. 합문은 원수를 인도하여 부월을 받들고 대궐 뜰로 들어가 서편 층계로부터 전상에 올라 왕좌의 오른편으로 가서 꿇어앉아 왕에게 부월을 드리면 왕은 좌석에서 내려서서 부월을 받아 상장군에게 준다. 이것이 끝난 다음 원수가 서편 층계로부터 내려가 배위에 가 서면 사인이 “원수 이하 재배”라고 한다. 그리고 합문은 그들을 인도하여 대궐문 밖으로 나간다. 원수와 부원수 및 각 군사, 부군사, 판관, 녹사, 종사관들은 각각 관복을 입고 합문들이 원수 이하를 분담 인도하여 대궐 뜰로 들어가 북쪽을 향하여 겹으로 서면 사인이 “원수 이하 재배”라고 한다. 그들은 재배 무도(舞蹈)하고 또 재배한 후 왕의 만복을 빈다. 사인이 “원수 이하 재배”라고 한다. 원수는 재배하고 앞으로 나와 치사하고 본자리로 돌아온다. 사인이 “원수 이하 군관 재배”라고 한다. 그들은 재배 무도하고 또 재배한다. 이것이 끝나면 근신이 왕의 분부를 받아 동쪽 층계로부터 대궐 뜰로 내려와 원수의 동북편으로 가서 서쪽을 향하고 원수에 대하여 “그대들이 난국을 평정한 공적을 나는 가상히 여긴다”라는 왕의 분부를 전하면 원수 이하는 재배 무도하고 또 재배한다. 합문이 음식을 준다는 왕의 분부를 전하면 사인은 “원수 이하 재배”라고 한다. 그들은 재배 무도하고 또 재배한다. 이것이 끝나면 합문은 원수 이하를 인도하여 서편으로 나가고 왕은 내전으로 들어가고 대신, 추밀관, 좌우 시신들 및 의장대원들도 차례로 물러간다.[44]

44 師還前一日, 尙舍局設王座於大觀殿, 設元帥副元帥拜位於殿庭. 守宮署, 設元帥副元帥次於殿門外朝堂, 又於宿亭, 設元帥副元帥座於東邊, 筵伴宰臣座於西邊. 又設拜命褥位於庭中. 筵伴到宿亭, 閤門引元帥以下, 出門, 相揖. 入門, 各就褥位. 鈐轄及諸軍使副判官錄事, 每等異位重行, 立定. 舍人喝, 元帥以下向闕, 再拜, 問聖體. 舍人喝, 元帥以下再拜, 筵伴口宣. 訖, 舍人喝, 元帥以下又再拜. 訖, 閤門引筵伴及元帥副元帥, 各從東西階, 升亭上, 就褥位, 立定. 執禮官交呈起居狀, 筵伴及元帥起居. 訖, 閤門引各就座, 赴勞宴. 禮畢, 閤門引筵伴及元帥副元帥以下, 降就庭中褥位. 舍人喝, 元帥以下再拜, 元帥奉謝表, 詣筵伴前, 跪進. 筵伴小前, 接表. 俱退復位. 舍人喝, 元帥以下又再拜. 訖, 筵伴以表傳於持函. 持函者先出. 元帥及筵伴, 伴行出門, 相揖分位. 其日晝, 亭設筵伴公侯伯座於東邊, 元帥副元帥座於西邊. 其餘, 拜命勞宴附表禮數, 如上儀. 元帥勒所部兵衛, 鼓吹, 令押凱歌. 分左右二部, 以次陳列, 鼓吹振作, 至廣化門, 樂止. 依時刻, 禁衛入陳於殿庭, 如常儀, 樞密以下左右侍臣, 入就殿庭位. 元帥副元帥, 率諸軍寮佐, 至殿門外, 閤門引元帥副元帥, 入次. 訖, 近臣奏外辦, 王服絳紗袍, 出坐殿. 禁衛奏山呼, 再拜. 舍人喝, 樞密以下侍臣常起居. 訖, 閤門引宰臣, 入就位. 舍人喝, 宰臣再拜. 訖, 閤門各引宰臣樞密, 自東西側階升殿, 就位立. 閤門引諸軍使副判官錄事諸領府郎將以上, 入殿庭, 每等異位重行, 立定. 閤門引元帥, 捧斧鉞, 入殿庭, 自西階升殿, 詣御座之右, 跪上斧鉞. 王降座, 執斧鉞, 傳授上將軍. 訖, 元帥降自西堦, 就拜位. 舍人喝, 元帥以下再拜. 閤門引出殿門外. 元帥副元帥及諸軍使副判官錄事從事官, 各服公服, 閤門分引元帥以下, 入就殿庭, 重行北向, 立定. 舍人喝, 元帥以下再拜舞蹈, 又再拜. 奏聖躬萬福. 舍人喝, 元帥以下再拜. 元帥出行, 致辭復位.

위에 인용한 견장출장의와 사환의는 전쟁에 출정하거나 돌아오는 장수와 병사들을 위해 만든 의례로 고려시대에 자주 설행되었다. 예컨대 1107년(예종 2) 10월에 윤관(尹瓘)을 원수로 하고, 오연총(吳延寵)을 부원수로 임명하여 여진을 정벌할 때와 12월에 그들이 삼군을 거느리고 입경할 때 예종이 위봉루(威鳳樓)에 행차했을 때, 1108년 봄에 윤관이 여진을 평정하고 북방에 6개의 성곽을 구축한 뒤 공험진(公嶮鎭)에 비석을 세워 국경을 구획하고 돌아왔을 때 동교(東郊)에서 군례를 행하던 것, 1135년(인종 13) 1월 묘청이 서경에서 반란을 일으켰을 때 김부식이 정토할 때와 4월에 인종이 경령전에서 개선(凱旋)한 김부식 등을 맞이하던 것, 1216년(고종 3) 10월 거란의 침공에 대해 정숙첨(鄭叔瞻)을 행영중군원수(行營中軍元帥), 조충(趙冲)을 부원수로 임명하여 정벌하게 하고 12월에 개선할 때, 1356년(공민왕 5) 5월 인당(印瑭) 등을 압록강에 보내 서팔참(西八站)을 공격할 때, 9월에 염제신(廉悌臣)을 도원수, 유연(柳淵)을 부원수로 임명하여 서북방면을 방어하게 할 때, 1364년(공민왕 13) 2월 서북면도원수(西北面都元帥)로 경천흥(慶千興), 도순위사(都巡慰使) 최영 등이 개선할 때, 1369년(공민왕 18) 11월 이인임을 서북면도통사(都統使)로 임명하는 것과 같은 경우에 견장출정의와 사환의 두 개의 군례가 거행되었다. 고려시대 여진과 거란, 북원의 침략과 방어에 따른 잦은 전쟁이 견장출정의와 사환의 군례가 자주 설행되게 한 배경이라고 볼 수 있다.

3) 구일월식의(救日月食儀)

일식이나 월식이 있는 날에 응당 시종할 신하들은 일체 검은 갓과 흰옷

舍人喝, 元帥以下群官再拜舞蹈, 又再拜. 訖, 近臣承旨降自東階, 詣元帥東北, 西向傳宣, 稱定難功業, 惟朕乃嘉元帥以下再拜舞蹈, 又再拜. 閤門傳宣賜酒食, 舍人喝. 元帥以下再拜舞蹈, 又再拜. 訖, 閤門引元帥以下, 西出, 王入內殿, 宰臣樞密左右侍臣及仗衛, 以次退.

차림을 하고 왕에게 문안을 드린다. 왕이 흰옷을 입고 나와 걸상에 앉으면 승선(承宣)과 중방(重房)의 관리들이 공손히 절하고 좌우로 갈라선다. 합문이 뜰로 들어와 옆으로 걸으면서 재배하고 그 자리에서 앞으로 나가 본자리로 돌아가서 읍한 다음 왼편에 가 선다. 지후(祗候)가 추밀관을 인도하여 욕위를 향하여 옆으로 걸어서 자리에 가 서면 사인이 "재배"라고 한다. 이것을 마친 다음 그들은 좌우로 갈라선다. 왕이 전으로 들어가 잠깐 휴식하면서 시각을 기다리다가 다시 나와 뜰에 내려서면 상사별감(尙舍別監)은 향을 피운다. 왕은 절하고 되돌아 전상으로 올라간다. 합문사가 왕의 분부를 받아 추밀관에게 앉으라는 말을 전하면 사인이 "재배"라고 말한다. 합문사가 다시 참석하여 시종하는 원장(員將)들에게도 앉으라는 분부를 전하고 사인이 "재배"라고 말하면 그들은 재배하고 자리에 앉는다. 일식 또는 월식을 멎게 하는 의식이 끝난 다음 왕은 전에서 내려가고 상사별감이 향을 피우면 왕은 절하고 다시 전에 올라 내전으로 들어간다.[45]

구일월식의는 일식과 월식이라는 천체 현상을 군대의 힘으로 방어한다는 것으로 해석할 수 있으나, 실제로 고려와 조선에서 거행했던 의식은 군사적인 모습이라기보다는 길례의 제사와 큰 차이를 보이지 않는다. 다만 구일월식의가 삼국시대부터 내려오던 전통적인 행위였다는 것은 연대기 자료들에서 확인할 수 있다. 따라서 고대 인간사회에서부터 존재하던 일식과 월식의 천체 현상으로 인해 사회적 혼란이 야기될 수 있는 것을 방지하기 위해 지배층이 무력을 배경으로 차단하려고 했던 것이라고 생각된다. 고려시대의 구일월식의 사례를 본다면, 1046년(문종 원년) 2월 "우리나라 예규에 일식이나 월식이 있을 때는 태사국(太史局)에서 사전에 알리고 중

45 其日, 應陪侍群臣, 並玄冠素服, 伺候. 王素服, 出坐絞床, 承宣重房, 肅拜. 訖, 分立. 閤門入庭, 橫行再拜. 行頭進步, 復位揖, 左邊立, 祗侯引樞密, 就褥位, 橫行立定. 舍人喝, 再拜. 訖, 分立. 王入歇, 待時刻, 復出, 下殿立. 尙舍別監點香, 王拜禮後, 還上殿. 閤使承傳云, 賜樞密坐舍人喝, 再拜. 閤使又云, 賜侍奉員將坐舍人喝. 再拜, 就坐. 救食. 訖, 王下殿, 尙舍別監點香. 王拜禮. 訖, 還上殿, 入內.

앙과 지방에도 널리 알리어 사직단 위에서 북을 치게 하고 국왕께서는 흰 옷을 입고 정전을 떠나 계시며 백관들은 흰옷 차림으로 각자가 자기 기관을 지키면서 해를 향하여 공립하였다가 다시 밝아지기를 기다리기로 되어 있다(후략)"라고 하였다. 따라서 구일월식의가 군례에 포함되어 있지만 고려시대에도 별다른 군사행동이나 군사적 의례의 거행 없이 국왕과 신료들이 하늘에 두려움을 표시하는 정도였다.

이것은 조선시대에도 동일한 시각이 보인다. 중종대 조강에서, 『시경』의 시월지교편(十月之交篇)을 강하면서 "일식과 월식에는 상도(常道)가 있다. 그러나 덕을 닦고 정사를 잘 행하며 어진 이를 등용하고 간악한 자를 제거하여 임금이 그 도를 다하면, 먹힐 것도 먹히지 않으며, 만일 나라에 좋은 정사가 없고 어진 사람을 등용하지 않아서, 인군과 신하가 그 도를 다하지 못하면, 해와 달이 변괴를 보이는 것이니, 이것은 임금으로서 조심하고 두려워해야 할 일이다(후략)"[46]라고 하였다. 일식과 월식에 대한 군례는 고대의 영향이 남은 유제라고 보는 것이 좋을 것이다. 다만 세종대인 1432년(세종 14) 정월 초에 구식(救食)할 때 "이전에 구식할 때에는 시위하는 여러 신하들이 군사들과 더불어 좌우로 열을 나누었기 때문에, 어떤 이는 해를 등지고 서게 되었다. 오늘의 일식은 정오에 있으니, 서쪽에 서 있는 자는 정오를 지나면 당연히 해를 등지게 될 것이다. 마땅히 합쳐서 동쪽에서 시위하게 하라" 하여 군사들이 동원되었음을 말해 주고 있다.[47]

4) 계동대나의(季冬大儺儀)

큰 액막이 굿하는 날 담당 부서에서는 왕에게 주달하여 12세 이상~16세

46 『중종실록』 권10, 중종 5년, 2월 24일(경술).
47 『세종실록』 권55, 세종 14년, 1월 1일(신유).

이하 사람들 중에서 선발하여 진자(侲子)로 삼아 가면(假面)을 쓰고 붉은 베 바지를 입은 자 24명을 1대(隊)로 하되 이들을 다시 6명씩 한 패로 만들어 도합 2대로 편성한다. 집사자 12명은 붉은 수건에 붉은 구의(褠衣)를 입고 채찍을 잡는다. 공인(工人) 22명 중 1명은 방상시(方相氏)라고 하여 네 눈이 달린 황금빛 나는 탈을 쓰고 곰 가죽으로 만든 검정 옷에 붉은 치마를 입고 오른손에는 창을, 왼손에는 방패를 든다. 또 다른 한 명은 창사(唱師)라 하여 탈을 쓰고 가죽 옷을 입고 몽둥이를 든다. 고각군(鼓角軍) 20명을 1대로 하여 4명은 기를 잡고 4명은 피리를 불고 12명은 북을 치면서 금중(禁中)의 악귀를 쫓기로 되어 있다. 해당 부서에서는 의봉(儀鳳), 광화(廣化), 주작(朱雀), 영추(迎秋), 장평(長平)의 각 문에 술, 과실 등 양물(禳物)을 미리 차려 놓고 또 각 문의 위 측에 구덩이를 적당한 너비와 깊이로 파 둔다. 굿하기 전 날 굿할 사람들은 각각 집합소로 가서 의복과 도구를 갖추고 차례로 정렬하여 대기한다. 그날 새벽에 여러 경위대에서는 지정된 시각에 대원들을 단속하여 문간에 집결하였다가 궁중의 뜰 아래로 들어가 정렬하는 것은 평상시와 같이 한다. 굿하는 사람들이 대별로 궁문 밖에 집합하면 내시가 왕이 있는 내전 앞으로 가서 진자가 다 모였으니 궁중의 역귀를 쫓아낼 것을 아뢰고 돌아 나와서 굿하는 사람들에게 명령하여 궁중으로 들어가게 한다. 진자들은 북을 치고 왁자지껄이면서 들어가는데 방상시는 창을 들고 방패를 휘두르며 창사가 진자들을 인솔하고 따라 외치기를 "갑작(甲作)은 흉(凶)을 잡아먹고 필위(胇胃)는 역(疫)을 잡아먹고 웅백(雄伯)은 매(魅)를 잡아먹고 등간(騰簡)은 불상(不祥)을 잡아먹고 남제(覽諸)는 구(咎)를 잡아먹고 백기(伯奇)는 몽(夢)을 잡아먹고 강량(强梁)과 조명(祖明)은 다 같이 책사(磔死)와 기생(寄生)을 잡아먹고 위수(委隨)는 관(觀)을 잡아먹고 착단(錯斷)은 거(巨)를 잡아먹고 궁기(窮奇)와 등근(騰根)은 다 같이 고(蠱)를 잡아먹는다. 이상 12귀신이 흉악한 악귀들을 내쫓을 것이며 너희들의 몸뚱이를 물어뜯고 너희들의 허리뼈를 꺾으며 살을 찢고 내장을 뽑게 할 것이다. 너희들이 빨리 물러가지 않고 뒤떨어지는 놈은 12귀신들의 밥이 될 것이다"라고 외치고 앞뒤로 다니면서 북을 치고 떠들다가 궁성 밖으로 나간다. 진자의 여러 대들은 성문으로 가서도 이상과 같이 하다가 성 밖으로 나가서 그만둔다. 굿하는 사람들이 성문 밖으로 나갈 무렵에 태축(太祝)은 중문(中門) 앞에 남쪽을 향하여 귀신의 자리를 마련하였다가 그들이 아주 나간 후에 재랑은 그 위에 돗자리를 펴고 북쪽을 위로 하게 한다. 재랑이 술을 부으면 태축은 잔을 받아 신좌 앞에 드리고 축사(祝史)는 축판을 가지고 와서 신좌의 오른편에서 꿇어앉아 축문을 읽는다. [태음(太陰) 신에게 제 지내고 축판은 태축의 이름으로 읽는다] 축문을 읽은 다음 축사는 일어나 축판을 자리에 놓는다. 그리고 굿한 음식과 술은 구덩이에 파묻고 각각 물러간다.[48]

1116년(예종 11) 12월의 사례를 보면, "행사에 앞서서 환관들이 굿을 좌우 두 패로 갈라 맡고 서로 이기겠다고 하는데 왕은 친왕(親王)을 주장으로 패를 갈라 맡겼다. 그리하여 모든 광대와 여러 재주군 이외에 지방에서 놀음바치 기생들까지 모조리 불러들이고 원근에서 구경꾼이 모여들어 깃발이 길에 연달아 날렸으며 궁중에도 빼곡하게 찰 지경이었다. 이날 간관들이 합문(閤門)에 가서 간절히 간한 결과 겨우 그들 중에서 가장 추잡한 자들

48 大儺之禮, 前一日, 所司奏聞, 選人年十二以上十六以下, 爲侲子, 着假面, 衣赤布袴褶. 二十四人爲一隊, 六人作一行, 凡二隊. 執事者十二人, 着赤幘褠衣, 執鞭. 工人二十二人, 其一方相氏, 著假面, 黃金四目, 蒙熊皮玄, 衣朱裳, 右執戈, 左執楯. 其一爲唱帥, 著假面皮衣, 執棒. 鼓角軍, 二十爲一隊, 執旗四人, 吹角四人, 持鼓十二人, 以逐惡鬼于禁中. 有司, 先於儀鳳廣化朱雀迎秋長平門, 備設酒果禳物. 又爲瘞埳, 各於門之右方. 深稱其事. 前一日夕, 儺者各赴集所, 具其器服, 依次陳布, 以待事. 其日未明, 諸衛依時刻, 勒所部屯門, 列仗入, 陳於階下, 如常儀. 儺者各集於宮門外, 內侍詣王所御殿前, 奏侲子備, 請逐疫, 訖, 出命儺者, 以次入, 鼓譟以進. 方相氏執戈揚楯, 唱率侲子, 和曰甲作食, 胇胃食疫, 雄伯食魅, 騰簡食不祥, 攬諸食咎, 伯奇食夢, 强梁祖明共食磔死寄生, 委隨食觀, 錯斷食巨, 窮奇騰根共食蠱. 凡使十二神, 追惡鬼凶赫, 汝軀拉, 汝肝節, 解汝肌肉, 抽汝肺腸. 汝不急去, 後者爲粮, 周呼. 訖, 前後鼓譟而出, 諸隊各趣門以出, 出郭而止. 儺者將出, 大祝布神席, 當中門南向. 出訖, 齋郞陳神座, 籍以席, 北首. 齋郞酌酒, 大祝受而奠之, 祝史持版於座右, 跪讀祝文【祭以太陰之神, 祝版以大祝名】. 訖, 興, 奠版於席, 乃擧禳物幷酒瘞於埳, 訖退.

을 축출하게 하였으나 날이 저물어지자 다시 모여들었다. 왕이 구경을 하려 할때 좌우 양편에서 제가끔 먼저 재주를 보이려고 서두르는 통에 질서가 아주 문란하였다"라고 하였다. 구일월식의와 마찬가지로 계동대나의도 1년의 마지막과 첫날을 맞이하는 사회의 풍속이 의례화된 것으로 보인다.

이와 같은 고려의 군례가 조선시대에 어떻게 변화하고 개선되었는지는 다음에 인용한 1396(태조 5) 12월 대마도와 일기도(一岐島)를 정벌하러 떠나는 오도병마도통처치사(五道兵馬都統處置使) 김사형(金士衡) 등에게 내린 교서에서 장수를 전송하는 사례를 통해서 볼 수 있다.

1396(태조 5) 12월 일기도·대마도를 정벌하러 떠나는 우정승 김사형 등에게 내린 교서[49]

문하우정승(門下右政丞) 김사형으로 오도병마도통처치사를 삼고, 예문춘추관(藝文春秋館) 태학사(太學士) 남재(南在)로 도병마사를 삼고, 중추원부사(中樞院副使) 신극공(辛克恭)으로 병마사를 삼고, 전 도관찰사 이무(李茂)로 도체찰사를 삼아, 5도의 병선을 모아서 일기도와 대마도를 치게 하였다. 길을 떠날 때에, 임금이 남대문 밖까지 나가서 이를 전송하고, 사형에게 부월과 교서를 주고 안장 갖춘 말·모관(毛冠)·갑옷·궁시·약상자를 내려 주었으며, 남재·이무·신극공에게 각각 모관·갑옷·궁시를 내려 주었다. (후략)

앞서 언급했던 고려 군례의 견장출정의에서 주요한 내용을 정리하면 다음과 같이 6개 정도로 요약된다.

첫째, 장수를 전선으로 파견할 때 대사에는 의제를, 태묘에는 고사를 지낸다.

49 『태조실록』 권10, 태조 5년, 12월 3일(정해).

둘째, 부월을 주장에게 내주거나 받을 때에는 언제나 왕이 경령전에 친히 고제를 지낸다.

셋째, 출정하는 날 의장대는 상례대로 대궐 뜰에 정렬하고 추밀관 및 좌우 시신들이 들어선다.

넷째, 원수와 부원수는 융복을 입고 종사관들을 인솔하고 대궐 밖으로 나가 겹으로 서되 북쪽을 향한다.

다섯째, 왕이 강사포를 입고 자리로 나오자 채찍을 울리고 경위대는 만세를 부르고 재배한다.

여섯째, 상장군이 부월을 왕좌 우측에 꿇어앉아 왕에게 드리면 왕은 좌석에서 내려 부월을 받아 원수에게 주고 원수는 꿇어앉아 이것을 받아 서편 층계로부터 내려간다.

태조대 대마도 정벌군에게 보였던 의식을 정리해 보면, 국왕이 남대문 밖까지 나가서 전송하고, 주장에게 부월과 교서, 안마·모관·갑옷·궁시·약상자를 내려 주는 것이 주요 내용이다. 두 가지 모두 고려시대 설행되었던 것으로 볼 수 있다. 다만 태조대 군례가 어떻게 설행되었는지에 대한 상세한 의례 절차가 기록되지 않아 알 수는 없으나 당시까지 고려조의 의례를 답습했던 것을 감안한다면 유사하게 진행되었을 것으로 생각할 수밖에 없다. 예컨대 1402년(태종 2) 예조에서 의례상정소 제조와 의논하여 올렸던 악조(樂調) 10곡은 대부분 고려조에서 설행되던 것이었다. 이 노래들은 모두 의례 거행 시 연주되던 곡이다.[50] 따라서 세종대 오례의가 정리되기 이전에는 고려조의 의례가 답습되었다고 할 수 있다.

50 『태종실록』 권3, 태종 2년, 6월 5일(정사).

3 『세종실록』 오례의와 군례의 정착

태종이 보위에 오르기 위해 거행한 두 차례 왕자의 난은 신료의 권한을 약화시키고 왕자들의 사병을 혁파시켜 왕권을 강화하는 효과가 있었다. 반면 국정을 정비하던 정도전을 비롯한 고위 관료들의 숙청은 군례와 같은 국가의례가 초기에 정착되는 것을 지연시키는 반작용이 있었다. 태종이 정국을 장악한 이후에 육조를 통한 안정적 통치는 왕실의례 거행에도 큰 뒷받침이었다. 그러나 의례는 단기간에 정착되고 유지되는 제도적 장치가 아니다. 장기적으로 반복되어 정형화된 형태가 의례(儀禮)이며, 그 의례가 의례적(依例的)으로 이루어질 때 정착되었다고 할 수 있다.

태종대는 국외 정세의 변화도 군례 정착의 한 변수로 작동되었다. 태종대 북방 여진족의 침입에 대응하기 위해 수백 명 단위의 소부대 전술이 개발되었다. 1421년(세종 3) 편찬된 진도지법(陣圖之法)과 대규모 진법 훈련인 대열의 절차를 규정한 대열의가 이런 상황이 반영된 결과이다.[51] 진법이 중심인 대열과 열무가 중요하게 등장한 것은 오이라트의 변을 일으킨 북방의 몽골 세력과 변경을 약탈하던 여진을 대비하기 위해 집단적 군사훈련이 필요했기 때문이다. 북방 지역 정세가 급박하게 되던 1451년(문종 원년)에는 각 도 군사들에게 진도(陣圖), 진설(陣設)에 따른 진법 훈련을 강조하였다. 또한 문종대에 편찬한 오위진법은 대규모 군사를 동원하는 진법인 연진(連陣)과 합진(合陣)이 제시하였고 대열 절차인 대열의주(大閱儀注)를 두어

51 노영구, 「조선후기 漢城에서의 閱武 시행과 그 의미－大閱 사례를 중심으로」, 『서울학연구』 32, 2008, 7쪽.

대규모 전쟁을 상정한 당시의 긴장감을 보여 준다.[52]

이런 배경에서 세종이 보위에 오르는 시기부터 군례 관련 의례가 진행되었다. 세종대 군례가 의례로 정착되는 것은 오례의 주해가 상세하게 정해지던 1444년(세종 26)이었다. 군례가 오례의로 정착되는 과정을 세종 초기부터의 대열 사례를 들어 설명하면 다음과 같다. 1419년(세종 1) 1월, 태종이 처음으로 수강궁 정문에 나아가 무관 및 병사의 조회를 군례에 준하는 의식으로 받았다. 거기에는 병조·의금부·훈련관(訓鍊觀)·군기감의 관원들이 다 참여하였다.[53] 6월에는 태종이 대규모 군사를 동원하여 대마도 정벌을 거행하였다. 1421년에는 병조에서 군사 운용에 필요한 진법과 운영에 관한 행진법(行陣法)과 결진법(結陣法) 등을 마련하였다.[54] 8월에는 군사를 사열하는 대열을 거행하기 위한 준비 단계로 여러 도의 군사들을 오위(五衛)에 나누어 예속시키고자 하였다. 군사들의 복색이 서로 섞여서 다르고 체통의 의의가 없었기 때문이다. 이에 따라 경기·경상·전라도는 중위(中衛), 평안도는 전위(前衛), 충청도는 좌위(左衛), 황해도는 우위(右衛), 강원·함길도는 후위(後衛)에 각각 속하게 하며, 복색은 각각 그 방위에 해당된 빛깔에 따라 갖추도록 하였다.[55]

1424년(세종 6)에는 군사 사열인 대열의 준비가 본격적으로 진행된다. 9월의 대열을 위해 병조에서는 군사 사열하는 법을 전일에 자세하게 정하라는 교지를 받았다면서 동서반 각 품관과 성중애마(成衆愛馬), 당번 갑사(當番甲士)의 방패, 토지를 받은 패와 받지 않은 패 및 당번 시위별패(侍衛別牌)를 모아서 대열할 것을 요청하였다.[56] 대열은 9월 24일에 거행되었다. 그 전

52 노영구, 「조선후기 漢城에서의 閱武 시행과 그 의미—大閱 사례를 중심으로」, 8쪽.
53 『세종실록』 권3, 세종 1년, 1월 16일(신유).
54 『세종실록』 권12, 세종 3년, 7월 9일(기사).
55 『세종실록』 권13, 세종 3년, 8월 12일(임인).
56 『세종실록』 권25, 세종 6년, 9월 7일(기묘).

10일에는 대열할 때의 좌우상(左右廂)과 중위 및 중소(中所)에 수용되는 28수기(宿旗) 2개, 12신장기(神將旗) 2개, 대둑(大纛) 2개, 중둑(中纛) 12개, 소둑(小纛) 8개를 군기감(軍器監)에서 만들어 보내도록 했다.[57] 12일에는 대열에 동원되는 오위 군사의 복색을 정했다. 복색을 정하면서 이용한 것은 『진도(陣圖)』의 의주였다. 의주에는 오위가 각기 오색(五色)을 착용했는데, 세종이 1421년(세종 3)에 오위를 사열할 때에는 푸르고, 누르고, 붉고, 희고, 검은 옷을 입었다. 그런데 그 복색은 『진도』 의주에 그린 형색에 어긋날 뿐 아니라 진형(陣形)을 변경할 때에 곡절을 분간할 수 없는 문제가 있었다. 이에 따라 『진도』 의주의 복색에 맞추어 오위의 복색도 변경하였다.[58] 이런 준비 과정을 거쳐 9월 24일 동교(東郊)에서 사열이 거행되었다. 세종과 문무 군신들이 갑주를 갖추고 5,016명의 군사가 동원되었다.[59]

이날 사열의 내용을 바탕으로 대열의주가 정리되었다. 세종대의 대열의주 변화를 정리하면 다음과 같다.

〈1421년(세종 3) 예조에서 보고한 대열 의식〉[60]

- 9월과 10월 중에 도성(都城) 밖에서 대열을 행하는데, 반드시 강일(剛日)[61]에 한다.
- 기일(期日) 전 11일 병조에서 대열을 청하여 전교를 받고, 장수에게 명하여 군사를 뽑도록 한다.
- 유사가 사방 1,200보의 대열 장소를 만들며, 출입문인 화문(和門, 軍門)을 만든다.

57 『세종실록』 권25, 세종 6년, 9월 10일(임오).
58 『세종실록』 권25, 세종 6년, 9월 12일(갑신).
59 『세종실록』 권25, 세종 6년, 9월 24일(병신).
60 『세종실록』 권12, 세종 3년, 6월 1일(임진).
61 일자 중 갑병술경임의 간지가 없는 날을 말한다.

- 기일 전 2일 충호위(忠扈衛)에서 대차(大次)와 어좌(御座)를 설치한다.
- 통례문(通禮門)이 종실 이하 문무 여러 신하의 배례하는 자리를 대차의 남쪽에 설치한다.
- 기일 1일전 장졸(將卒)이 선소(墠所)에 모이고, 방위(方位)의 색깔에 따라 기(旗)를 세운다.
- 장수가 군사를 깃발[旋旗]과 금고(金鼓)로 기거동작을 교련(敎鍊)한다.
- 대열하는 날 새벽 십각(十刻)에 기병(騎兵)과 보병(步兵)은 갑옷을 입고 직진(直陣)으로 대기한다.
- 새벽 칠각(七刻) 일엄(一嚴)을 쳐서 유사가 궁문과 성문 열기를 계청(啓請)한다.
- 새벽 오각(五刻) 재엄(再嚴)을 쳐서 판통례가 중엄(中嚴)을 계청한다.
- 종실 이하 문무 관원이 갑옷을 입고 투구를 쓰며, 유사는 소가(小駕) 의장(儀仗)을 진열한다.
- 새벽 이각(二刻) 삼엄(三嚴)을 쳐서 어가가 움직이면, 시위군이 평소와 같이 시위 한다.
- 어가가 선소에 이르면, 병조판서가 갑옷을 입고, 투구를 쓰고, 말을 타고 전하를 받들어 인도한다.
- 대가가 도선(都墠) 북쪽 화문(和門)을 통해 소차(小次)에 들어간다.
- 통례문이 종실과 문무 관원을 인도해서 문관은 동쪽, 무관은 서쪽에 서게 하되, 북향하여 선다.
- 국왕이 황금빛 갑옷으로, 소차에서 대차에 들면, 산선(繖扇)과 의장은 평상시 의식과 같다.
- 통찬(通贊)이 재배라고 외치면, 자리에 있던 자가 다 두 번 절한다.
- 대각(大角)을 세 번 불면, 중군장(中軍將)이 각기 비고(鞞鼓)를 흔들어 북을 치게 호령한다.

• 유사가 기를 눕히면, 기병은 하마, 보병은 꿇어앉고, 장수는 기고의 남쪽에서 서사(誓辭)를 듣는다.
• 대장이 대열의 의의와 군법의 엄격 시행을 맹서시킨다.
• 좌군과 우군의 사후(伺候)가 방울[鐸]을 흔들며 군중에 돌면서 대장의 맹서를 깨우친다.
• 북을 쳐 유사가 기를 흔들면 장병이 행진하여 표(表)에 이르렀을 때, 징을 쳐서 행진을 그친다.
• 북을 세 번 치면 유사의 깃발 지시에 따라 동군과 서군이 진(陣)을 만들어 응전한다.
• 동군, 서군이 진을 변경하며 대적하는 오진(五陣)을 마치고 직진(直陣)을 이룬다.
• 북과 깃발로 군대를 정비하면 판통례가 대열의가 마쳤음을 아뢰고 국왕이 소차에서 갑옷을 벗는다.
• 병조에서 전교를 받아, 군사 이외의 백관도 모두 갑옷을 벗게 한다.
• 국왕이 대차에 돌아오면 다상(茶床)을 올리고, 그것을 마치면 올 때와 같이 환궁한다.

〈1424년(세종 6) 9월 24일 대열(大閱) 의식(儀式)〉[62]
• 대열에 왕세자가 참여하는 것을 제외하면 의식 절차는 1421년도와 대동소이하다.

〈세종실록 오례의 대열의주〉[63]
• 기일 11일 전 병조가 대열을 청해 교지를 받아 장수에게 군사를 검열

62 『세종실록』 권25, 세종 6년, 9월 24일(병신).
63 『세종실록』 권133. 오례, 군례의식, 대열의.

하게 한다.

- 유사가 사방 1,200보의 대열 장소와 네 개의 화문을 만들고, 보병과 기병의 군영을 둔다.
- 기일 전 1일 충호위가 선소(墠所)를 남향해 설치하고, 왕세자 막차를 서향하여 설치한다.
- 전의(典儀)가 왕세자와 종친·문무백관들의 배위를 장전의 남쪽에 설치한다.
- 장졸을 집합시키고 기고(旗鼓)와 갑장(甲仗)으로 위의(威儀)를 모두 갖추게 된다.
- 사졸(士卒)에게 정기(旌旗)의 지휘와 금고의 행동·정지하는 절차를 알려준다.
- 기를 눕히면 꿇어앉고, 기를 들면 일어나며, 북을 치면 앞으로 나가고, 쇠[金]를 울리면 곧 그친다.
- 대열하는 날 미명 10각에 장졸이 갑주를 갖추고 직진(直陣)을 만들어 대기한다.
- 장군과 대장이 각각 위의(威儀)를 갖추어 기고(旗鼓)의 아래에 선다.
- 미명 7각에 북으로 1엄을 알리면, 대가노부와 가마, 어마(御馬) 등이 홍례문(弘禮門) 밖에 준비된다.
- 미명 5각에 2엄을 알리면, 종친과 백관이 평상복으로 시립하고 장병이 근정전 전정에 진열한다.
- 판통례가 합문 밖에서 중엄(中嚴)을 계청하면, 판사복이 어마를 근정문 밖에 준비한다.
- 미명 2각에 3엄을 알리면, 판통례가 외판을 아뢰어 국왕이 익선관과 곤룡포를 입고 여를 타고 나온다.
- 어가가 움직이면, 고취(鼓吹)가 시작된다. 시위자들이 국궁하였다가 어

가가 지나가면 몸을 편다.

- 어가가 선소에 이르면, 병조판서가 말을 타고 인도하여 도선소(都墠所) 북쪽 화문으로 들어간다.
- 봉례랑이 종친과 백관들을 인도해 나가고, 부지통례(副知通禮)가 왕세자를 인도한다.
- 승지와 사관, 사금이 장전(帳殿) 인근에 자리하고 전의가 사배를 말하며 통찬이 창한다.
- 중군(中軍) 장수가 기를 눕히면, 장병이 네 번 절하고 기를 드는데, 기병은 말을 타고 보병은 일어난다.
- 부지통례가 왕세자를 어좌 동쪽에 앉게 하고, 봉례랑이 시신(侍臣)을 대차 앞에 자리하게 한다.
- 대각을 세 번 불면, 중군의 장수가 비고(鞞鼓)로 북치기를 호령하는데, 2군(軍)이 모두 북을 친다.
- 유사가 기를 눕히면, 제군(諸軍)의 장수가 기고 남쪽에 서서 북향하며, 대장의 서약(誓約)을 듣는다.
- 대장이 대열의 의의와 군법의 엄격 시행을 맹서시킨다.
- 좌군과 우군의 사후가 방울을 흔들며 군중에 돌면서 대장의 맹서를 깨우친다.
- 북을 쳐 유사가 기를 흔들면 장병이 행진하여 표에 이르렀을 때, 징을 쳐서 행진을 그친다.
- 북을 세 번 치면 유사의 깃발 지시에 따라 동군과 서군이 진을 만들어 응전한다.
- 동군, 서군이 진을 변경하며 대적하는 오진을 마치고 직진을 이룬다.
- 북과 깃발로 군대를 정비하고 판통례가 예필을 아뢰면 국왕이 소차에, 왕세자는 막차에 간다.

• 국왕이 장전에 돌아오면 다안(茶案)을 올리고, 그것을 마치면 올 때와 같이 환궁한다.

위에서 오례의로 정착되기 이전의 대열의에서 정비되던 군례 관련 사항은 8개 정도로 정리된다.

① 대열 거행 일자를 사전에 인지하도록 고정하였다.
② 사전에 군사를 선발하고 장소를 조성하였다.
③ 국왕과 참여 인원들의 동선과 동작을 시간 흐름에 따라 사전에 정했다.
④ 참여 인원이 이동 시 확인할 표시판을 공간을 나누어 조성했다.
⑤ 대열 거행 전날 군사들이 동원되어 자신들의 공간을 조성했다.
⑥ 기고와 각탁(角鐸) 같은 신호 기물을 이용하여 동원 인원의 기거동작을 통제하였다.
⑦ 군례 주재자의 호령에 따라 참여 인원들이 움직이도록 했다.
⑧ 참여 인원이 사전에 준비물을 개인적으로 마련하도록 했다.

세종 초의 대열이 의례적 성격보다는 군사훈련의 하나로 시행되었지만, 의례적인 부분이 가미되고 있다. 군례가 의례로서 갖추어야 할 기본적 요소인 정기적으로 거행된다는 것과 참여 인원이 사전에 인지된 각본에 따라 움직인다는 것을 보여 준다. 군사훈련이 반복되고 사전에 공지된 내용에 따라 움직이는 것과도 유사할 수 있겠지만, 참여 인원의 행동거지를 정형화시키는 모습에서 의례의 전형적인 요소가 드러나는 것이 큰 차이점이다.[64] 또한 의례로 보기에는 의식적인 요소들이 적다. 의례를 보조하는 인원들이 동선이 연결되는 부분마다 관여하여 원활한 진행이 이루어지게 하는 것이 약하다. 실제로 세종이 사열하는 동안 좌우상(左右廂)의 도전(挑戰)이 의주에 따라 진행되지 않아 병사들이 다치는 등 의례적 행동으로 정착되지 못해 발생하는 문제가 있었다.[65]

그럼에도 세종 초의 대열 의식은 조선 후기에도 대부분 그대로 이어지는 기본적인 군사 동원 의식이다. 이런 군례에 대한 논의가 어떻게 이루어지고 어떤 근거로 이루어졌는지는 사료의 한계로 고찰하기가 쉽지 않다. 왕조 국가에서 국왕이 왕권을 물리적으로 행사하고자 할 때 군사력이 가장 크다. 국왕의 입장에서 군사력을 의례 절차에 따라 이용하면, 권력의 정통성과 왕권의 상징성을 합법적으로 드러내는 것이므로 적극적으로 군례의 정착을 찬성하게 된다. 반면 관료들의 입장에서는 국왕이 군사권을 자의적으로 설행하는 것을 일정 부분 제한하고 합법적으로 제어할 수 있으므로 군례를 정비하는 것에 적극적일 수 있다. 따라서 세종대 군례가 오례로 정착하는 과정은 왕권 강화와 밀접하게 연관된 것은 물론 신권이 왕권을 견제하는 것과도 연관된 이중적 시각에서 파악해야 할 것이다.

다만 군례 정비에 필요한 기본적인 자료들은 세종대까지 전해지던 고려조의 유습과 역대 중국의 의례를 참고하여 정리했다고 보인다. 왕실에서 상장례를 진행할 때 『문헌통고(文獻通考)』와 『홍무예제(洪武禮制)』 등의 중국 고전들을 참고한 것에서 확인된다.[66] 또한 세종 초에는 의례상정소가 예조와 같이 의례의 여러 절차를 의논하고 보고하였다. 예조에서 상정한 능에 배례하는 의식을 논의하는 것을 보더라도 당시까지도 정식(定式)이 조정되

64 의례란 정형성과 반복성을 그 특징으로 하는 정형화된 행동 체계이다. 정형성과 반복성은 곧 의례 행위의 전범, 혹은 표준화된 틀을 유도하게 되며 일정한 시간이 흐름에 따라 역사적이고 집단적인 특징을 갖추게 된다. 정형성과 반복성을 지니는 의례의 정형화된 행동은 시간과 공간의 축에 의해 의례 규범의 가시화된 틀로 형성된다. 그 가시화된 틀에는 하나의 집단이 추구하는 문화 가치와 상징을 담게 된다(송지원, 「영조대 의례 정비와 『국조속오례의』 편찬」, 『한국문화』 50, 2010, 201쪽).

65 『세종실록』 권34, 세종 8년, 10월 1일(신유).

66 『세종실록』 권10, 세종 2년, 12월 17일(신해).

는 과정이었음을 보여 준다.[67] 1435년(세종 17)에는 태종대부터 의례를 정비하던 주무기관이었던 의례상정소가 폐지되었다. 세종은 의례 연구와 정비를 집현전에서 수행하게 했다. 집현전에서는 세종의 지시로 『국조오례의』 편찬을 목적으로 군례를 비롯한 오례의 정비를 진행하였다.[68] 이는 세종이 자신의 친위 세력인 집현전 학자들과 같이 국가의 정책과 기본 질서에 관한 연구를 진행하려던 것으로 볼 수 있다.

오례의에 실린 군례의 각 조항을 보면 군례 서례와 군례 의식으로 크게 구분된다. 특히 군례 서례에는 각종 병기들이 도판과 함께 해설이 실려 있다. 병기에는 간, 창·장검·검, 활·화살, 궁대·시복, 갑옷·투구, 차복·각, 둑·기·휘, 탁·정, 비·금·고, 총통, 모·극·월 등으로 그 유래나 상징적 의미를 설명하지는 않고 그 기능과 형태만을 서술하였다.

이와 함께 오례의에는 군례 의식도 설명하였는데, 사우사단의와 관사우사단의, 대열의, 강무의, 취각령, 구일식의, 계동대나의, 향사의 등의 8개 의식으로 정리되고 있다. 8개 의식의 내용들을 보면 다음과 같다.

1) 사우사단의(射于射壇儀)

기일 3일 전에 병조에서 내외관에게 선섭(宣攝)하여 각각 그 직책을 다하게 한다. 기일 1일 전에 충호위에서 장전(帳殿)을 사단에 남향하여 두고, 악차를 장전 뒤에 설치한다. 액정서에서 어좌를 장전 안에 남향하여 두고, 국왕이 활 쏘는 자리를 장전 앞에 남향하여 설치한다. 아악서의 전악(典樂)이 헌현(軒懸)을 사단의 남쪽에 진열하고, 등가(登歌)의 사단 위에 남쪽 가까이에 진열하고 중앙을 넓게 벌려 놓는다. 협률랑(協律郎) 자리 2개를 설치하

67 『세종실록』 권4, 세종 1년, 7월 27일(경오).
68 이완재·김송희, 「조선초기의 유교적 국가의례에 대한 연구」, 37~39쪽.

되, 1개는 등가의 서북쪽에 설치하고, 1개는 사단 위에 설치하며, 전악의 자리를 사단 아래에 설치하되, 모두 서쪽 가까이 동향하게 한다. 훈련관에서 웅후(熊候)를 사단에서 90보 거리에 설치하고 살가림을 후(候)의 동서쪽 각각 10보에 설치하고, 고(鼓) 1개를 사단 아래에 설치하되 조금 동쪽에 있게 하고, 화살그릇 5개를 사단 아래에 설치하되 조금 서쪽에 있게 한다. 시사자(侍射者)의 장사위(將射位)는 서계(西階) 앞에 설치하되 동향하게 하고, 북쪽을 상으로 하며, 병조판서의 자리는 동계 앞에 서향하여 설치하고, 시사자인 집현전 부제학 이상의 활 쏘는 자리는 사단 위에 설치하고, 3품 이하의 활 쏘는 자리는 사단 아래에 설치하되, 모두 서쪽에 가까이 횡으로 포열(布列)하여 남향하게 한다.

그날에 시사자가 궁시를 가지고 서문 밖에서 기다리고, 상물(賞物)을 사단 아래에 설치하되 조금 동향하게 하고, 벌준(罰尊)의 탁자를 사단 아래에 설치하되, 조금 서쪽에서 북향하게 하고, 점(坫)을 설치하여 작(爵)을 놓고, 잔대를 탁자 서쪽에 둔다. 획자(獲者)의 자리를 동서쪽 살가림에 설치하되 서로 마주보게 한다. 전의(典儀)가 집사관과 종친·문무백관의 배위를 설치하되, 모두 근정전의 전정 자리와 같이 한다. 국왕이 익선관을 쓰고, 곤룡포를 입고 궁에서 나와 사단 장소에 이르러 악차에 들어가는데, 장위(仗衛)가 사단의 동서쪽에 배열하기를 모두 국왕의 시학의(視學儀)와 같이 한다. 종친과 문무백관들은 모두 평상복 차림으로 동문과 서문 밖에 나아간다. 전악이 공인(工人)을 거느리고 들어와 자리에 나아가고, 협률랑이 들어와서 거휘위(擧麾位)에 나아가고, 집사관이 먼저 자리에 나아가고, 봉례랑이 3품 이하의 관원을 나누어 인도하여 들어와서 배위에 나아간다. 판통례가 부복하고 외판을 아뢰면, 국왕이 나가며 의장이 움직이는데, 협률랑이 부복했다가 휘(麾)를 들고 일어나고, 공인이 축(柷)을 두드리면, 헌가(軒架)에서 융안지악(隆安之樂)이 시작된다. 국왕이 좌석에 오르면, 평소와 같이 산선으로 시위한다. 협률랑이 꿇어앉아 휘를 가로놓고는 부복하였다가 일어나고, 공인이 어(敔)를 긁으면, 음악이 그친다. 승지가 서편계로부터 사단에 올라가 서남쪽 모퉁이에 있어 북향하고, 동쪽을 상으로 하여 부복하고, 사관은 그 뒤에 있고, 다음에 사금(司禁)이 뜰의 동서쪽에 나누어 서기를 평상시와 같이 하고 봉례랑이 2품 이상의 관원을 나누어 인도하여 들어와서 배위에 나아간다. 전의가 사배하라고 말하고, 통찬이 "국궁, 사배, 흥, 평신" 하라고 창하면, 종친과 백관들이 국궁하면 음악이 시작되고, 네 번 절하고 일어나서 몸을 그전대로 펴면, 음악이 그친다. 봉례랑이 종친과 백관들을 나누어 인도하여 자리에 나아가고, 회합을 베풀기를 정지회의(正至會議)와 같이 한다.

술이 세 순배 돌면, 판통례가 서편계로부터 올라가서 어좌 앞에 나아가서 부복하고 꿇어앉아, 유사가 이미 활쏘기를 갖추었음을 아뢰고는, 부복하였다가 일어나 내려와서 그전 자리로 돌아가고, 봉례랑이 종친 이하의 관원을 나누어 인도하여 모두 내려간다. 문관은 동계 아래에 동쪽 가까이 서서 서향하고, 종친과 무관은 서계 아래에 서쪽 가까이 서서 동향하되, 모두 북쪽을 상으로 한다. 상호군 2명이 국왕의 궁시를 횡으로 받들고 동계 위에 서서 서향하고 안(案)을 활을 잡은 사람 앞에 설치하고, 국왕의 깍지·팔찌가 든 함을 그 위에 둔다. 화살을 줍는 사람 1명이 정(旌)을 가지고 후를 짊어지고 북향하여 서고, 시사자가 서문 밖에 나가서 활을 잡고 네 개가 한 묶음으로 된 화살을 등에 꽂고 들어와서 장사위에 나아간다. 병조판서가 서편계로부터 올라가서 어좌 앞에 나아가서 부복하고 꿇어앉아, 화살을 줍는 사람이 후에 가기를 명할 것을 아뢰고는, 부복하였다가 일어나 내려가서 그전 자리로 돌아간다. 북을 잡은 사람이 북을 세 번 치면, 화살을 줍는 사람이 북을 쳐서 이를 응하고, 후를 짊어진 사람이 돌아와 살가림에 도착한다. 상호군 1명은 깍지·팔찌의 함을 받들고, 1명은 활을 받들고,

1명은 화살을 받들어, 앞으로 나아가서 어좌 동쪽의 조금 남쪽에 서서 서향하고 북쪽을 상으로 한다. 깍지·팔찌의 함을 받든 사람이 북향하여 꿇어앉아 앞으로 나아가서, 깍지와 팔찌를 설치하기를 마쳤음을 계청하고는, 함을 안에 도로 두고 물러와서 그전 자리로 돌아간다.

국왕이 자리에서 내려오면 음악이 시작되고, 활 쏘는 자리에 올라가면 음악이 시작된다. 활을 받든 사람이 북향하여 꿇어앉아 활을 올리고, 이를 마치면 물러가서 그전 자리로 돌아간다. 다음에 화살을 받든 사람이 낱낱이 올려 바치는데, 국왕이 활을 쏘고자 하면, 헌가에서 먼저 화안지악(和安之樂) 3절을 연주하고, 제1의 화살은 제4절과 서로 응하고, 제2의 화살은 제5절과 서로 응하여, 7절에 이르면 음악이 그친다. 상호군이 앞에서 꿇어앉아 화살의 간 곳을 아뢰는데, 과녁에 맞은 것은 '획(獲)'이라 하고, 아래로 떨어져 미치지 못한 것은 '유(留)'라 하고, 위로 넘어간 것은 '양(揚)'이라 하고, 왼쪽으로 지나간 것은 '좌방(左方)'이라 하고, 오른쪽으로 지나간 것은 '우방(右方)'이라 한다. 국왕이 활쏘기를 마치면, 상호군이 앞으로 나아가서 북향하여 꿇어앉아, 활을 받아 물러가서 그전 자리로 돌아가면 음악이 시작되고, 국왕이 자리에 오르면 음악이 그친다. 또 상호군이 어좌 앞에 나아가서 꿇어앉아 깍지와 팔찌를 받아서 안(案)에 두고 물러가서 그전 자리로 돌아가고, 화살을 취하는 관원이 국왕의 화살을 횡으로 받아서 중계(中階) 아래에 달려가 나아가면, 상호군이 받아서 받들기를 처음과 같이 한다. 시사자가 나란히 짝을 지어 올라가 사석(射席)에 나아가서, 북향하여 부복했다가 일어나서 남향하여 서면, 성안지악(誠安之樂) 1절을 연주한 후에 화살을 쏘는데, 제1로 쏘는 것이 제2절과 서로 응하여 5절에 이르면 음악이 그친다. 활 쏘는 사람이 북향하여 부복하였다가 일어나 내려와서 장사위에 돌아오면, 화살을 취하는 사람이 맞은 화살을 화살그릇에 넣는다. 여러 짝이 차례대로 활을 쏘고, 이를 마치면 자리에 활을 놓고 모두 사단 아래에 나아가

서되, 동서쪽으로 나누어 겹줄로 북향한다.

병조판서가 맞힌 사람의 성명과 맞힌 숫자를 써서, 서편계로부터 올라가서 어좌 앞에 나아가서 부복하고 꿇어앉아 맞았음을 아뢰고, 맞힌 사람에게 상을 주고 맞히지 못한 사람에게 벌을 주기를 청하고는, 부복하였다가 일어나 내려와서 그전 자리로 돌아와서, 병조정랑이 맞힌 사람의 성명을 창하여 동계 아래에 서향하여 서게 하고, 맞히지 못한 사람은 서계 아래에 동쪽을 향하여 서게 하되, 모두 북쪽을 상으로 한다. 통찬이 "국궁, 사배, 흥, 평신" 하라고 창하면, 시사자가 국궁하는데 음악이 시작되고, 네 번 절하고 일어나서 몸을 그전대로 펴면, 음악이 그친다. 군기감의 관원이 동계 아래에 나아가서 차례대로 상물을 주면, 상을 받을 사람은 북향하여 꿇어앉아 상을 받는다. 이를 마치면, 부복했다가 일어나서 서향한 자리로 돌아간다. 사준별감(司尊別監)이 벌준의 서쪽에 나아가 동향하여 술잔에 술을 따라 북향하여 꿇어앉아 잔대에 두고, 물러와서 잔대의 남쪽에 조금 서쪽으로 가서 서면, 맞히지 못한 사람이 잔대의 남쪽에 나아가서 북향하여 꿇어앉아 술잔을 취하여 서서 술을 마시고, 술잔을 비워서 꿇어앉아 잔대 아래에 두고 동향한 자리로 돌아온다. 별감이 북향하여 꿇어앉아 빈 술잔을 취하여 술을 따라 두면, 맞히지 못한 사람이 차례대로 술을 마시기를 모두 처음과 같이 한다. 봉례랑이 종친·백관과 시사자를 나누어 인도하여 모두 북향한 자리에 돌아간다. 통찬이 "국궁, 사배, 흥, 평신" 하라고 창하면, 자리에 있는 사람이 국궁하는데 음악이 시작되고, 네 번 절하고 일어나서 몸을 그전대로 펴면, 음악이 그친다.

판통례가 서편계로부터 올라가서 어좌 앞에 나아가서 부복하고 꿇어앉아 예를 마쳤음을 아뢰고는, 부복하였다가 일어나 내려와서 그전 자리로 돌아간다. 협률랑이 꿇어앉아 부복하였다가 휘를 들고 일어나고, 공인이 축을 두드리면 헌가에서 융안지악이 시작된다. 국왕이 자리에서 내려와 악차로 돌아가고, 협률랑이 꿇어앉아 휘를 가로놓고는 부복하였다가 일어나고 공인이 어를 긁으면 음악이 그친다. 봉례랑이 종친과 문무백관들을 나누어 인도하여 환궁하기를 올 때와 같이 한다. 만약 시사하는 사람이 없으면, 화살그릇도 설치하지 않고, 상물도 진열하지 않고, 벌준도 설치하지 아니하며, 만약 국왕의 연유(燕遊) 소사(小射)이면 악현(樂懸)을 진열하지 않고, 회례(會禮)를 거행하지 않으며, 일을 마치면 북면하여 네 번 절하는 의식도 없다.

2) 관사우사단의(觀射于射壇儀)

기일 3일 전에 병조에서 내외관에게 선섭하여 각각 그 직책을 다하게 한다. 기일 1일 전에 충호위에서 장전을 사단에 남향하여 설치하고, 악차를 장전의 뒤에 설치하고, 액정서에서 어좌를 장전 안에 남향하여 설치한다. 아악서의 전악이 헌현을 사단의 남쪽에 진열하고 등가(登歌)를 사단 위에 남쪽 가까이에 진열하고 중앙을 넓게 벌려 놓는다. 협률랑의 자리 2개를 설치하되, 1개는 등가의 서북쪽에 설치하고, 1개는 사단의 위에 설치하며, 전악의 자리를 사단 아래에 설치하되 모두 서쪽 가까이 동향하게 한다.

훈련관에서 미후(麋候)를 사단의 90보 거리에 설치하고, 화살가림을 후의 동서쪽 각각 10보에 설치하고, 북 1개는 사단 아래에 설치하되, 조금 동쪽에 있게 하고, 화살그릇 5개는 사단 아래에 설치하되, 조금 서쪽에 있게 하며, 장사위를 동계·서계의 앞에 설치하되, 겹줄로 서로 마주보고 북쪽을 상으로 하며, 왼쪽·오른쪽 사사(司射)의 자리를 장사위 앞에 설치하되, 동서쪽에서 서로 마주보게 하고, 병조판서의 자리를 동계 앞에 서향하여 설치하고, 집현전 부제학 이상의 사위를 사단 위에 설치하고, 3품 이하의 사위를 사단 아래에 두되, 모두 서쪽 가까이 횡으로 포열하여 남향하게 한다.

그날에 사자의 궁시와 후를 서문 밖에 설치하고, 상물을 사단 아래에 진설하되 조금 동쪽에 있게 하고, 벌준의 탁자를 사단 아래에 진설하되, 조금 서쪽에 있어 북향하게 하고, 점(坫)을 설치하고, 술잔을 놓으며, 잔대를 탁자의 서쪽에 두고 화살을 줍는 사람의 자리를 동쪽 화살가림·서쪽 화살가림에 설치하되 서로 마주보게 한다. 전의가 집사자와 종친·문무백관의 배위를 설치하되, 모두 사우사단의의 자리와 같이 한다.

국왕이 익선관과 곤룡포 차림에 궁을 나와서 사단 장소에 이르러 악차에 들어가는데, 장위가 사단의 동서쪽에 배열하기를 모두 사우사단의와 같이 한다. 종친과 문무백관들이 모두 평상복 차림으로 동문·서문의 밖에 나아간다. 전악이 공인을 거느리고 들어와서 자리에 나아가고, 협률랑이 들어와서 거휘위에 나아가고, 집사관이 자리에 먼저 나아가고, 봉례랑이 3품 이하의 관원을 나누어 인도하여 들어와서 배위에 나아간다. 판통례가 부복하고 꿇어앉아 외판을 아뢰고, 국왕이 나가면 의장이 움직이는데, 협률랑이 꿇어앉아 부복하였다가 휘를 들고 일어나고, 공인이 축을 두드리면, 헌가에서 융안지악이 시작된다. 국왕이 자리에 오르면 시위는 산선으로 평상시와 같이 한다. 협률랑이 꿇어앉아 휘를 가로놓고는 부복하였다가 일어나고, 공인이 어를 긁으면, 음악이 그친다. 승지가 서편계로부터 사단에 올라가서 서남쪽의 모퉁이에 있어 북향하고 동쪽을 상으로 하여 부복하고, 사관은 그 뒤에 있고, 다음에 사금(司禁)이 뜰의 동서쪽에 나누어 서기를 평상시와 같이 한다.

봉례랑이 3품 이상의 관원을 나누어 인도하여 들어와서 배위에 나아간다. 전의가 "사배하라"고 말하고, 통찬이 "국궁, 사배, 흥, 평신"하라고 창하면, 종친과 백관들이 국궁하는데, 음악이 시작되고, 네 번 절하고 일어나서 몸을 그전대로 펴면, 음악이 그친다. 봉례랑이 종친과 백관을 나누어 인도하여 자리에 나아가서 회합을 베풀기를 정지회의와 같이 한다. 술이 세 순배 돌면, 판통례가 서편계로부터 올라가서 어좌 앞에 나아가서 부복하고 꿇어앉아, 종친과 백관들에게 활쏘기를 명할 것을 계청하고는 부복하였다가 일어나서 그전 자리로 돌아간다. 봉례랑이 종친 이하의 관원을 나누어 인도하여 모두 사단 아래에 내려가서 그전 자리로 돌아간다. 통찬이 "국궁, 사배, 흥, 평신"이라고 하면, 종친과 백관들이 국궁하는데 음악이 시작되고, 네 번 절하고 일어나서 몸을 그전대로 펴면, 음악이 그친다. 봉례랑이 그들을 인도하여 중문 밖으로 나가면, 화살을 줍는 사람 1명이 정을 가지고 후를 짊어지고 북향해 선다.

종친과 백관들이 활을 쥐고, 네 개가 한 묶음으로 된 화살을 등에 꽂고 들어와서, 장사위에 나아간다. 병조판서가 서편계로부터 올라가서 어좌 앞에 나아가서 부복하고 꿇어앉아, 화살 줍는 사람에게 후에 가도록 명하기를 아뢰고는, 부복했다가 일어나 내려가서 그전 자리로 돌아간다. 북을 잡은 사람이 북을 세 번 치면, 화살을 줍는 사람이 북을 쳐서 이에 응하고, 후를 짊어진 사람이 돌아와 화살가림에 이른다. 좌우의 사사가 동편계와 서편계로 나누어 올라가 활 쏘는 좌석에 나아가서, 북향하여 부복하였다가 일어나서 남향하여 서서, 왼쪽의 사사가 화살 1개를 쏘면, 오른쪽의 사사가 화살 1개를 쏘아, 번갈아 화살을 쏜다. 이를 마치면, 모두 북향하여 부복하였다가 일어나 내려와서 그전 자리로 돌아간다.

종친 이하의 관원들이 짝을 지어 동편계와 서편계로 나누어 올라가, 활 쏘는 좌석에 나아가서 북향하여 부복하였다가 남향하여 서면, 헌가에서 성안지악 1절을 연주한 후에 화살을 쏜다. 제1의 쏘는 것이 제2절과 서로 응하여 5절까지 이르면, 음악이 그친다. 활 쏘는 사람이 북향하여 부복하였다가 일어나 내려와서 장사위로 돌아간다. 화살을 취하는 사람이 맞힌 화살을 취하여 화살그릇에 넣는다. 여러 사람의 짝이 차례대로 활을 쏘고 이를 맞히면, 활을 자리에 놓고 모두 앞으로 나아가서 사단 아래에 서되, 동서쪽으로 나누어 겹줄로 북향하게 한다. 병조판서가 맞힌 사람의 성명과 맞힌 숫자를 써서, 서편계로부터 올라가서 어좌 앞에 나아가서 부복하고 꿇어앉아 끝마친 것을 아뢰고, 맞힌 사람에게 상을 주고 맞히지 못한 사람에게 벌을 주기를 청하고는, 부복하였다가 일어나 내려와서 그전 자리로 돌아와서, 병조정랑으로 하여금 맞힌 사람의 성명을 창하여 동계 아래에 서향하여 서게 하고, 맞히지 못한 사람은, 서계 아래에 동향하여 서게 하되, 모두 북쪽을 상으로 한다.

통찬이 "국궁, 사배, 홍, 평신"이라고 하면, 활 쏘는 사람이 국궁하는데 음악이 시작되고, 네 번 절하고 일어나서 몸을 그전대로 펴면 음악이 그친다. 군기감의 관원이 동계 아래에 나아가서 차례대로 상물을 주면, 상을 받는 사람은 북향하여 꿇어앉아 상을 받는다. 이를 마치면 부복하였다가 일어나서 서향한 자리로 돌아간다. 사준별감이 벌준의 서쪽에 나아가서 동향하여 술잔에 술을 따라 북향하여 꿇어앉아 잔대에 두고, 물러가 잔대 남쪽에 조금 서쪽으로 가서 선다. 화살을 맞히지 못한 사람이 잔대 남쪽에 나아가서 북향하여 꿇어앉아 술잔을 취하여 서서 마시고, 술잔을 비우고는 꿇어앉아서 잔대 아래에 두고 동향한 자리로 돌아간다. 별감이 북향하여 꿇어앉아 빈 술잔을 취하여 술을 따르면, 화살을 맞히지 못한 사람이 차례대로 잇따라 술을 마시기를 모두 처음과 같이 한다. 이를 마치면, 봉례랑이 종친과 백관들을 나누어 인도하여 모두 북향한 자리로 돌아간다.

통찬이 "국궁, 사배, 홍, 평신"이라고 하면, 자리에 있는 사람이 국궁하는데, 음악이 시작되고, 네 번 절하고 일어나서 몸을 그전대로 펴면, 음악이 그친다. 판통례가 서편계로부터 어좌 앞에 나아가서 부복하고 꿇어앉아 예를 마쳤음을 아뢰고는, 부복하였다가 일어나 내려와서 그전 자리로 돌아간다. 협률랑이 꿇어앉아 부복하였다가 휘를 들고 일어나고, 공인이 축을 두드리면, 헌가에서 융안지악이 시작된다. 국왕이 좌석에서 내려와 악차로 돌아가고, 협률랑이 휘를 가로놓고 부복했다가 일어나고, 공인이 어를 긁으면, 음악이 그친다. 봉례랑이 종친과 백관들을 나누어 인도하여 나간다. 국왕의 환궁은 올 때의 의식과 같이 한다.

3) 대열의(大閱儀)

기일 11일 전에 병조에서 계문하여 대열을 청하고, 교지를 받들어 마침내 장수에게 명하여 군사를 검열하게 한다. 유사가 먼저 풀을 베고 땅을 손질하여 장소를 만드는데, 사방 1,200보가 되도록 하며, 사방으로 군문(軍門)인 화문(和門)을 만든다. 또 그 안에 보군과 기군(騎軍)의 군영을 만들어 처소를 설정하고, 두 진으로 나누어 동쪽·서쪽에서 서로 보게 하되, 중간에서 서로 떨어지기가 300보나 되게 하고, 50보마다 표를 세워 1행(行)으로 삼는데, 5행으로써 군사들의 진퇴하는 절차로 삼는다. 또 선지(墠地)를 장소 북쪽에 별도로 설치하여, 거가가 머물러 관람하는 장소로 삼는다.

기일 1일 전에 충호위에서 장전을 선소에 남향하여 설치하고, 또 소차를 장전의 북쪽에 설치하되, 땅의 적당한 데 따르게 하고, 왕세자의 막차를 소차의 남쪽에 동쪽 가까이 서향하여 설치한다. 액정서에서 어좌를 장전 안에 남향하여 설치하고, 전의가 왕세자와 종친·문무백관들의 배위를 장전의 남쪽에 설치하고, 집사관 자리는 모두 평상시와 같이 한다. 장수와 사졸들이 선소에서 떠드는 것을 금지시키고, 방색(方色)에 따라 깃발을 세워 화문을 만들고, 기고와 갑장으로 위의를 갖춘다. 대장 이하 군관들은 평소같이 통솔한다. 장수가 먼저 사졸들에게 정기의 지휘하는 자취와 금고의 행동·정지하는 절차를 바라보고 듣게 한다.

그날 미명의 10각에 군사들이 모두 엄중히 경비하고, 기병과 보병이 갑주를 갖추고 각각 직진을 만들어 대기한다. 장군과 대장이 각각 위의를 갖추어 기고의 아래에 선다. 미명 7각에 고가 초엄을 알리면, 병조에서 아뢰어 궁전문과 성문을 열고, 여러 위(衛)의 군사를 거느리고 대가노부와 군사를 진열하고, 판사복이 여(輿)·연(輦)·어마·입장마(立仗馬)를 진열한다. 전후 기병대와 보병대가 각각 무기와 제복을 갖추고 차례대로 늘어서서, 부오(部伍)를 정숙하게 하여 떠들지 못하게 한다. 종친과 백관들이 모두 조방(朝房)에 집합한다.

미명 5각에 고가 중엄을 알리면, 종친과 백관들이 평상복 차림으로써 시립하는 자리에 나아간다. 왕세자가 평상복 차림으로써 나오면 좌중호(左中護)가 인도하여 광화문 밖의 막차에 나가서 앉게 하는데 평상시처럼 시위한다. 여러 위에서 각각 그 소속 군사를 감독하여 근정전의 전정에 들어와서 진열하고, 시신이 섬돌 아래에 나아가서 왼쪽·오른쪽으로 나누어 서고, 여러 호위하는 관원과 사금이 각각 무기와 제복을 갖추고, 상서관(尙瑞官)이 어보를 받들어 사정전의 합문 밖에 나아가서 사후한다. 판통례가 합문 밖에서 부복하고 꿇어앉아 중엄을 계청하면, 판사복이 어마를 근정문 밖에 올린다.

미명 2각에 고가 삼엄을 알리면, 좌중호가 왕세자를 인도하여 막차를 나와서 시립하는 자리로 나아가는데, 종소리가 그친다. 판통례가 부복하고 꿇어앉아 외판을 아뢰면, 국왕이 익선관을 쓰고 곤룡포를 입고 여를 타고 나오는데, 평상시와 같이 산선으로 시위한다. 상서관이 어보를 받들고 앞에서 인도하여 근정문 밖에 이른다. 판통례가 부복하고 꿇어앉아, 여에서 내려 말을 타기를 계청하면 국왕이 여에서 내려 말을 타는데, 좌우 시신이 평상시와 같이 모신다. 어가가 광화문 밖에 이르면, 왕세자가 국궁하였다가 어가가 지나가면 몸을 그전대로 편다. 시신의 상마소(上馬所)에 이르러 어가가 조금 머물면, 시신이 말을 탄다. 이를 마치면, 어가가 움직이는데, 고취가 시작된다. 종친과 백관들이 국궁하였다가 어가가 지나가면 몸을 그전대로 펴고, 왕세자와 종친·백관들이 평상시와 같이 시위한다.

어가가 선소에 이르면, 병조판서가 말을 타고 받들어 인도하여 도선소 북쪽의 화문으로부터 들어와서, 소차 앞에 이르러 말에서 내려 악차에 들어간다. 좌중호가 왕세자를 인도하여 악차에 나아가는데, 전의 이하의 관원이 먼저 들어와서 자리에 나아간다. 봉례랑이 종친과 백관들을 나누어 인도하여 자리에 나아가고, 부지통례가 왕세자를 인도하여 자리에 나아간다. 국왕이 악차에서 나와 자리에 나아가는데, 평상시와 같이 산선으로 시위한다.

승지가 들어와서 장전의 서남 모퉁이에 나아가서 북향하고, 동쪽을 상으로 하여 부복하고, 사관은 그 뒤에 있고, 다음에 사금이 장전의 동쪽·서쪽에 나누어 서기를 평상시의 의식과 같이 한다. 전의가 "사배하라"고 말하고, 통찬이 "국궁, 사배, 홍, 평신"이라고 하면, 왕세자와 종친·백관들이 국궁하고 네 번 절하고 일어나서 몸을 그전대로 펴고, 중군의 장수가 깃발을 눕히면, 군사들은 각각 그 진에서 북향하여 네 번 절하고 깃발을 드는데, 기병은 말을 타고 보병은 일어난다. 이를 마치면, 병조판서가 동상(東廂)에 멈추어 서서 서향하는데, 장위가 조금 뒤로 물러가서 관람하는 길을 틔운다. 부지통례가 왕세자를 인도하여 어좌의 동쪽에 남쪽 가까이 나아가서 서향하여 앉게 하고, 봉례랑이 시신을 나누어 인도하여 좌상·우상에 기대어 대차 앞의 동서쪽에 서게 하고, 북쪽을 상으로 하고, 종친과 백관들을 인도하여, 시신의 밖 10보에 서게 하되, 문관은 동쪽에 있고 무관은 서쪽에 있으며, 겹줄로 북쪽을 상으로 한다.

대각을 세 번 불면, 중군의 장수가 각각 비고로써 북치기를 호령하는데, 2군(軍)이 모두 북을 친다. 유사가 깃발을 눕히면, 기병은 말에서 내려와 서고, 보병은 꿇어앉으며, 2군의 여러 장수와 상호군 이상의 군관이 중군대장의 기고 아래에 집합하고, 좌상의 중군대장은 기고의 동쪽에 서서 서향하고, 제군의 장수는 기고의 남쪽에 서서 북향하고 동쪽을 상으로 하며, 우상의 중군대장은 기고의 서쪽에 서서 동향하고, 제군의 장수는 기고의 남쪽에 서서 북향하고, 서쪽을 상으로 하여 서약을 듣는다. 대장이 서약하기를, "지금 대열을 행하여 전쟁하는 일을 가르치니, 전후좌우로 나가는 것을 한결같이 군법대로 할 것이다. 명령대로 하면 일정한 상이 있고, 명령대로 하지 않으면 일정한 형벌이 있으니, 이를 힘쓰지 않겠는가"한다. 서약을 마치면, 좌군·우군의 사후 2명이 탁(鐸)을 흔들고 나누어 돌아다니면서 군사들에게 서약하고, 여러 상호군이 각각 서사로써 그 관할 부서에 널리 알린다.

마침내 북을 치고 유사가 깃발을 들면, 기병은 말을 타고 보병은 일어나 모두 행진하는데, 표에 이르러 징을 치면 기병과 보병이 이에 그친다. 또 북을 세 번 치고 유사가 기를 눕히면, 기병은 말에서 내리고 보병은 꿇어앉는다. 또 북을 치고 유사가 깃발을 들면, 기병은 말을 타고 보병은 일어나는데, 기병은 말을 달리고 보병은 빨리 가다가 표에 이르면 선다. 정렬하는 위차가 정해지면, 동군과 서군이 5행의 서로 이기는 법에 따라 서로 진을 만들어 응한다. 진을 변경할 때는 칼과 방패를 가진 군사 50명을 뽑아서 두 군대 앞에 도전하게 하는데, 제1과 제2의 도전은 번갈아 용감하고 비겁한 형상이 되고, 제3의 도전은 균적(均適)한 형세가 되고, 제4와 제5의 도전은 승패의 형상이 된다. 5진을 마치면, 양군이 모두 직진이 된다. 또 북을 세 번 치고 유사가 깃발을 눕히면, 기병은 말에서 내리고 보병은 꿇어앉으며, 또 북을 울리고 깃발을 들면, 기병은 말을 타고 보병은 일어나는데, 기병은 따라가고 보병은 달려가서 좌군과 우군이 모두 중표(中表)에 이르러 서로 견주어 공격하고는 돌아온다. 매양 물러올 적에는 한 줄의 표에 이르기를 앞과 같이 하고, 마침내 그 처음대로 돌아간다.

판통례가 어좌 앞에 나아가서 부복하고 꿇어앉아 대열의 예를 마쳤음을 아뢰고는, 부복하였다가 일어나 내려와서 그전 자리로 돌아가면, 국왕이 자리에서 소차에 들어가고, 왕세자가 막차에 돌아간다. 국왕이 장전으로 돌아가서 자리에 나아가면, 다안을 올리기를 평상시의 의식과 같이 한다. 이를 마치고 판통례가 부복하고 꿇어앉아 궁에 돌아오기를 계청하고, 아뢰기를 마치면 부복하였다가 일어나서 물러가고, 어가는 평상시 의식대로 환궁한다.

4) 강무의(講武儀)

기일 7일 전에 병조에서 여러 백성을 불러서 사냥하는 법에 따르게 하고, 병조에서 사냥하는 들판을 표시한다. 그날 미명에 기를 사냥하는 뒤의 근교에 세우는데, 땅의 적당한 데 따르게 하고, 여러 장수들이 각각 군사들을 거느리고 기 아래에 집합하여서 떠들지 못하게 한다. 날이 밝아 기를 눕힌 뒤에 이르는 사람은 처벌한다.

병조에서 사냥하는 명을 나누어 알려서, 드디어 에워싸서 사냥하게 한다. 그 양익의 장수가 모두 기를 세우고 에워싸는데 그 앞은 빠뜨린다. 어가가 나와서 머물기를 평상시와 같이 한다. 장차 사냥하는 장소에 이르려 하여 어가가 북을 치면서 가서 에워싼 데 들어간다. 유사가 북을 어가의 앞에 진열한다. 동남쪽에 있는 사람은 서향하고, 서남쪽에 있는 사람은 동향하여 모두 말을 탄다. 여러 장수들이 모두 북을 치면서 가서 에워싼 데 이르고, 이에 몰이하는 기병을 설치한다. 국왕이 말을 타고 남향하면 유사가 뒤따르고, 대군 이하의 관원이 모두 말을 타고 궁시를 가지고 어가의 앞뒤에 진열한다.

유사가 이에 짐승을 몰이하여 임금의 앞으로 나온다. 처음에 한 번 몰이하여 지나가면, 유사가 궁시를 정돈하여 앞으로 나오고, 두 번째 몰이하여 지나가면 병조에서 궁시를 올리고, 세 번째 몰이하여 지나가면 임금이 그 제야 짐승을 따라 왼편에서 이를 쏜다. 몰이할 적마다 반드시 짐승 세 마리 이상으로 한다. 임금이 화살을 쏜 뒤에야 여러 군(君)들이 화살을 쏘고, 여러 장수와 군사들이 차례로 이를 쏜다. 이를 마치고 몰이하는 기병이 그친 뒤에야 백성들에게 사냥하도록 허락한다.

대개 짐승을 쏠 적에는 왼쪽 표(膘)에서 쏘아서 오른쪽 우(髃)로 관통하는 것을 상(上)으로 삼는데, 건두(乾豆)로 만들어 종묘에 받들며, 오른쪽 귀 부근을 관통하는 것이 이에 다음 가는데, 빈객을 접대하며, 왼쪽 비(髀)에서 오른쪽 연(䯚)으로 관통하는 것을 하(下)로 삼는데, 포주(庖廚)에 충당한다. 여러 짐승을 서로 따르는데, 다 죽이지 아니하고, 이미 화살에 맞은 것은 쏘지 아니하며, 또 그 면상을 쏘지 아니하고, 그 털을 자르지 아니하고, 그것이 표 밖에 나간 것은 쫓지 않는다.

사냥을 마칠 때는, 병조에서 기를 사냥 구역 안에 세우고 어가의 북과 여러 장수들의 북을 크게 치면, 사졸들이 고함을 치고 여러 짐승을 잡은 것을 기 아래에 바치면서 그 왼쪽 귀를 올린다. 큰 짐승은 관청에 바치고, 작은 짐승은 자기 소유로 한다. 사자(使者)를 보내어 잡은 짐승을 달려가서 종묘에 올리고 다음에는 악전(幄殿)에서 연회하고 종관(從官)에게 술을 세 순배를 내린다.

5) 취각령(吹角令)

국왕이 영을 내릴 때를 당하여, 내취각인(內吹角人)에게 명하여 각을 한 번 불게 하면, 외취각인(外吹角人)이 곧 누문(樓門)에 올라 각으로써 응하고, 또 사방의 높은 곳에 나누어 올라가서 군마(軍馬)가 다 모일 때까지 분다. 내취각의 소리가 처음 날 때엔 대궐 안에 당직하는 각 위(衛)의 절제사·중추(中樞)·상호군·대호군·호군·내금위·사금·충의위·충순위·별시위의 갑사와 시위패·도성위·총통위의 각 영(領)의 방패 등이 즉시 갑장을 갖추고 각 문을 굳게 지켜, 어명을 받든 사람 이외는 출입을 하지 못하게 하며, 각 차비관은 감히 빠짐이 없게 한다.

각을 부는 소리가 서로 응하면, 처음에 병조의 입직한 당상관이 직접 국왕에게 품명(稟命)하여 선자기(宣字旗)를 받아 대궐문 밖의 북쪽 가까이에 세우고, 다음에 삼군의 진무(鎭撫)가 각각 그 군대의 기를 정한 장소에 세우고, 출번한 중추원의 당상관과 출번한 각 위의 절제사 이하의 관원과 원래 시위에 소속된 군사와 시파치[時波赤] 등이 그 각 소리 들은 것의 선후에 따라서, 즉시 갑장을 갖추고 그 기의 아래에 나와 서서 부대를 나누어 주둔한다. 중군이 앞에 있는데, 세 개의 휘(麾)가 말을 뒤따르며, 좌군이 다음에 있고, 우군이 그 다음에 있다. 국왕이 장수가 될 만한 사람 3명을 불러서 삼군의 직문기(織文旗)를 주면, 기를 받고 그 군대에 가서 기를 세우고는 병조의 호령을 듣는다. 만약 좌군이나 우군이 입직한다면, 명령을 받은 장수가 그 군대의 직문기를 받아서 대궐문 안에 세우고, 입직한 대소 군사들은 입직한 장소를 떠나지 않는다. 혹시 깊은 밤을 당하여 기의 빛깔을 분변하지 못한다면, 그 군대의 각 소리를 듣고 집합한다. 중군은 대각, 좌군은 중각, 우군은 소각을 부는데, 각 군의 군마가 다 집합하면, 부는 것을 그친다.

출번한 병조와 진무·승지와 당번 군사 중에 연고가 있어 입번하지 못한 사람은 모두 선자기 근처에서 명령을 기다린다. 의정부·육조·종친·훈구·시관·산관의 2품 이상 관원으로서 마땅히 부급(赴急)해야 될 사람은 유고한 사람을 제하고는 각각 일정한 수효의 반당(伴倘)을 거느리고, 병기를 갖추어 대궐문 밖의 장막에 집합하여 명령을 기다린다. 그중에 늙고 병든 사람과 무사에 적합하지 못한 사람은 의정부·육조 외에는 회합하지 않는다. 영중추원사(領中樞院事) 이하 각 군사들의 주둔하는 순서는 진무소의 서도(序圖)에 의거하여 어기지 않게 하고, 떠들지 말게 한다. 만약 직문기(織文

旗)가 없는데도 영을 내리는 사람과 직문기를 보지 않고도 영을 따르는 사람과 평상시 병조의 명문(明文)이 없는데도 사사로이 군사를 집합하는 사람은 모두 모역(謀逆)으로써 논죄하고, 만약 영을 범한 사람이 있으면, 다른 사람에게 진고(陳告)하도록 하되, 보고한 것이 사실인 사람에게는 3등급을 뛰어서 관직을 상주고, 범법한 사람의 가산은 상에 충당하게 하며, 무고한 사람은 반좌(反坐)한다. 군사의 도착 여부는 병조와 진무소에서 고찰하여 죄를 과하게 하며, 군사 이외에 각 관사(官司)와 성중관(成衆官)은 각각 본사(本司)에서 집합하여 명령을 기다리게 한다. 다만 내시부는 대궐문 밖 장막에 집합하고, 의금부·사복시·군기감은 이전(吏典)과 공장들을 거느리고 본사를 지키면서 명령을 기다리게 한다.

6) 구일식의(救日食儀)

그날에 액정서에서 국왕의 욕위를 근정전 전계(殿階) 위에 북쪽으로 남향해서 설치하고, 향안(香案)을 그 앞에 두고, 전악서의 전악이 북 3개를 전계 위 남쪽 가까이 둔다. 병조정랑이 휘 3개를 고 안에 진열하고, 병기 3개를 고 밖에 진열한다. 전의가 시신의 자리를 전정의 동서쪽에 설치하되, 모두 품등마다 자리를 달리 하여 겹줄로 서로 마주보고, 북쪽을 상으로 한다. 해가 이지러지기 전 5각에 병조에서 여러 위(衛)를 거느리고 평상시 같이 군사를 배열하고, 시신들은 각각 소복(素服)을 갖추고 근정문 밖에 나아가서 동서쪽에 나누어 평상시와 같이 선다. 이지러지기 전 3각에 여러 호위하는 관원과 사금이 각각 무기와 제복을 갖추고 사정전의 합문 밖에 나아가서 사후한다. 판통례가 합문 밖에서 부복하고 꿇어앉아 중엄을 계청하면, 국왕이 소복을 갖추어 입고 자리에 나아오는데, 시위하기를 평상시의 의식과 같이 한다. 이지러지기 전 1각에 봉례랑이 시신을 나누어 인도하여 동편문(東偏門)과 서편문(西偏門)을 지나 들어와서 자리에 나아간다. 판통례가 부복하고 꿇어앉아 외판을 아뢰면, 국왕이 여를 타고 나오는데, 시위하기를 평상시의 의식과 같이 한다. 국왕이 욕위에서 해를 향해 앉는데, 평상시처럼 시위한다. 서운관에서 "변고가 있습니다"라고 아뢰면, 사향(司香)이 향을 피우고, 전악이 북을 치는데, 해가 밝아지면 그친다. 판통례가 어좌 앞에 나아가서 부복하고 꿇어앉아 내전에 돌아가기를 계청하면, 국왕이 여를 타고 내전으로 돌아가는데, 올 때와 같은 의식으로 시위한다. 봉례랑이 시신을 나누어 인도하여 나간다.

7) 계동대나의(季冬大儺儀)

기일 하루 전에 서운관에서 12~16세 이하를 뽑아서 진자 48명을 만들고, 2대로 나누어서 6명을 한 줄로 만들어 가면을 쓰고, 적의(赤衣)를 입고, 채찍을 쥐게 한다. 공인 20명은 적건(赤巾)을 쓰고 적의를 입게 하며, 방상시 4명은 가면황금사목(假面黃金四目)을 쓰고 곰 가죽의 현의(玄衣)와 주상(朱裳)을 덮어 입고, 오른손에는 창, 왼손에는 방패를 잡는다. 창수(唱帥) 4명은 몽둥이를 쥐고, 가면을 쓰고 적의를 입는다. 집고(執鼓) 4명과 집쟁(執錚) 4명, 취적(吹笛) 4명은 모두 적건을 쓰고 적의를 입는다. 서운관의 관원 4명은 공복을 입고 관할 부서를 감독한다. 봉상시에서 수탉과 술을 준비하고, 광화문과 성의 사문 오른쪽에 물건을 넣을 수 있는 예감(瘞坎)을 만든다. 기일 하루 전 저녁에 나자(儺者)가 무기와 제복을 갖추고 광화문 안에 나아가 집합하여 차례대로 포열해서 기다린다.

그날 이른 새벽에 서운관의 관원이 나자를 거느리고 가서 근정문 밖에 서면, 승지가 역질(疫疾)을 쫓기를 계청하고는 서운관의 관원에게 명한다. 서운관의 관원이 나자를 인도하여 북을 치고 함성을 지르면서 내정으로 들어가고, 방상시는 창을 쥐고 방패를 들면서 소리를 지르고, 진자가 모두 화답한다. 그 말은, "갑작은 흉을 없애고, 필위는 역을 없애고, 웅백은 매를 없애고, 등간은 불상을 없애고, 남제는 구를 없애고, 백기는 몽을 없애고, 강량과 조명은 책사와 기생을 함께 없애고, 위수는 관을 없애고, 착단은 거를 없애고, 궁기와 등근은 함께 고를 없앤다. 12신(神)으로 하여금 악귀와 흉귀를 내쫓고, 네 몸둥이를 불태우고, 네 간(肝)을 끌어내고, 네 살을 갈갈이 찢고, 네 간장을 뽑아낼 것이니, 네가 급히 가지 않으면, 뒷사람의 양식이 될 것이다"고 한다.

돌아다니면서 부르기를 마치면, 여러 대가 북 치고 함성을 지르면서 각각 광화문으로 나와서 4대로 나누는데, 대마다 횃불을 든 10명이 앞에서 행진한다. 서운관의 관원 각각 1명이 이들을 거느리고 사문(四門)의 곽외(郭外)에 이르러 그친다. 나자가 나가려고 하면, 축사가 문 복판에 와서 신석(神席)을 남향하여 펴고, 재랑(齋郎)이 생(牲)의 가슴을 쪼개어 신석(神席)의 서쪽에서 이를 찢고 돗자리를 깔고 북쪽으로 머리를 둔다. 제관 이하의 관원이 북향하고 서쪽을 상으로 하여 두 번 절한다. 재랑이 술을 따르면, 제관이 꿇어앉아 받아서 이를 드린다. 축사가 동향해 꿇어앉아 축문을 읽고, 이를 마치면, 제관 이하의 관원이 또 두 번 절한다. 축사가 축문과 닭고기를 취하여 구덩이에 묻고 물러간다.

8) 향사의(鄕射儀)

해마다 3월 3일에 개성부와 여러 도의 주·부·군·현에서 거행한다. 하루 전에 주인이 빈(賓)에게 알린다. 그날에 주인의 자리를 사단 동쪽에 서향하여 설치하고, 빈 2품 이상의 자리를 사단 서쪽에 동향하여 설치하되, 북쪽을 상으로 하고, 중빈(衆賓) 3품 이하의 자리를 남쪽 줄에 설치하되, 동쪽을 상으로 한다. 서인(庶人)은 사단 아래 동서쪽에서 서로 마주보게 하되, 북쪽을 상으로 한다. 주탁을 사단 남쪽에 동쪽 가까이 설치하고, 오르지 못한 사람의 주탁은 그 앞에 설치한다. 이에 후를 설치하되, 사단에서 떨어지기를 90보로 한다.

빈 이하가 그 시각에 집합하면, 주인이 문밖에 나가서 맞이하여 읍양을 하면서 먼저 들어온다. 빈이 이어 들어오며, 중빈이 뒤따라 사단에 이른다. 주인은 동쪽에, 빈은 서쪽에 있고, 빈이 두 번 절하면 주인이 답하여 두 번 절한다. 다음에 중빈이 행례하기를 위의 의식과 같이 한다. 주인이 일어나면 빈 이하의 관원이 모두 자리에 나아간다. 공인이 금슬(琴瑟)을 잡고 주탁의 남쪽에 올라와 앉되, 동쪽을 상으로 하고, 평상시와 같이 음악을 연주한다. 집사자가 탁자를 설치하고 술을 따르면 주인이 빈에게 술잔을 드리고, 빈이 주인에게 술잔을 돌리기를 평상시의 예절과 같이 한다. 술이 세 순배 돌면 바로 주탁을 걷어 치운다.

사사가 빈에게 활쏘기를 청하면 빈이 쏘기를 허락한다. 사사가 마침내 주인에게 알리고, 이를 마치면, 서계로부터 내려와서 제자에게 명하여 사기(射器)를 바치게 한다. 사사가 활을 쥐고, 네 개가 한 묶음으로 된 화살을 등에 꽂고 사단에 도로 올라와서 활을 쏜다. 이를 마치면, 빈과 주인이 화살 3개를 등에 꽂고 1개를 손가락 사이에 끼우고서 차례대로 활을 쏜다. 활쏘기를 마치면, 사사가 제자에게 명하여 술잔을 주탁에 설치하는데, 화살을 맞히지 못한 사람은 술잔을 취하여 술을 채우고는, 조금 뒤로 물러가 서서 술잔을 비우고 다시 주탁에 둔다. 중빈 중에서 맞히지 못한 사람은 차례대로 술을 마시고, 주인과 2품 이상의 빈이 맞히지 못하면, 제자가 술잔을 씻어 술잔에 술을 채워 올리고, 술잔을 받아 서서 술을 마신다. 다 마시면 술잔을 치우고, 빈과 주인이 일어나서 처음과 같이 두 번 절하는 예를 행한다. 빈이 내려와서 나가면, 중빈이 따라 나간다. 주인이 문밖에서 평상시

예절 같이 보낸다.

위에서 요약한 『세종실록』「오례의」의 군례인 사우사단의와 관사우사단의, 대열의, 강무의, 취각령, 구일식의, 계동대나의, 향사의 등의 8개는 『국조오례의』의 군례로 정착되었다. 이 군례는 조선왕조 말기까지 왕실 군례의 기본 구성으로 각종 의례서에 나타난다.

제 3 장

조선 전기 군사의례의 기능과 내용

조선왕조가 500여 년 동안 국가를 유지한 기본 통치 구조는 태종대에 이루어졌다고 해도 과언이 아니다. 정도전이 태조의 즉위교서를 통해 무신의 중용을 표방하며 등용책인 강무법(講武法)을 강조할 정도로 군제 개혁을 주장하기도 했으나 왕자의 난 이후 그 주도권은 태종에게 넘어갔다. 태종이 보위에 오르는 과정에서부터 보여준 무자비한 숙청과 급격한 정치 구도의 개편은 군제도 예외는 아니었다. 다만 태종대 정치 구조의 흥미로운 점은 그 어떤 논란도 대부분 태종의 의도에 따라 결정되고 처리된 점이다. 결과적으로 태종의 치적과 국정 운영 방향은 성종대 『경국대전』으로 귀결되어 안정적인 왕조의 터전을 마련하게 된다. 그런데 그가 주도한 왕권 정쟁은 국초의 군통수권이 국왕에게 집중되어 신왕조의 군사의례가 정착되는 시기를 혼란스럽게 만드는 원인이 되기도 했다. 그럼에도 그가 1400년(정종 2)에 사병을 혁파하고 국왕이 군대를 직접 통솔하는 계기를 만든 이후 1414년 육조직계제 개혁으로 병조의 군권을 통제하게 되면서 군례가 국가의 물리적 에너지인 군사력의 분출을 조절하게 된 것도 사실이다.[1]

조선 전기 군례는 세종대 정비된 「오례의」를 기준으로 위로는 태종대 전법의 개편에서 아래로는 성종대 『국조오례의』에 이르는 시기를 기준으로 정착 과정이 이루어졌다. 예컨대, 국초의 군례는 대부분 고려시대 군제를

1 정두희, 『왕조의 얼굴—조선왕조의 건국사에 대한 새로운 이해』, 서강대학교, 2010, 115~151쪽.

계승한 관계로 새로운 논의가 없었으나, 태종대를 거치면서 조선의 군례가 등장하였다. 예컨대 『고려사』「예지」의 군례에서 장수를 전선으로 파견하는 의식[遣將出征儀]과 회군하는 의식[師還儀]은 계승되지 않았던 반면, 일식과 월식을 멎게 하는 의식[救日月蝕儀]과 12월에 큰 액막이 굿을 하는 의식[季冬大儺儀]은 그대로 이어졌다. 조선의 군례에는 대열의(大閱儀)와 강무(講武)가 새롭게 추가되었다. 조선이 명나라를 사대하는 제후국이란 입장에서 견장출정의(遣將出征儀)와 사환의(師還儀)는 천자국의 군례에 해당된다고 인식하여 제외한 것으로 판단된다. 물론 고려시대에도 대열의와 강무가 시행되었으나 『고려사』에 기재된 내용을 보면 그 중요도나 시행이 조선에 비교하면 현저하게 소극적이었다.

이런 배경에서 조선 전기의 군사의례는 고려조 군례의 계승과 발전이라는 두 가지 측면에서 볼 필요가 있다. 특히 여말선초가 역성혁명의 왕조 개국기라는 시대적 변화 이외에 중원의 패자가 원에서 명으로 전환되면서 한반도 북방이 끊임없이 전화에 휘말렸다는 군사사적 의미도 중첩적으로 존재한다는 점을 상기할 필요가 있다. 조선조의 기본적인 전장(典章)이 완비되는 성종 이후에도 지속적으로 전화가 발생하고 군제의 개편이 논의되었다는 점도 감안할 필요가 있는 것이다. 따라서 태종이 주도한 왕자의 난 이후의 군제 개혁, 북방 야인 진압을 목적으로 한 전법의 변화를 고려해야 조선 전기의 군사의례를 심층적으로 연구할 수 있을 것이다.

본 장에서는 『세종실록』「오례의」와 『국조오례의』에 기재된 군사의례의 내용을 중심으로 기술하고자 한다.[2]

2　사단의와 향사의는 합쳐서 서술하였다.

1 사단의(射壇儀)의 내용과 기능

1) 왕실의 활쏘기 전통과 의례화

공자가 인과 덕을 수양의 기본으로 한 것에서 활쏘기는 덕을 쌓는 기본 소양으로 유교 국가의 지식인에게 인식되었다. 문무 양측에서 모두 겸비해야 할 덕목이 활쏘기였다. 조선 건국 초에도 활쏘기는 국가적으로 장려되었다. 태조가 즉위교서에서 문무 양과의 편폐(偏廢)를 지적[3]하며 상무(尙武)를 강조한 이후 활쏘기는 역대 국왕들에 의해 지속적으로 진행되었다. 국왕별로 다소 편차가 보이고 시대별로 제도의 상이함도 나타나지만, 기본적으로 활쏘기를 권장하던 사회적 분위기는 계속되었다.[4]

세계사적인 시각에서 보더라도 궁술, 즉 활쏘기는 동서양 전쟁에서 화약 병기를 사용하기 이전은 물론 근대 초입까지도 사용되던 개인 무기였다. 더욱이 활은 검과 같이 개인의 군사적 자질과 무예의 역량을 표현하던 상징적인 군기였으므로 더욱 중요한 의미를 가지고 있었다. 이 점은 태조가 궁술로 왜구를 격멸시키고 영웅시되던 신화적 이야기에서도 확인할 수 있는 부분이다. 또한 활쏘기는 고대 유학에서 중시하던 육례(六禮)의 하나에 포함되었으므로 국왕은 물론 문무 관료, 양반 사대부에 이르기까지 모두 습득해야 할 기본 교양이었다. 특히 사단의는 고려조에는 보이지 않는 새로운 항목으로 조선왕조의 개국과 연관된 의례라고 할 수 있다. 다만 왕

3 『태조실록』 권1, 태조 1년, 7월 28일(정미).

4 왕실의 觀射는 필자의 '조선전기 軍禮의 정비와 射禮의 의례화'(동양고전연구 54, 2014)를 참조하였다.

자의 난 이후 혼란한 정국 상황에서 활쏘기를 군사의례로 정립할 기회가 없었으므로 세종대에 이르러서야 의례화되었다고 보아야 할 것이다.

사실 대사례(大射禮)가 국가의례로 정착된 것은 당나라 시대에 이르러서였다. 당은 북제(北齊)에서 봄과 가을에 주기적으로 거행하던 활쏘기를 의례화시켰다. 당나라의 대사례는 진설(陳設), 회례(會禮), 어사(御射), 시사(侍射), 상벌(賞罰)의 절차로 진행되었다. 당나라의 대사례 절차는 이후 조선시대에 그대로 이어졌는데, 후대에 큰 의례적 변화가 없었다는 것은 당대에 의례적 형식이 완비되었다고 할 수 있다. 또한 당의 대사례 의식은 송나라에서 황제연사의(皇帝宴射儀)로 계승하였다. 그런데 송대의 대사례는 성균관에서 거행하지 않고 주로 교외에서 거행한 것이 특징이다. 따라서 당송의 대사례는 의례적인 행사라기보다는 황제와 군신들의 결속을 다지는 연사(宴射)와 같은 의식이라고 하겠다.[5]

고려에서도 당과 송의 의례를 수용하여 국가의례인 오례를 정착시켰으나 사례(射禮)를 도입하지는 않았다. 그러므로 조선에서 대사례를 군례로 정착시킨 것은 조선왕조만의 특징이라고 할 수 있다. 고려시대에는 조선왕조 세종대 군례의에 나타나는 국왕이 직접 활을 쏘는 사우사단의(射于射壇儀)와 국왕이 활쏘기를 관람하는 관사우사단의(觀射于射壇儀)가 시행되지 않았다. 따라서 친사(親射)와 관사(觀射)의 의례화는 조선 초에 정착되었다고 할 수 있다.[6] 물론 고려조에서도 상무에 치중하여 국왕이 활쏘기를 참관하였다. 현종은 문관 중에 4품 이상으로 60세 미만인 자는 휴일마다 동서교(東西郊)에서 활쏘기를 하게 했고, 선종(宣宗)은 사장(射場)을 설치해 군인과 백성들이 모여 연습을 하게 할 정도로 활쏘기를 국가적으로 장려했다. 다만 고려조에서는 무과를 두지 않아 활쏘기가 정식 학습 과목으로 정착하

5 박종배, 「조선시대 成均館 大射禮의 시행과 그 의의」, 『교육사학연구』 13, 2003, 37~41쪽.

6 박종배, 위의 논문, 40~42쪽.

지 못한 한계가 있다.[7]

조선시대 국왕의 최초 활쏘기 시행은 조선왕조실록의 기록상 1395년(태조 4) 4월 태조가 반송정(盤松亭)에서 활 쏘는 것을 사열하는 내용이다.[8] 이후 실록에는 태조의 활쏘기와 참여가 나타나지 않는다. 그러나 북방의 무인 출신이며, 활쏘기의 달인이었던 태조가 재위 기간에 활쏘기를 더 이상 하지 않았다는 것은 무리일 것이다. 태조는 동북에 거주할 때부터 활쏘기로 유명했고 환조는 물론 이두란 등 주변 인물들에게 최고의 활쏘기 기술을 가지고 있다는 칭송을 들으며 성장했다. 고려 조정에 입사했을 때에도 공민왕 앞에서 백번의 시위를 당기면 모두 다 맞혔고, 1362년(공민왕 11) 원의 나하추가 침략했을 때 사격(射擊)으로 적을 물리쳐 조선 개국 이전부터 활쏘기로는 동방의 제일이라는 명성을 지닌 인물이었다. 특히 이지란(李之蘭)과 활쏘기로 유희(遊戲)를 벌인 고사는 활쏘기의 신묘함을 말해 준다. 예컨대 태조가 이지란과 길에서 쉴 때 어떤 시골 아낙이 물동이를 들고 가는데 태조가 먼저 활을 쏘아 구멍을 만들자 뒤이어 이지란이 진흙 탄을 쏘아 구멍을 메꾸었다고 한다. 이후 운봉(雲峰) 전투에서 아기발도(阿其拔都)를 죽일 때 태조가 투구끈을 맞히자 그 열린 공간으로 이지란이 화살을 쏘아 죽였다는 일화는 그의 활쏘기 실력을 가늠하게 한다.[9]

실제로 태조는 활쏘기를 위한 사냥을 위시로 다양한 행차를 하였다. 조선 개국 후에도 사냥을 즐긴 것은 물론 온천 휴양차 수시로 궁궐 밖을 행차해 활쏘기를 하였다. 예컨대 1394년 서교(西郊),[10] 1396년 안성의 홍경천(弘慶川) 북교(北郊),[11] 1397년 동교(東郊)와 평주 천신산(天神山), 개성[12] 등에서

7 이성곤, 『새롭게 읽는 조선의 궁술—한국무예사료총서 14』, 국립민속박물관, 2008, 58~61쪽.

8 『태조실록』 권7, 태조 4년, 4월 22일(을유).

9 이성곤, 위의 책, 158~176쪽 .

10 『태조실록』 권6, 태조 3년, 10월 3일(기사).

11 『태조실록』 권9, 태조 5년, 3월 13일(경오).

12 『태조실록』 권11, 태조 6년, 2월 6일(기축); 3월 20일(계유); 3월 28일(신사).

사냥한 것을 보면 모두 활을 쏘거나 관람했다고 파악할 수 있다. 더욱이 1394년 태조는 사재소감(司宰少監) 송득사(宋得師)가 "무예는 강습하지 않을 수 없으니 중외(中外)에서 매년 봄·가을에 강습하게 하고, 백성들이 농한기에 활쏘기를 익히도록 하자"는 의견에 찬성하여 활쏘기를 장려하는 모습을 보였다.[13] 따라서 태조의 재위기 동안 사단의가 정비되지는 않았으나 그 기초적 작업인 활쏘기의 대중화 내지는 정식화가 진행되었다고 볼 수 있다.

태조대에 권장되던 활쏘기는 태종대에도 이어진다. 태종도 고려 말 우왕대에 태조를 좇아 이두란 등과 함경도에서 외적을 공격할 때 사격(射擊)으로 적을 제압하던 명사수였다. 태종은 1402년 무과를 설치하여 활쏘기를 시험과목으로 채택할 정도로 활쏘기를 중요시했다. 국가적으로 활쏘기를 제도화한 배경에서인지 태종대는 활쏘기를 즐기는 횟수가 증가했고 그 규모도 확대되었다. 태종은 사냥 이외에 활쏘기 그 자체를 궁궐 내외와 도성 내외에서 시행하고 관람하였다. 태종은 1402년부터 종친과 근신들을 대동하고 청화정(淸和亭), 양청(涼廳), 광연루(廣延樓), 해온정(解慍亭) 등에서 활쏘기를 거행하였고 행사를 마친 뒤에는 잔치를 베풀어 위무하기도 했다.[14] 태종은 고려조에서 문과를 거친 문신 관료이기도 했지만, 무신 집안의 후손으로 상무적 기질을 지니고 있었다. 태종도 태조처럼 자주 사냥을 나갔으며 그때마다 궁시를 지참하고 활쏘기를 하였다. 예컨대 즉위 초인 1401년 3월, 우박이 내리던 날씨에도 무신을 거느리고 마이천 남쪽에서 사냥하였는데, 활과 화살을 차고 말을 달리고 매[鷹]를 놓는 대규모 사냥이

13 『태조실록』 권5, 태조 3년, 4월 3일(임신).

14 『태종실록』 권3, 태조 2년, 3월 27일(경술); 『태종실록』 권9, 태종 5년, 4월 4일(기사); 『태종실록』 권9, 태종 5년, 4월 12일(정축); 『태종실록』 권11, 태종 6년, 4월 15일(을해); 『태종실록』 권19, 태종 10년, 1월 16일(계미).

었다.[15] 국왕이 말을 타면서 활을 쏘는 전형적인 기마 무사의 모습이었다. 세종에게 보위를 물려주고 상왕으로 재위하던 1420년 전후 봄철에는 매일 매사냥을 나갈 정도로 활쏘기에 열중하는 모습을 보였다.

태종의 활쏘기는 시위군의 훈련에도 적용되었다. 태종은 즉위 후 갑사(甲士)의 복립을 시작으로 별시위(別侍衛), 내금위(內禁衛), 내시위(內侍衛) 등의 병종을 신설했다. 태종은 새로운 병종을 신설하여 시위를 강화하고자 했는데, 이들은 어떤 기관에 소속된 것이 아닌 최정예 친위 장병이었다. 이들에게 습사(習射)가 의무적으로 시행되었는데, 예컨대 갑사는 6일 동안 습사 3일, 순작(巡綽) 1일, 급한(給閑) 2일이었고 훈련 관원이 확인하여 병조에 보고하였다. 더욱이 태종은 내금위와 별시위에게 궁궐 내 금원(禁園)은 물론 궁성 안에서의 습사를 허용했으며, 입직하지 않는 번외(番外)일에도 의무적으로 습사하게 할 정도였다.[16] 시위군의 임무와 생활에서 활쏘기가 가장 큰 비중을 차지했음을 보여 주는 사례이다.

태종이 활쏘기를 숭상한 것은 세자 교육에서도 나타났다. 태종은 양녕이 세자일 때 궁중에서 활쏘기를 익히게 하였다. 당시 우빈객(右賓客) 이래(李來)와 간관(諫官) 등이 옳지 못하다고 반대를 하였으나, 태종은 "옛사람이 이르기를, '활쏘는 것으로 덕(德)을 알아본다' 하였고, '그 재주를 겨루는 것이 군자의 도이다'라고 하였으니, 활쏘는 것은 진실로 폐할 수 없다"라면서 궁궐 내에서 세자가 활쏘는 것을 권장했다. 이에 신료들이 세자가 학문과 활쏘기를 같이 한다면 학문이 폐하게 되는 우려를 전하자, 태종은 "옛부터 임금이 굳세고 용감하면 능히 아랫사람을 제압할 수 있었고, 온유하고 나약하면 실패함이 많았다. 활쏘는 것과 말 달리는 것은 굳세고 용감한 기질

15 『태종실록』 권1, 태종 1년, 3월 18일(정축).

16 윤훈표, 「여말선초 군사훈련체계의 개편」, 『군사』 53, 2004, 206~207쪽.

을 키우는 것이다"라고 하였다.[17]

태종의 적극적인 장려로 인해 세자인 양녕은 활쏘기를 지속했으며, 궁궐 내에서 동생인 충녕과 성녕 두 대군과 같이 연습하였다. 또한 세자 곁에서 무신이 시사하도록 하였는데, 서연(書筵)에서 강론(講論)을 마친 뒤에는 동궁(東宮)에서 활을 쏘았다. 이때 양녕이 쏜 화살은 200여 보를 나아갔으며, 세 발 중에 반드시 하나둘은 맞힐 정도로 실력이 좋았다.[18] 양녕은 궁궐 내 전문(殿門) 밖에서도 활쏘기를 했으며 탄궁(彈弓)으로 궁술을 연마하기도 했다.[19] 이외에 태종은 사냥을 통해 활쏘기를 왕실에서 일반화시키려는 모습도 보였다. 대사(對射)가 대표적 사례인데, 내금위와 내시위에게 패를 나누어 활을 쏘게 하는 것이다. 대사의 장소로는 수목이 무성한 곳이 거론되었는데, 소나무가 무성한 성균관, 보은사(報恩寺) 고개가 선정되기도 하였다.[20]

태종은 관료의 선발 과목으로도 활쏘기가 선정되게 만들었다. 1411년 병조에서는 주나라 제도를 언급하며 선비를 선발할 때 활을 쏘게 하여 인물의 재목감을 정하자는 의견을 개진하였다. 병조의 의견은 다음과 같다.

> 병조에서 상서(上書)하였으니, 그 글에 이르기를, "삼가 주나라 제도를 상고하니, '옛날 천자가 활쏘기로 제후·경(卿)·대부·사(士)를 뽑았고, 제사를 지내려 함에 반드시 먼저 활쏘기를 택궁(澤宮)에서 익혔다' 하였으니, 택(澤)이란 말은 곧 택(擇)인 것입니다. 몸이 고르고 체대(體大)가 바르며, 궁시를 견고하게 잡으면, 과녁에 맞는 법이니, 그러므로 활쏘기란 덕(德)을 보는 방법이 됩니다. 제후가 해마다 사를 보내면, 천자가 이들을 사궁(射宮)에서

17 『태종실록』 권17, 태종 9년, 3월 16일(기미).
18 『태종실록』 권21, 태종11년, 3월 18일(무인).
19 『태종실록』 권31, 태종 16년, 3월 24일(병진).
20 『태종실록』 권35, 태종 18년, 3월 8일(무오).

시험 보는데, 그 용체(容體)는 예에 비기고, 그 절주(節奏)는 악(樂)에다 비겨, 많이 맞힌 자가 제사에 참여하게 되는 것입니다. 『백호통(白虎通)』에 이르기를, '천자의 활쏘기는 120보, 제후는 90보, 대부는 70보, 사는 50보라 하였으니, 이제부터 100보는 제외하고 70보를 사용하여, 이를 맞힌 자는 한 화살을 마칠 때마다 7분(分)으로 하시고, 그 화살은 금촉(金鏃)을 사용하되, 만약 목촉(木鏃)을 사용할 경우에는 그 무게를 금촉과 같게 하소서. 그리고 말을 타고 창을 쓰는 법은 짚으로 만든 사람[芻人] 5개를 세우고, 두 차례에 걸쳐 치고 찌르게 하시되, 한 차례마다 오세(五勢)를 잘 지어 그 얼굴에 맞힌 자는 7분을 주시고, 한 번 맞힐 때마다 7분을 가급(加給)하게 하소서"라고 하였다.[21]

태종은 병조의 건의를 받아들여 시행토록 했는데, 이미 무과에 친시규식(親試規式)을 통해, "초장(初場)에는 보사(步射)로서 편전(片箭)을 쓰되 아울러 200보에 한정하고, 중장(中場)에는 기사(騎射)로서 직배(直背) 5발"[22]이라고 하여 무신을 선발하고 있었다. 따라서 이때 병조의 건의는 활쏘기를 관료 선발 전체로 확산하는 문제로 생각할 수 있다. 실제로 이 안건이 시행된 것의 여부는 파악할 수 없으나 당시 활쏘기를 권장하려는 국왕과 신료들의 분위기를 짐작하게 하는 부분이다. 또한 태종대 활쏘기 사례와 논의들이 세종대 사단의로 정착된 배경이라고도 볼 수 있다. 이외에 1416년 병조판서 이원(李原)의 요청에 따라 사청(射廳)을 둔 것이 태종대 활쏘기의 또 다른 전환점이었다.[23] 태종은 도성의 동쪽에 훈련관을 세우고 그 남쪽에 대청을 조성했는데, 그 대청이 사청으로 사용되었다. 병조에서는 훈련관들을 통해

21 『태종실록』 권21, 태종 11년, 3월 10일(경오).
22 『태종실록』 권19, 태종 10년, 1월 12일(기묘).
23 『태종실록』 권32, 태종 16년, 7월 16일(을사).

사청에서 활쏘기를 시행했다고 한다. 사청 자리에서는 병조 관원이 회좌(會座)하던 곳으로 건물이 없이 차일만 치던 곳이었다. 사청은 중종대까지 훈련원에 존속하였다. 당시 김안로가 자신의 집 인근에 사청이 있어서 활 쏘는 것을 꺼려하면서 이전을 추진하기도 할 정도로 중종대까지 시사(試射)의 기능을 지니고 있었다.[24]

국왕들이 활쏘기를 장려하고 의례화한 것은 국왕의 권위와도 관련이 있었다. 동북아 중화체제에서 활쏘기는 천자와 제후를 연결하는 상징성을 지니고 있다. 예컨대 화살을 쏘는 과녁인 후(帿)는 후(侯)의 옛 글자로 고대 중국에서 활쏘기로 인재를 뽑을 때 적중한 사람이 봉작을 얻었는데, 이를 제후라고 하였다. 천자는 흰 바탕에 웅후(熊侯), 제후는 붉은 바탕에 미후(麋侯), 대부는 호랑이와 표범을 그린 과녁, 선비는 사슴과 돼지를 그린 과녁을 사용하였다.[25] 따라서 활쏘기를 거행하는 의례 속에서 당사자의 신분과 지위를 대외적으로 드러내는 결과를 가져왔다. 이런 배경에서도 태종대를 이어 세종대 활쏘기가 장려되고 의례화된 이유를 찾을 수 있다.

2) 사단의의 정착과 시행

태종대 활쏘기의 장려는 세종대에도 그대로 지속되었다. 세종이 문치(文治)에 치중한 국왕으로 활쏘기 같은 무예에 별다른 관심이 없었을 것으로 생각할 수 있으나, 선왕인 태종과 같이 사냥을 즐기고 활쏘기도 적극 참여하는 모습을 보였다. 특히 세종 즉위 초에는 정종과 태종의 두 상왕이 수시로 경외(京外)에 사냥을 다녔으며, 이때 세종이 함께 동행하는 일도 잦았다. 또한 세종은 재위 기간 내내 강무를 통해 사냥을 하였던 제왕으로 태조부

24 『중종실록』 권78, 중종 29년, 11월 1일(계해).
25 이성곤, 『새롭게 읽는 조선의 궁술－한국무예사료총서 14』, 84~85쪽.

터 전해지던 상무적 기질을 그대로 이어가던 국왕이었다. 따라서 세종대 오례의에 활쏘기가 사단의로 정리된 것은 자연스런 일이라고 볼 수 있다.

세종대 오례의로 정비된 사단의는 사우사단의로 그 절차는 다음과 같이 25개 정도로 요약해 볼 수 있다.

① 기일(期日) 3일 전 병조에서 내외관에게 선섭(宣攝)하여 각각 그 직책을 다하게 한다.
② 기일 1일 전 충호위에서 장전(帳殿)을 사단(射壇)에 남향해 설치하고 악차를 장전의 뒤에 설치한다.
③ 기일 1일 전 액정서에서 어좌를 장전 안에 남향해 설치하고 국왕이 활쏘는 자리는 장전 앞에 남향하여 설치한다.
④ 기일 1일 전 아악서의 전악(典樂)이 헌현(軒懸)을 사단의 남쪽에 진열한다. 협율랑 자리 2개를 설치하며, 전악의 자리를 사단 아래에 설치하되, 동향하게 한다.
⑤ 기일 1일 전 훈련관(訓鍊觀)에서 웅후를 사단에서 90보 거리에 설치한다.
⑥ 기일 1일 전 고(鼓) 1개를 사단 아래에 설치하고, 화살그릇[福] 5개를 사단 아래에 설치한다.
⑦ 기일 1일 전 시사자(侍射者)의 장사위(將射位)를 서계 앞에 설치한다.
⑧ 시사자인 집현전 부제학 이상의 활쏘는 자리는 사단 위에 설치하고, 3품 이하의 활쏘는 자리는 사단 아래에 설치하되, 모두 서쪽에 가까이 횡(橫)으로 포열하여 남향하게 한다.
⑨ 행사일에 시사자가 궁시를 가지고 서문 밖에서 기다리고, 상물(賞物)을 사단 아래에 설치하고, 벌준(罰尊)의 탁자를 사단 아래에 설치한다.
⑩ 전의(典儀)가 집사관과 종친·문무백관의 배위를 설치하되, 근정전의

전정 자리와 같이 한다.

⑪ 국왕이 익선관과 곤룡포로 사단 장소에 이르러 악차에 도착하면 장위(仗衛)가 사단의 동서쪽에 배열하기를 모두 시학의(視學儀)와 같이 한다.

⑫ 종친과 문무백관들은 평상복 차림으로 동문과 서문 밖에 나아간다. 판통례가 외판을 아뢰면, 국왕과 의장(儀仗)이 움직이며 헌가(軒架)에서 융안지악(隆安之樂)이 시작된다. 국왕이 좌석에 오르면, 산선(繖扇)은 평상시와 같이 시위한다.

⑬ 모든 군사들은 무기와 제복을 갖추고 봉례랑이 2품 이상의 관원을 나누어 인도하여 들어와서 배위에 나간다. 전의가 사배하라고 말하고, 통찬이 "국궁, 사배, 홍, 평신"이라고 하며, 종친과 백관들이 국궁하면 음악이 시작되고, 네 번 절하고 일어나서 몸을 그전대로 펴면 음악이 그친다.

⑭ 술이 세 순배 돌면, 판통례가 활쏘기를 갖추었음을 아뢴다. 문관은 동계 아래에서 서향하고, 종친과 무관은 서계 아래에서 동향하되, 모두 북쪽을 위쪽으로 한다.

⑮ 상호군 2명이 국왕의 궁시를 횡으로 받들고, 시사자가 서문 밖에 나가서 활을 잡고 네 개가 한 묶음으로 된 화살을 등에 꽂고 들어와서 장사위에 나아간다.

⑯ 국왕이 자리에서 내려오면 음악이 시작되고, 활쏘는 자리에 올라가면 음악이 시작된다. 활을 받든 사람이 북향하여 꿇어앉아 활을 올리고, 화살을 받든 사람이 낱낱이 올려 바친다.

⑰ 국왕이 활을 쏘고자 하면, 헌가에서 먼저 화안지악(和安之樂) 3절을 연주하고, 제1의 화살은 제4절과 서로 응하고, 제2의 화살은 제5절과 서로 응하여, 7절에 이르면 음악이 그친다.

⑱ 상호군이 앞에서 꿇어앉아 화살의 간 곳을 아뢰는데, 복판에 맞은 것

은 '획(獲)'이라 하고, 아래에 맞은 것은 '유(留)'라 하고, 위에 맞은 것은 '양(揚)'이라 하고, 왼쪽에 맞은 것은 '좌방(左方)'이라 하고, 오른쪽에 맞은 것은 '우방(右方)'이라 한다.

⑲ 국왕이 활쏘기를 마치면, 상호군이 앞으로 나아가서 북향하여 꿇어앉아, 활을 받아 물러가서 그전 자리로 돌아가면 음악이 시작되고, 전하가 자리에 오르면 음악이 그친다.

⑳ 시사자가 나란히 짝을 지어 올라가 사석(射席)에 나아가서, 북향하여 부복하였다가 일어나서 남향하여 서면, 성안지악(誠安之樂) 1절을 연주한 후에 화살을 쏘는데, 제1로 쏘는 것이 제2절과 서로 응하여 5절에 이르면, 음악이 그친다.

㉑ 병조판서가 맞힌 사람의 성명과 맞힌 숫자를 써서, 맞힌 사람에게 상을 주고 맞히지 못한 사람에게 벌을 주기를 청한다.

㉒ 통찬이 "국궁, 사배, 흥, 평신"이라고 하면, 시사자가 국궁하는데 음악이 시작되고, 네 번 절하고 일어나서 몸을 그전대로 펴면 음악이 그친다.

㉓ 군기감 관원이 상물을 주면, 상을 받을 사람은 북향하여 꿇어앉아 상을 받는다. 사준별감이 벌준에서 술을 따라 잔대에 두고, 맞히지 못한 사람이 잔대에 북향하여 꿇어앉아 술잔을 비운다.

㉔ 판통례가 예를 마쳤음을 아뢰고, 협률랑이 휘를 들고 일어나며, 헌가에서 융안지악이 시작된다. 봉례랑이 종친과 문무백관들을 나누어 인도하여 올 때와 같은 의식으로 환궁한다.

㉕ 만약 국왕의 연유(燕遊) 소사(小射)면 악현(樂懸)을 진열하지 아니하고, 회례(會禮)를 행하지 않고, 일을 마치면 북면하여 네 번 절하는 의식도 없다.

세종대 사단의가 정착된 이후 문종대에도 활쏘기는 왕실의 한 문화로 정착한 모습을 보였다. 문종 즉위 초에는 활쏘기가 도성내 사람들 사이에 일반화되는 모습을 보이기도 했다. 당시 병조에서는 도성의 안팎에서 5~6명 이상이 모여서 활쏘기를 익히면서 술을 마시는 사람을 헌사(憲司)에서 회음(會飮)으로 추핵(推劾)하고 있으니 자유롭게 활쏘는 것을 익히지 못하는 폐단이 되므로 군사를 훈련하는 차원에서도 금지하지 말도록 요청하였다.[26] 왕실에서 활쏘기를 의례화시켜 연례행사화시킨 것과 같이 민간에서도 답습하여 문화화한 사례이다.

1450년 문종은 즉위한 해부터 종친들을 대동하고 경복궁의 경회루, 서현정(序賢亭) 등에서 활쏘기를 관람했다.[27] 문종은 왕실 인물 외에도 명나라 사신에게 활쏘기를 관람시키기도 했다. 1450년 책봉사로 온 사신에게 모화관에서 무사 정종(鄭種), 이장(李場) 등 20여 명으로 하여금 과녁을 쏘기도 하고, 말을 타고 가면서 활을 쏘도록 하였다.[28] 특히 문종은 즉위 초에 경복궁에서 거의 매일 활쏘기를 구경하고 맞은 것이 많은 사람에게는 모두 궁시를 하사하였다. 이때 간신(諫臣)이 상중(喪中)에 거둥하여 활쏘기를 구경하는 것이 옳지 않다고 하였으나, 문종은 그대로 활쏘기를 거행하였다.[29] 문종이 활쏘기를 권장한 것은 이듬해 1451년 드러난다. 문종은 승정원의 여러 승지들이 사후(射侯)한다는 것을 듣고 활 하나씩을 하사하고, 다음과 같이 말했다.

"유생들은 모두 활을 좋아하지 않는데 이제 너희들이 활쏘는 것을 보니 내

26 『문종실록』 권3, 문종 즉위년, 9월 14일(을묘).

27 『문종실록』 권3, 문종 즉위년, 9월 6일(정미); 『문종실록』 권3, 문종 즉위년, 9월 8일(기유); 『문종실록』 권3, 문종 즉위년, 9월 17일(무오).

28 『문종실록』 권3, 문종 즉위년, 9월 7일(무신).

29 『문종실록』 권3, 문종 즉위년, 9월 17일(무오).

마음이 기쁘다."

문종은 내심 문무 관료들이 활쏘기 소양을 갖추길 바랐으며, 몸소 실천했다고 볼 수 있는 부분이다. 문종의 말 때문인지 승정원에서는 그 후로 사후(射侯)를 그치는 날이 없었다. 또한 환시들도 대궐 안에서 다투어 활을 쏘고 승지와 내관이 어울려 활을 쏘기까지 하였다.[30] 문종은 환관들의 활쏘기에 관대했다. 경복궁 경회루에서 환관들이 활을 쏘게 하기도 했으며, 문종이 그것을 관람하다가 환관 엄자치(嚴自治)와 더불어 과녁을 쏘기도 하였다. 이런 국왕의 모습에 간관들의 비난도 잇달았다. 집현전 교리 이예(李芮)가 경연에서 지적한 내용을 보면 다음과 같다.

"군주의 호상(好尙)이 한쪽에 치우쳐서 사람들로 하여금 그 하고 싶은 바를 엿보고서 어떤 틈을 타서 덤벼들게 해서는 안 됩니다. 성색(聲色)과 유전(遊畋)의 일은 해로움이 진실로 큰 편입니다. 사장(詞章)과 같은 것은 해로움이 없는 듯하나, 고려의 군신들이 시편창화(詩篇唱和)를 몹시 좋아했기 때문에 마침내 나라를 그르치고 자신을 그르치는 지경에 이르렀던 것입니다. 근일에 전하께서 자주 후원에 나오셔서 활쏘는 것을 구경하시니, 이는 마지못해서 하는 무예를 연습하는 행사이므로, 한쪽에 치우치게 좋아하는 것이라고 말할 수 없지마는, 그러나 자주 한다고 말하는 사람이 있으니, 군주의 호상은 사람들로 하여금 지목하게 해서는 안 됩니다."

이예의 지적은 군주의 덕목을 정확하게 지적했다고 볼 수 있다. 국왕의 호오에 따라 간신들이 이동하면 조정의 정사가 치우칠 수 있다는 모범적

30 『문종실록』 권6, 문종 1년, 2월 22일(신묘).

인 이야기였다. 문종의 답변도 이예의 마음을 충분히 이해하면서 자신이 활쏘기에 집중하는 이유도 명확하게 드러내었다.

"군주의 호상은 진실로 한쪽에 치우치게 해서는 안 되지만, 내가 활쏘는 일을 사열하는 것은 한쪽에 치우친 일이 아니니다. 군국(軍國)의 일로써 무예를 해이시킬 수 없기 때문이다. 세종께서도 활쏘는 일을 구경하기를 좋아했으니, 무예 교육에 관계되기 때문이다. 나는 이 일은 방해될 것이 없다고 생각하지만, 그러나 나의 과실을 마땅히 그대들 측근에 모시는 사람은 때때로 말하여 나의 미치지 못한 점을 번갈아 보좌하라."[31]

문종의 마음은 선대부터 내려오던 상무적 기질을 존중하고 국가의 안위를 위해 지속적으로 무예를 연마하려는 기도였다. 문종은 활쏘기를 군사훈련에서 더 나아가 교육으로 본 것이다. 문종은 이후에도 지속적으로 궁궐 내 경회루와 서현정에서 활쏘기를 이어갔다. 활쏘기에는 종친과 관료에서 군인에 이르기까지 다양한 인물들이 동원되었고 차등있게 상을 내려 장려하였다.[32]

그런데 문종대 활쏘기가 사단의에 맞게 진행되었는지, 혹은 사단의를 실제로 거행했는지를 확인하기는 어렵다. 현전하는 기록에서는 아직 발견되지 않았다. 다만 문종의 재위가 너무 짧았고 함경도의 방비와 여진인 이만주의 침입에 대처하는 등의 전란이 발생하던 시기였으므로 국가의례 차원에서 활쏘기를 거행하기에는 시기적으로 무리였다고 생각된다. 반면 국왕을 견제하는 신료들의 세력이 커지던 단종대에는 활쏘기가 제지되었다.

31 『문종실록』 권13, 2년, 문종 4월 18일(임오).

32 『문종실록』 권6, 문종 1년, 3월 10일(기유); 『문종실록』 권6, 문종 1년, 3월 21일(경신); 『문종실록』 권7, 문종 1년, 4월 16일(갑신); 『문종실록』 권13, 문종 2년, 4월 16일(경진).

예컨대 1454년(단종 2) 4월에 시강관 하위지가 경연에서 국왕이 대신과 관사(觀射) 하는 것은 좋으나, 환관과 보는 것은 옳지 않다고 하였고 단종은 그 말을 따랐다.[33] 또한 5월에 승지 박팽년이 경연에서 어린 나이로 보위에 올랐음에도 궁궐에서 자주 관사를 하며 경연을 중지한 것을 지적하였다.[34] 조선왕조가 문치를 중시했다는 관점에서는 단종을 지적한 두 관료의 말이 타당하기도 하지만, 왕실 내에서 이어지던 활쏘기에 대한 전통을 무시한 처사라고 볼 수 있다. 그래서인지 단종은 관사를 지속하였다.[35]

국왕의 관사는 세조대에 다시 적극적으로 거행되는 양상을 보였다. 세조가 강력한 왕권의 권위와 왕실의 위상 확립을 위해 정국을 장악하였으므로 자연히 왕실의 활쏘기도 활발하게 이루어졌다. 세조는 타고난 무장이기도 했다. 세조가 16살에 세종을 수행하여 왕방산(王方山)에 강무를 갔을 때 오전 중에 활로 쏘아 죽인 사슴과 노루가 수십 마리가 되어 옷을 붉게 물들였다고 할 정도로 말타기와 활쏘기가 뛰어났다. 문종은 세조의 활쏘기에 대해, "쇠와 돌 같은 그 활이요[鐵石其弓] 당기는 것은 보았어도[吾見其張] 놓는 것은 못 보았네[未見其弛]"라고 칭송하였다.[36]

세조가 활쏘기를 거행한 장소는 선대 국왕들이 즐겨 이용한 경복궁의 경회루와 서현전(序賢殿), 후원, 충순당(忠順堂) 등이었다. 그중 경회루와 후원에서 관사를 자주 하였다. 특히 1457년(세조 3) 많은 관사가 진행되었는데 무엇보다 종친, 근신들과 함께하는 경우가 잦았다. 세조가 단종을 밀어내고 보위에 올랐으므로 왕실 종친들의 연합이 필요했기 때문이라고 생각된다. 또한 세조가 무력을 통해 정권을 장악하면서 운명을 같이했던 양녕대군, 신숙주, 한명회(韓明澮), 홍달손, 홍윤성 등의 정치적 동지들과 잦은 규

33 『단종실록』 권11, 단종 2년, 4월 18일(기해).
34 『단종실록』 권11, 단종 2년, 5월 4일(갑인).
35 『단종실록』 권11, 단종 2년, 4월 27일(무신).
36 이성곤, 『새롭게 읽는 조선의 궁술—한국무예사료총서 14』, 175~176쪽.

합을 하였다. 세조는 경회루와 후원에서 그들과 같이 자주 관사를 하고 잔치를 열어 상을 내려주었다.[37] 이외에 세조대 사단에서는 무거전시(武擧殿試)를 치르기 위해 활쏘는 사장과 격구장이 동시에 설치되어 사용되었다.[38]

특히 세조대는 활쏘기가 정기적인 대사례로 정착되려고 한 시기이기도 하였다. 양성지는 춘추(春秋)에 대사(大射)를 거행하자고 건의하였다. 특히 양성지는 금(金)과 요(遼)가 3월 3일과 9월 9일에 하늘에 절하고 사례를 거행했다고 하며, 이것이 비록 중원(中原)의 제도는 아니지만 번국(藩國)의 성사(盛事)라고 하였다. 또한 삼국시대부터 고려에 이르기까지 교천(郊天)과 향제(饗帝)를 거행했다면서 요와 금의 고사를 조금 모방하여 3월 3일과 9월 9일에 국왕이 교외(郊外)에 거둥하여 대사례를 행하고, 해마다 상례로 삼자고 하였다. 이를 통해 조선왕조 무위(武威)를 크게 떨치고 사기(士氣)도 높여 스스로 일국일대(一國一代)의 풍속이 이루어질 것이라고 하였다.[39]

한편 세조대 관사는 군사훈련을 동시에 거행한 것이 특징이었다. 예컨대 1458년(세조 4) 세조는 경복궁 후원에서 양녕대군 등의 종친 및 대신들과 활쏘는 것을 구경하였는데, 입번한 내금위에게 소형명(小形名)을 써서 습진(習陣)하게 하였다.[40] 활쏘기를 보다가 습진하는 것은 이듬해에도 지속되었다.[41] 관사에서 진법을 겸하는 것 이외에 무거인(武擧人)에게 『병요(兵要)』를 강하게 하고는 우등한 자를 선발하는 시험을 치르기도 하였다.[42] 사복과

37 『세조실록』 권4, 세조 2년, 5월 20일(무자); 『세조실록』 권7, 세조 3년, 3월 19일(임오); 『세조실록』 권7, 세조 3년, 4월 22일(을묘); 『세조실록』 권7, 세조 3년, 4월 23일(병진); 『세조실록』 권7, 세조 3년, 4월 25일(무오); 『세조실록』 권9, 세조 3년, 9월 25일(병술); 『세조실록』 권9, 세조 3년, 9월 27일(무자); 『세조실록』 권9, 세조 3년, 10월 7일(정유); 『세조실록』 권10, 세조 3년, 12월 20일(경술); 『세조실록』 권10, 세조 3년, 12월 29일(기미); 『세조실록』 권11, 세조 4년, 1월 2일(신유).

38 『세조실록』 권3, 세조 2년, 2월 21일(경신).

39 『세조실록』 권3, 세조 2년, 3월 28일(정유).

40 『세조실록』 권11, 세조 4년, 1월 25일(갑신).

41 『세조실록』 권17, 세조 5년, 9월 28일(정미.

42 『세조실록』 권12, 세조 4년, 3월 3일(경인).

내금위를 좌우 양편으로 나누어 활을 쏘게 하는 등 대규모로 관사를 거행하기도 하였다.[43] 세조는 관사에 왕실 여성들을 동반하기도 하였다. 세조의 왕비인 정희왕후가 관사에 동반했는데, 경복궁 후원과 모화관의 관사에 참여하여 궁궐은 물론 도성 내 행사에도 왕비가 행차했음을 보여 준다. 그 중 1460년 6월 모화관에 세조가 왕비를 동반해 관사한 후에는 무사를 뽑아서 삼갑사(三甲射)·삼갑창(三甲槍)[44]을 익히게 하였다. 왕비가 군사훈련을 참관하는 것으로 관사가 왕실의 의례적 행사가 아닌 군사훈련과 겸해서 진행되었음을 알 수 있다. 세조대 여진의 침입에 따라 진법의 개발과 국방력의 강화에 맞추어 활쏘기와 관사가 변형되었다고 생각된다.

그런데 성종대에 이르면 세조대 변화되던 활쏘기와 관사의 양상이 더 이상 지속되지 않는 것은 물론 선대왕들이 즐겨하던 관사도 국왕이 거의 거행하지 않는 모습을 보였다. 그렇다고 활쏘기가 무시되거나 퇴화된 것은 아니다. 성균관 대사례의 등장으로 군사훈련 이외에 국가의례라는 부분에서 유교의 덕목을 양성하는 방법으로 이용되었다. 성종대 이전에 대사례의 언급이 없었던 것은 아니었다. 유희와 폭정을 자행했다는 연산군도 1502년(연산군 8) 성균관에 행행하여 대사례를 거행한 전례가 있었다.[45] 성종대 대사례가 중요한 것은 최초로 공식적으로 언급되었으며, 성균관에서 거행되었다는 점이다. 친사(親射)와 관사가 학업과 덕목을 양성하는 성균관이라는 교육 체제에 수용되었음을 말한다.[46]

43 『세조실록』 권12, 세조 4년, 3월 25일(임자); 『세조실록』 권15, 세조 5년, 2월 10일(계해).

44 삼갑사는 날쌘 기마를 뽑아서 그 다소에 따라 갑을병으로 3대를 나누어 그 표지를 다르게 했다. 그들은 피두전(皮頭箭)을 지녔는데, 붉은 물을 들여 우전(羽箭)의 끝에 꽂고, 천천히 가도록 하여서 사람을 상하지 않게 했다. 북을 치면 갑을병에서 각각 2명씩 말을 달리면서 그 등을 쏘는데, 갑은 을을 쏘고, 을은 병을 쏘고, 병은 갑을 쏘되 서로 함부로 쏘지 않았다. 정(鉦)을 울리면 말을 달려서 그 전 자리로 돌아갔다. 삼갑창은 피두창을 쓰고 대(隊)를 나누어 말을 달리면서 찌르는 것이 삼갑사와 같았다.

45 『연산군일기』 권43, 연산군 8년, 3월 1일(계유); 『연산군일기』 권43, 연산군 8년, 3월 2일(갑술).

46 『성종실록』 권83, 성종 8년, 8월 3일(정유).

성종대 관사에 대한 조정의 인식은 1470년(성종 1) 2월 왕실 종친이며 외척이었던 상당군 한명회가 활 쏘는 것을 구경하길 요청한 것에 대한 논의에서 잘 드러난다. 당시 원상(院相)이었던 신숙주와 구치관(具致寬)이 경연에 힘쓸 때이며, 3년간 상중이므로 활 쏘는 것을 구경할 것이 없으니, 병조와 도총부에서 활 쏘는 것을 시험하게 하자고 한 것에 대해 홍윤성 등이 관사는 무방하다고 했으나 결국 신숙주 등의 의견을 채택하였다.[47] 이후 명나라 사신에게 훈련원에서 무사들의 활쏘기를 보여 준 이후 재위 9년에 이르기까지 관사가 진행되지 않았다.[48]

물론 성종이 활쏘기를 경시하지는 않았다. 다만 활쏘는 행위를 군사적 혹은 무예가 아닌 덕을 갖추는 일환으로 보는 것에 차이가 있었다. 1478년(성종 9) 성종이 재상들의 활쏘기에 대한 논의를 재기하자, 도승지 임사홍(任士洪)은 "활을 쏘는 것은 덕을 보는 것이고 관혁을 숭상하는 것이 아닙니다. 오르고 내리는 데에 읍양(揖讓)하여 예가 그 안에 있으니, 비록 묘당의 늙은 신하일지라도 활쏘는 재주가 조금이라도 있는 자는 입참하게 하며, 비록 활을 쏘지 못할지라도 모두 다 입시하여 활쏘는 것을 구경하고 혹은 도(道)를 논하게 한다면 불가할 바가 없습니다"라고 하였다. 이에 성종은 재상들이 오락을 즐기는 것은 잘못이지만 활쏘는 것은 해로울 게 없다는 결론을 내렸다.[49] 또한 이듬해인 1479년 9월, 경연에서 간관들이 연달아 종친들과 활쏘는 것에 대한 문제점을 지적하는 논의가 있었다.

먼저 지평 복승정(卜承貞)이 "활쏘기를 하는 것은 비록 아름다운 일이라고 하더라도 날마다 연하여 하는 것은 옳지 못합니다. 또 종친은 본디 배우기를 힘쓰지 아니하는데, 성상께서 만약 활쏘는 것으로써 거느리시면 누

47 『성종실록』 권3, 성종 1년, 2월 30일(기묘).
48 『성종실록』 권6, 성종 1년, 6월 15일(임술).
49 『성종실록』 권91, 성종 9년, 4월 17일(무신).

가 즐겨 학문을 하겠습니까? 그 자질이 아름다운 자는 그만이지만 나머지는 모두 광망한 무리가 될 것입니다. 또 내정(內庭)에 사관이 들어가지 못하게 하는 것은 오히려 괜찮거니와, 후원에 이르러서는 근시(近侍)의 신하도 들어가지 못하게 하는 것은 매우 옳지 못합니다"라고 하였으며, 헌납 김미(金楣)는 종친이 학교에 나아갈 때에 활과 화살을 함께 가지고 가는 것은 옳지 못하다고 지적했다. 이에 성종은 "낮에 출근하여 글을 읽고 저녁에 파하면 활 쏘는 것이 왜 해롭겠는가?"라며 사간원이 따라가서 금지시키라는 식으로 비난했다. 이때 영사(領事) 정창손(鄭昌孫)이 "세종조에도 여러 번 관사하였는데, 진실로 놀이하는 것은 아닙니다. 다만 연달아 날마다 하는 것은 아마 옳지 못할까 합니다. 문무는 진실로 폐할 수 없는 것이나, 사람의 뜻이 항상 활쏘기를 좋아하므로, 이제 종친을 보건대 글을 읽는 자가 드무니 세종조와 다릅니다"라고 하였다. 성종은 "종친이 글을 읽는 데에 부지런하고 아니함은 종학(宗學)에서 이미 그 책임을 맡았으며, 지금 들어와서 활 쏘는 자는 모두 글을 읽는 자가 아니다"라고 하여 종친들의 활쏘기를 옹호하면서 신료들의 지적을 우회적으로 비난했다.[50]

성종대 군신들의 활쏘기에 대한 논란은 결국 문치주의(文治主義) 경향이 조정에 팽배해지면서 발생한 문제라고 할 수 있다. 물론 성종대에 2회의 여진족 정벌이 있을 정도로 무치(武治)가 중요하다고 볼 수도 있겠으나, 『경국대전』과 『국조오례의』라는 국가 전장(典章)의 완비 시기였으므로 문치주의 경향이 더 강화될 수밖에 없는 시대적 배경이 큰 비중으로 작용했다고 생각된다. 성균관의 대사례가 등장한 것을 감안한다면 당연한 이야기라고 할 수 있다. 이 점은 중종대에도 동일하게 적용되는 내용이다. 1536년(중종 31) 시강관 김광진(金光軫)은 사례에 대해 다음과 같이 말했다.

50 『성종실록』 권108, 성종 10년, 9월 6일(기미).

(전략) 이 편(篇)에서 사(射)자를 해석하기를, 쏘는 것은 남자의 일이라 했습니다. 남자가 처음 태어나면 뽕나무 활에 쑥대 화살로 천지와 사방을 향하여 쏘는 것은 남자가 하여야 할 일이 있음을 보여 주는 것입니다. 때문에 일이 없을 때에는 미리 사례(射禮)를 익히는데, 크게는 대사례를 행하고 작게는 향사의(鄕射儀)를 행하여 항상 활쏘기를 익힙니다. 혹은 이로 인하여 그 사람의 덕을 살펴 밝힐 수도 있으니 사례가 또한 중하지 않습니까. 나라에 일이 있게 되면 이는 변방을 방어하는 데 쓰게 되는데 작게는 자신의 몸을 보호할 수 있고 크게는 절충장군(折衝將軍)이나 어모장군(禦侮將軍)에 쓰입니다. 사의(射義)에 "쏘아서 정곡(正鵠)을 맞히는 자는 현자(賢者)이다" 하고, 또 "불초한 자가 어떻게 맞힐 수 있겠는가?" 하고, 또 "쏘는 자는 자기 몸을 바르게 한 뒤에 쏘는 것이니 쏘아서 맞히지 못해도 이긴 사람을 원망하지 않고 도리어 그 까닭을 자신에게 반성한다"라고 했는데, 옛사람들은 누구나 이것으로 아랫사람을 바루고 자신을 바루는 중요한 방법으로 삼지 않은 이가 없었으니, 덕을 살피는 일에 대해 특별히 유념하소서.[51]

김광진이 논한 사례의 정의는 조선 초부터 국왕들이 심신의 단련과 사냥을 위해 주력하던 활쏘기와는 거리가 먼 유교적 사고관의 사례를 설명하고 있다. 활쏘기의 유래도 중국 고대의 사례를 인용하고 있어서 삼국시대 이래로 이어지던 왕가의 전통적인 사례는 무시된 경향까지 보이는 내용이다. 이런 이유 때문인지 중종은 재위 11년 만인 1516년 춘당대에서 처음 관사[52]한 것으로 나타난다. 그리고 20년 후인 1536년 무신들이 병법을 강하면서 관사한 것을 마지막으로 더 이상 중종대에 활쏘기나 사격이 기

51 『중종실록』 권81, 중종 31년, 4월 3일(정해).
52 『중종실록』 권24, 중종 11년, 2월 8일(기미).

록상 나타나지 않는다.[53] 중종대는 1510년 삼포왜변과 1511년 명나라 산동에서 발생한 적변으로 경상도와 황해도 해안 등의 변경 방어에 치중하던 민감한 시기였다.[54] 따라서 상대적으로 궁궐 내에서 벌어지던 의례적 활쏘기를 소홀히 할 수밖에 없었던 시대적 배경이 있었다. 또한 중종반정으로 정국을 주도하게 된 사림세력에 의해 상무적인 일들을 제외시키던 사회적 풍조도 함께 조성되던 시대였다. 따라서 이런 시대적·역사적 요인들이 중첩적으로 어우러져 중종대 전후 국초부터 전해오던 관사와 활쏘기가 쇠퇴해졌다고 생각된다.

근대기에 궁술에 능한 사람들이 "활쏘기에서는 서로 읍양하며[揖讓進退] 들어가고 나가는 모양새를 보고서 그의 덕을 알 수 있다[可以觀德]"라고 했듯이 활쏘기는 무예가 아닌 식자가 지니는 의례로 존재하였다. 따라서 사단의와 향사의 등의 의례화된 활쏘기는 성균관과 지방의 향교, 서원 등에서 유교식으로 의례화해서 흡수시켰다고 본다. 동시에 과거에서 무과로 진출하기 위한 응시자들이 궁술을 연마하던 것은 관직을 위한 방도였지 무예를 연마하려던 모습은 아니었다. 조선의 궁술이 화약병기의 도입으로 퇴보된 경향이 있다고는 하지만, 결국 체제 내 사상적, 문화적 경향의 변화로 인해 퇴색되었고 의례화된 내용조차 새롭게 변질되었던 것이다.

3) 지방 활쏘기의 정착과 향사의(鄕射儀)

조선시대 향사의는 중앙에서 지방에 유교적 예악을 정착시키는 과정에서 진행된 의례이다. 조선이 건국과 동시에 고려시대적인 요소를 부정하며 억불숭유 정책을 진행했지만, 수백 년간 지속된 인간의 습성들이 압축

53 『중종실록』 권81, 중종 31년, 4월 29일(계축).

54 『중종실록』 권14, 중종 6년, 12월 6일(임오).

되어 있는 문화를 인위적으로 바꾸는 것은 한계가 있었다. 더욱이 중앙도 아닌 지방에 중앙의 정교(政敎)가 바로 시행되는 것은 당시로서는 사실상 불가능한 일이었다. 교통과 통신 체제는 물론 중앙의 명령 전달 체계가 새로운 왕조의 스타일로 정착되는 것에는 시간이 필요하기 때문이다.

조선시대 향사의 시행은 중종대 조광조를 비롯한 신진 정치 세력이 등장한 후 학교를 부흥시키는 일환에서 지방에 시행되었다고 본다. 그런데 지방에서는 향사의 시행 의지가 빈약했던 것으로 보인다. 향사의 실행이 『주례』 회복이라는 대전제였음에도 불구하고 지방에 신속하게 정착되지 못한 것은 그 시행 절차가 복잡하면서도 의례적 과정을 매번 반복해 유지하는 것이 쉽지 않았기 때문이다. 정약용이 『목민심서』에서 관학을 부흥시키는 방안으로 수령 주도하에 향사의를 거행할 것을 주장한 것을 보더라도 조선 후기까지 향사의가 정착되지 못하거나 활발하게 진행되지 않았음을 알 수 있다.[55]

그런데 향사의가 의례로 정비된 것은 세종대였다. 세종대에 정비했던 향사의의 절차를 요약해 보면 다음과 같다.

① 매년 봄 3월 3일과 가을 9월 9일에 개성부와 제도의 주(州)·부(府)·군(郡)·현(縣)에서 거행한다.

② 기일 1일 전에 주인인 소재관사(所在官司)에서 빈(賓)에게 알린다. 빈은 효제충신하여 예의를 좋아하고, 행실이 난잡하지 않은 사람을 선택한다.

③ 향사의 거행 일에 주인의 자리를 사단 동쪽에 서향하여 설치한다. 사단은 학당(學堂)의 근처에 땅을 깨끗이 소제해서 만든다.

55 강신엽, 「조선시대 대사례의 시행과 그 운영–『대사례의궤』를 중심으로」, 『조선시대사학보』 16, 2001, 17~28쪽.

④ 빈 2품 이상의 자리를 사단 서쪽에 동향하여 설치하되, 북쪽을 상으로 하고, 중빈(衆賓) 3품 이하의 자리를 남쪽 줄에 설치하되, 동쪽을 상으로 한다.

⑤ 서인(庶人)은 사단 아래에 동서에서 서로 마주보게 하되, 북쪽을 상으로 한다.

⑥ 주탁(酒卓)을 사단 남쪽에 동쪽 가까이 설치하고, 오르지 못한 사람의 주탁은 그 앞에 설치한다.

⑦ 후(候)는 사단에서 떨어지기를 90보로 한다.

⑧ 후는 청색포(靑色布)로써 바탕을 만들고, 높이와 넓이는 1장 8척으로 하며, 그 넓이는 세 등분하여 정곡이 그 1등분을 차지하는데, 정곡은 사방을 6척으로 한다. 흰색을 칠한 가죽으로 모지게 이를 만들어 후의 복판에 붙이고, 돼지의 머리를 그린다.

⑨ 빈 이하가 정한 시각에 집합하면, 상자(相者)의 지도로 주인이 문밖에 나가서 맞이한다. 읍양을 하면서 먼저 들어오고, 빈이 이어 들어오며, 중빈이 이를 따라 사단에 이른다.

⑩ 주인은 동쪽에, 빈은 서쪽에 있는다. 빈이 두 번 절하면, 주인이 답하여 두 번 절한다.

⑪ 공인이 금슬(琴瑟)을 잡고 주탁의 남쪽에 올라와 앉되, 동쪽을 상으로 하고, 평소처럼 연주한다.

⑫ 집사자가 술을 따르면, 주인이 빈에게 술잔을 드리고, 빈이 주인에게 술잔을 돌리기를 평상시의 예절과 같이 한다. 술이 세 순배 돌면, 주탁을 걷어치운다.

⑬ 사사(司射)가 빈에게 활쏘기를 청하면, 빈이 쏘기를 허락한다. 사사가 활을 쥐고, 네 개가 한 묶음으로 된 화살을 등에 꽂고 사단에 도로 올라와서 활을 쏜다. 이를 마치면, 빈과 주인이 화살 3개를 등에 꽂고

1개를 손가락 사이에 끼우고서 차례대로 활을 쏜다.

⑭ 화살을 쏠 적마다 음악이 시작되고, 활쏘기를 마치면, 사사가 제자에게 명하여 술잔을 주탁에 설치하는데, 화살을 맞히지 못한 사람은 술잔에 술을 받아 비우고 다시 주탁에 놓는다.

⑮ 벌주를 다 마시면 술잔을 걷어치우고, 빈과 주인이 모두 일어나서 처음처럼 두 번 절한다. 주인이 문밖에서 보내기를 평상시의 예절과 같이 한다.

⑯ 사사는 여러 사람이 추앙 복종하는 사람이 하고, 치적(置籍)·예청(禮請)·구상(具狀)·예책(禮責)·제적(除籍)·상자(相者)·지판(支辦) 등의 일은 모두 향음주(鄕飮酒)의 의식과 같다.

세종대 정비된 향사의의 16개 절차와 내용은 기본적인 부분에서는 중앙에서 거행된 사단의와 큰 차이를 보이지 않는다. 주빈이 서로 의례에 따라 움직이고 승패에 따라 벌주를 주는 것은 중앙과 큰 차이가 없다. 다만 ⑯에서 향사의의 특징이 부각된다. 향사의 주빈과 참석자들이 지방민으로 구성되는 것은 당연한 일이겠지만, 그 의절이 향음주례(鄕飮酒禮)를 참고로 하는 것은 국가의례를 지방에 적용하는 것이 시기별로 적정선에서 진행되었음을 보여 준다.

이렇게 세종대 정비된 향사의가 바로 지방에서 거행되지는 못했다. 전국적인 통치 구조를 지지하는 법 체제가 완비되는 성종대에 이르러도 향사의 정착에 대한 논의가 이어졌다. 향사의에 대한 논의는 1479년(성종 10)에 본격적으로 나타난다. 당시 성종은 다음과 같이 예조에 향사의 거행의 의미를 주장하였다.

예조에 전지하기를, "윗사람을 편안히 하고 백성을 다스리는 데는 예보다 더 좋은 것이 없다. 예전의 음사(飮射) 독법(讀法)은 백성에게 예를 가르치기 위한 것이 아닌 것이 없었다. 이제 향음주례·향사의의 의식이 예문에 갖추어져 실려 있으니, 차례로 거행하는 것은 진실로 수령에게 있을 뿐이다. 또 생각하건대 경성은 왕화(王化)의 본원이나, 백성을 가르치는 법이 제도로 마련되어 있지 못하여 내 마음이 허전하다. 그 향음주례·향사의의 의식에 의방하여 제도를 정하여 거행토록 하라" 하였다.[56]

성종은 근본적인 통치의 방향을 위에서 아래로 내려보내는 강압적인 것이 아닌 사회구성원의 자발적인 화합과 복종을 예를 통해 이루어야 한다고 하고 있다. 성종은 도성의 경우 이미 예를 통한 통치가 안정되어 있다고 평가하면서 지방에도 향사의와 같은 의례를 거행하여 통치를 안정시켜야 한다고 했다. 이에 대해 관료들은 향사의가 백성을 예로써 교화시키는 것이라면서 적극적으로 거행할 것을 찬성하였다. 그들은 한 고을 안에서 비록 세력이 강한 자라고 하더라도 마음이나 행실이 불초(不肖)하다면 참여할 수 없지만, 한 번 참여하지 못하면 온 고을에서 끼어 주지 않으므로, 그 사람도 마땅히 뉘우치고 깨닫게 된다고 하였다. 다만 향사의가 정착되지 않은 것이 수령들의 태만 때문이라고 하였다. 원래 성종은 지방의 향사의를 활성화시키기 위해 도성에서부터 거행하고자 하였다. 그런데 승정원의 반대로 시행하지 못했다.[57]

성종과 관료들이 향사의의 적극적인 거행에 동의했음에도 지방에서의 정착은 용이하지 않은 듯하다. 1485년에 성종이 각 도의 관찰사에게 내린 글을 보면 여전히 향사의가 정착되지 않고 있었기 때문이다.

56 『성종실록』 권100, 성종 10년, 1월 22일(기묘).
57 『성종실록』 권103, 성종 10년, 4월 22일(무신).

(전략) 학교는 풍화(風化)의 근원이므로, 세도(世道)의 낮고 높음이 진실로 여기에 관계되는 것이니, 중하게 여기지 아니할 수 없다. 듣건대 근래에 교수와 훈도(訓導)가 된 자는 교양으로 일삼지 아니하고 관(官)을 비우고 자리를 떠나며, 교생(校生)이 된 자도 학업은 게을리하고 날마다 놀며 희롱하는 것을 일삼는다고 하니, 이와 같으면서 학교가 일어나고 인재가 배출되기를 바라기는 어렵다. 이는 다름이 아니라 감사와 수령이 교육을 여분의 일로 보고서 능히 검거하지 못한 소치이다. 경은 이 뜻을 알고 항상 고찰을 더하여 스승과 생도로 하여금 각각 업무에 부지런하게 하여 나의 글을 숭상하고 교화를 일으키는 뜻에 부응하라. 향사의와 향음주례는 예문에 실려 있어서 반포한 지 이미 오래인데, 행하는 자가 대개 적으니, 또한 매우 옳지 못하다. 상(喪)을 마친 뒤에는 거듭 밝혀서 거행하고 폐기하지 아니할 것이다. (후략)[58]

성종이 지적하는 지방의 상황은 여전히 당시까지도 유학을 전파하는 데 한계를 보인다는 점이다. 지방 수령이 학교를 부흥시키고 교화를 진행시키지 못하고 있는 실정이었다. 이런 상황에서 유교 의례의 성격을 지니고 있던 향사의가 시행되지 못하는 것은 당연한 결과였다. 그럼에도 조선왕조 국가의 이념적 기준인 유교적 문화의 확산을 위해서 향사의는 지속적으로 전파되었다. 5년 후인 1490년(성종 21)에 경연에서 논한 다음의 이야기를 보면 향사의가 정착되었음을 알 수 있다.

경연에 나아갔다. 강(講)하기를 마치자, 특진관 윤효손(尹孝孫)이 아뢰기를 (중략) "나라에서 향음주례와 향사의를 행하는데, 향음주례는 매년 10월에,

58 『성종실록』 권174, 성종 16년, 1월 8일(신묘).

향사의는 3월 3일과 9월 9일에 행합니다. 이 법도가 오례의에 실려 있으니, 풍속을 돈독하게 하기 위한 것입니다. 향음주례에는 나이가 많고 덕행이 있는 사람이라야 하며 향사의에는 효제충신하며, 예를 좋아하고 난잡하지 아니한 자라야 비로소 이에 참여할 수 있으므로, 참여한 자는 혹 물의가 있을까 두려워서 감히 나태한 행위를 하지 못하고, 참여하지 못한 자는 모두 힘써 행하려고 하니, 진실로 이는 미법(美法)이었습니다. 그러나 재덕을 겸비하고 효제충신하는 자를 어찌 쉽게 얻겠습니까? 한 가지 재능과 한 가지 행실이 있는 자라도 참여하게 하고, 유향소에서 비위의 일들을 규찰하고 검거하게 한다면 이보다 다행한 일이 없겠습니다. 만약 관찰사가 마음을 다하여 규찰한다면 수령이 누구인들 힘쓰지 아니하겠습니까?" (후략)[59]

1490년 지방의 향사의는 3월 3일과 9월 9일에 연간 2회 거행되었다. 향사의에 참여하는 사람은 유교적 인간형이라고 할 수 있는 효제충신에 충실한 인물들로 평가되었다. 유향소를 비롯하여 수령과 관찰사가 그들을 감시하고 규찰하고 있다는 것도 확인된다. 이미 향사의가 정착되었으며, 향사의를 운영하는 기구와 조직이 완비되었음을 보여 준다. 그럼에도 지방의 향사의는 잘 시행되지 않았다. 이 점은 1493년 성종이 전국 관찰사에게 내린 다음의 교서를 보면 알 수 있다.

제도 관찰사에게 하서(下書)하기를, "향사를 베푸는 것은 곧 옛날의 제왕들이 예양(禮讓)으로 나라를 다스리고 풍화를 깊이 존중한다는 유의(遺意)이므로 오례의에 절목이 상세히 기재되어 있다. 내가 일찍이 택궁(澤宮)에서 관사하고서 제도에 유시하여 때때로 거행하게 하였는데, 듣건대 근년 이래

59 『성종실록』 권245, 성종 21년, 윤9월 5일(갑신).

로 용렬하고 속된 관리가 여사[餘務]로 보고 폐하여 거행하지 아니하며, 감사도 따라서 규찰하지 않는다고 하니 옳겠는가? 이제부터 경들이 순선(旬宣)할 때 응당 시행할 시기가 되면 모름지기 자신이 먼저 시행하고 군현에 권면하라. 그리고 행례(行禮)한 후에는 모두 경에게 신보(申報)하게 하여 규찰하는 데 빙거(憑據)하도록 하라" 하였다.[60]

성종이 하교에서 지적한 것은 제도적 문제점이라기보다는 지방 관원의 의지가 주요 원인이라고 보았다. 이미 향사의가 제도적으로 정착되기는 하였으나, 반드시 운영해야 하는 법적 요소를 지닌 것이 아니었으므로 관원의 의지에 따라 연기 내지는 일시적 정지가 가능하였음을 의미한다. 그럼에도 성종대에 이르러 향사의가 전국적으로 정착되었으며, 그 시행은 중앙이 아닌 지방 관원이 주도적으로 관리하였음을 알 수 있다.

60 『성종실록』 권285, 성종 24년, 12월 21일(신사).

2 대열의(大閱儀)의 내용과 기능

최근 서구 군사사(軍事史, military affairs) 연구자들의, 전쟁의 군사적 목표가 상대군의 대형을 와해시키는 것에 있으며, 군대의 조직적인 대형 변화를 정치, 사회적인 문제로 접근해야 한다는 주장은 시사점이 크다. 동양에서도 군대의 조직적인 전투대형의 개발을 진법(陣法)으로 정형화하여 고대부터 많은 연구가 진행되어 왔다. 진(陣)이란 대규모 군대 병력의 대오를 뜻하는 것으로 진법은 곧 군세를 배치하는 법칙이며, 전투시 진을 펼치는 법을 말했다.[61] 조선 전기 대열과 강무는 진법의 연마를 위한 대표적인 국가 단위의 군사훈련이었다. 조선의 개국 세력인 태조와 그의 무장 집단은 한반도 북방에서 몽골과 여진의 유목민적 기병전술을 습득한 전사들이었다. 태조의 선대가 원나라에서 직책을 받았으며, 여진과 왜구를 상대한 전투에서 기병전을 위주로 하던 것을 생각한다면, 조선 전기 중앙군의 핵심은 기병 전투 집단이라고 볼 수 있다.

그런데 소규모 침공이나 적변에 의한 국지적 전투에는 소수의 정예병 위주로 대응이 가능하지만, 수만의 병사가 동원되는 대규모의 전면전인 경우 지방에서 군사를 징집해야 전쟁 수행이 가능하였다. 문제는 지방에서 징집한 군사들이 중앙군처럼 평소에도 무예를 연마하고 대단위 조직으로 훈련되었는가라는 점이다. 국지전이나 소규모 군대 단위의 전투에서는 정예병이나 군사 개개인의 용맹과 무예에 따라 승패가 좌우되지만, 전면

61 김동경, 「정도전의 진법과 태조대 군사력 재건」, 『한국문화』 53, 2011, 35~37쪽.

전을 목적으로 대규모 군대가 결전을 할 때는 군사 개개인의 연마 정도보다는 체계적 지휘하의 군사가 조직적으로 움직일 수 있는지의 여부가 전쟁을 판가름하였다. 예컨대 조선 건국 초 북원남명(北元南明)이라는 대륙의 군사적 대립 속에서, 정도전이 진법에 기치(旗幟)와 금고(金鼓)를 이용한 지휘 체계의 확립, 동원 병사의 교육 등을 통해 강력한 군사 대형을 이루려고 한 것은 병력의 다소에 관계없이 지휘 통제가 분명한 병력을 확보한다면 전투에서 승리할 수 있음을 보여 주는 것이다. 따라서 대열이 등장한 것은 조선 초의 변화하던 군사 전술의 일면이기도 하였다. 태조를 중심으로 하는 무장 집단이 국가 전체 무력을 운영하려는 목적하에 이루어졌다고 본다. 태조가 재위 초기부터 진법을 이용하여 군사를 훈련시킨 것에서도 확인할 수 있다. 태조는 정도전이 개진한 진법에서 오군진도(五軍陣圖)의 연습을 임진강의 수미포(壽美浦)에 거둥하여 친림할 정도로 관심이 높았다.[62]

대열은 국왕이 훈련장에 도열한 장병들을 사열하는 것이다. 국왕이 군사훈련의 주재자로 참석한 것이 대열이었다. 국왕이 참석하지 않은 군사훈련은 대열이 아닌 것이다. 대개 대열이란 말은 크게 사열한다는 것으로 장신(將臣)들이 주재자가 아니며, 작은 부대 단위로 진행하는 것이 아닌 대단위로 의식을 거행함을 의미하였다. 대열은 중국 고대부터 국가 제도화되어 의례적으로 거행되었다. 조선 전기에 시작된 대열은 조선 후기까지 지속되었으며 대한제국기 관병식(觀兵式)으로 전환되어 지속된 것으로 대규모 인원이 동원되던 군사훈련의 양상을 지닌 군사의례였다. 유형원이 『반계수록』에서 설명한 『주례』에 실린 대열의 정의와 내용을 보면 다음과 같다.

62 『태조실록』 권5, 태조 3년, 3월 11일(경술).

"1년에 4회씩 연습을 하였는데 이름이 각각 다르다. 즉 봄에는 진려(振旅)를 가르친다. 진(振)이란 것은 거둬들인다고도 하는데 그것은 방금 겨울에 대대적으로 사열을 하였고 또 봄은 농사가 매우 바쁘기 때문에 군인들을 거둬들이는 것이다. 여름에는 날씨가 대단히 덥고 만물이 장성기에 있기 때문에 발지(茇止)라 하고 야간 전투에 관한 일들을 가르치며 가을에는 만물이 다 성숙하여 베어 들이는 때이기 때문에 치병(治兵)이라고 하여 가르치는 데 낮에 싸우는 전법을 가르치는 것이며 겨울은 농한기이므로 세 절기에 가르친 것을 종합하여 종합 훈련을 하기 때문에 대열이라고 한다. 국가의 큰 사업은 군사에 관한 일이다. 그것은 국가의 평안과 위험 또는 백성들의 죽고 사는 것이 모두 여기에 달려 있기 때문이다. 그러므로 평화로운 시기를 이용하여 각종 전투 대오 편성법을 연습하였다가 사변이 있을 때에 그들을 동원하여 전투 대오를 편성하고 적에게 대항한다면 창, 칼을 무릅쓰고 싸워서 장수들은 전부 승리하고 군인들은 다 살 수 있을 뿐만 아니라 국가도 이로 말미암아 모두 안전하게 되는 것이다. 그런데 평시에 연습을 시키는 것은 그들이 지휘관의 각종 신호를 잘 구별할 수 있게 하려는 것이다. 미리 구별할 수 있게 하는 것은 군인들이 지휘관의 의도를 알게 함으로써 그 의도하는 바를 일일이 다니면서 타이르지 않더라도 듣고 보는 순간에 자연히 이해하게 하며 지휘하는 것을 눈으로 보고 귀로 들으면 마음속으로 그것을 판단하고 손과 발이 그것에 따라 움직이게 하여 모든 군대의 앉고 일어나며 전진하고 퇴각하며 급속히 하고 서서히 하며 산개하고 집합하는 등의 동작을 다 장수의 의도대로 하게 하려는 것이다. 이렇게 된다면 전쟁을 안 하면 말할 것 없지마는 전쟁만 하면 승리 못할 리가 없는 것이다."[63]

63 유형원, 『반계수록』, 권23 병제고설(兵制攷說), 강무.

유형원이 주장한 대열은 1년에 4회 거행하는데, 봄의 진려, 여름의 발지, 가을의 치병, 겨울의 대열이었다. 국가와 백성의 안위와 평안은 모두 대열에 달려 있으며, 평화시 전투 대오 편성법을 연습해야 전쟁에 승리한다는 말이다. 조선시대가 문치를 중시한 유교 국가라고 하겠지만 국초부터 군사와 제사를 국가의 중대한 사업으로 주목하였다. 대열시 전국의 백성들을 소집하여 군사 연습을 시키는 일을 통해 국가의 무력을 시위하여 전국을 위압하는 것이다. 따라서 1년 동안 시행한 훈련은 사실 대열을 위한 준비 과정이라고 할 수 있다.

표 3 조선시대 국왕의 대열 거행 시기와 내용[64]

국왕별 시기	장소	내용
1426년(세종 8) 9월 24일	동교(東郊)	좌우군이 5차례 접전
1458년(세조 4) 9월 26일	동교 낙천정(樂天亭)	
1459년(세조 5) 10월 10일	화양정(華陽亭)	중궁과 세자 참여
1477년(성종 8) 2월 18일	동교 낙천정	좌우군 접전
1477년(성종 8) 10월 3일	광주(廣州) 정금원(定金院)	삼군이 접전
1488년(성종 19) 9월 24일	살곶이[箭串] 낙천정	
1489년(성종 20) 9월 28일	살곶이 낙천정	좌우군 접전
1504년(연산군 10) 10월 2일	정금원평(鄭金院坪)	
1630년(인조 8) 3월 2일		수석을 직부전시
1679년(숙종 5) 9월 11일	노량진	
1778년(정조 2) 8월 29일	춘당대	
1778년(정조 2) 9월 2일	노량진	
1804년(순조 4) 2월 19일	양철평(梁鐵坪)	능행 이후 거행
1867년(고종 4) 3월 22일	숭례문 외부	

64 조선왕조실록과 승정원일기를 정리한 내용이다.

그림 훈련도감별무기초군대습도(訓鍊都監別武騎哨軍大習圖)(국립중앙도서관 古貴0230-2)

조선 전기의 대열의는 세종대 「오례의」에 언급된 이후 『국조오례의』가 정비되고 『경국대전』이 완성되는 성종대까지 대규모로 이루어졌다. 그런데 조선 개국 초부터 대열의가 정비되고 논의되지는 않았다. 신왕조의 급선무가 군사 조직의 정비와 무력 유지를 위한 체계적인 훈련의 실시였으므로 대열의와 같은 의례의 정착은 시간이 소요되었다. 대열이 공식적으로 정부에서 언급한 것은 세종 즉위 초였다.[65] 이후 실록의 기록상 최초의 대열이 1421년(세종 3) 5월 진행되었다.[66] 조선의 정국이 세조대까지는 대외

65 『세종실록』 권5, 세종 1년, 10월 29일(경자).
66 『세종실록』 권11, 세종 3년, 4월 14일(병오).

적으로 여진과 왜구의 정벌과 대내적으로 왕위를 둘러싼 정쟁에 휩싸였으므로 대열의 같은 군사의례가 정착될 시점이 아니었다. 의례의 성격상 불안정한 정국에서는 절차상 논의인 의주의 정비는 물론 규범화시키는 작업이 논의될 여지가 없었다.

이씨 왕조가 무력으로 고려조를 전복하고 왕조를 개창한 뒤 안정기에 접어들기도 전에 발생한 전쟁과 반란은 군제의 의례화를 가져올 시간적 여유를 주지 못했을 것이다. 고려 말 불교민전(不敎民戰)의 사태로 인한 전투력의 대량 손실과 대열 자체가 불가능할 정도의 군사 운영 기억도 군례에 대한 관심도를 낮게 만든 요인이라고 볼 수 있다.[67] 더욱이 조선왕조를 위한 군례의 창안이 필요하다는 인식이 있을 수 있었겠지만, 왕조의 개창자들이 고려왕조의 정치와 문화에 젖어 있던 인물들이었으므로 기존의 군제를 준용했을 것이라고 생각할 수도 있다. 그러므로 새로운 군례의 창안이나 대열의 정비를 위한 의례적 논의가 적었다고 볼 수밖에 없다.

다만 국왕과 신료들 간에 군제와 전법의 개편을 위한 논의는 개국 초부터 진행될 만큼 큰 관심사였다. 태조대 정도전, 태종대 변계량, 세종대 김종서, 문종대 정인지, 세조대 황수신 등 진법과 전술의 개편은 왕대마다 지속적으로 이루어졌다. 국초에 불안한 북방 변경의 안정을 꾀하고 중앙과 지방군의 조직적 통솔을 위한 병정(兵政)에서 나타난 논의였다. 예컨대 1449년(세종 31) 명나라 영종이 몽골의 오이라트를 공격했다가 포로가 된 사건인 토목(土木)의 변(變)은 조선 정부에 큰 충격을 주어 국방력의 재점검과 군 운영체제의 정비에 박차를 가하게 했다. 또한 태종과 세조대에 걸친 보위를 둘러싼 정변도 군 통수권을 좌우하려는 국왕의 군제 개혁을 야기하였으며, 그 결과 나타난 것이 문종과 세조대를 거쳐 정비된 오위진법 체

67 윤훈표, 「여말선초 군사훈련체계의 개편」, 『군사』 53, 2004, 185~195쪽.

제라고도 해석할 수 있다. 특히 세조는 1457년(세조 3) 진관 체제를 갖추면서 거진(巨鎭) 위주의 일원적 체제를 만들었다.[68]

국초부터 진행된 군제의 개편 와중에서 대열을 본격적으로 의례화시키려던 국왕은 태종이었다. 그는 대열에 대한 논의를 병조가 아닌 예조에서 보고 받았다. 군사행동상의 절차가 아닌 의례 절차상의 규범화된 의식으로 전환시키려는 모습이었다. 예조에서 보고한 대열의 내용은 의주 형태였다. 의주에는 의식 진행에 따른 의장과 복식, 시간 배정과 절차의 규정 등이 포함되었다.[69] 그런데 당시 논의된 대열의는 고려적 혹은 조선 전래의 군례라기보다는 중국 고대 왕조에서 인용했다고 보인다. 예컨대, 1431년(세종 13) 세종이 허조와 논한 내용을 보면 대열의는『대당육전』이나 송나라의 사례를 전례로 삼아 정착시키고 있다. 당시 세종은「대열의주(大閱儀註)」가『대당육전』에 기재되었는가를 확인하고 대열에 참여하는 군신의 복장에 대해 다음과 같이 논의했다.

> (전략) 대열의 예는 왕이 몸소 군복을 입고, 시위하는 신하들도 모두 갑옷을 입고 투구를 쓰게 된다. 박은(朴訔)이 일찍이 말하되, "대열은 한가할 때에 무비(武備)를 정돈하여 뜻밖의 변고를 경계하는 것이고, 정말 적군과 대하여 접전하는 것은 아니니, 왕이 몸소 군복을 입는 것이 불편합니다"라고 하므로, 그때에 그의 말을 옳게 여겨 그 의식을 고치지 않았었다. 어떤 이는 말하기를, "왕은 시복(侍服) 차림으로 앉아 있고, 시위하는 신하들도 또한 시복 차림으로 모시고 섰다"고 하니, "이 의논은 어떠한가"라고 하니, 허조가 아뢰기를, "신은 이를 알지 못하겠습니다" 하였다. 국왕이 말하기를,

68 윤훈표,「조선 전기 진법훈련 체계의 변화—이른바 오위진법과 진관 체제의 성립을 중심으로」,『역사와 실학』46, 2011, 14~31쪽.
69 소순규,「조선초 大閱儀의 의례 구조와 정치적 의미」,『사총』75, 2012, 50쪽.

"대열의 법은 오로지 송나라 제도를 본떴는데, 대개 그때는 전쟁이 그치지 않아서 오로지 무비만 숭상한 까닭으로, 비록 군왕일지라도 잠시도 군복을 벗지 않았으니, 그 제도를 전적으로 본떠서 행할 수는 없을 것이다. 경은 다시 예전 제도를 상고하여 아뢰라" 하였다.[70]

세종대 대열의 참여 인원 복장이 대부분 군복과 갑옷이었으며 송나라가 금나라와 전쟁시 유지한 제도를 모범으로 삼았음을 보여 준다. 일반적으로 조선 초의 대외 관계를 감안하면 명나라 제도가 도입되었을 것으로 생각되는데, 오히려 송나라 제도를 본받고 있다. 문제는 송나라가 유학자들이 생각하던 중원제국의 정통이지만, 군사적 시각으로 보면 외적의 우월한 군사력에 멸망한 패망 왕조였다. 따라서 전략적인 면에서 군사기술을 도입하려고 한다면, 송나라는 그 대상이 아니었다. 물론 송나라만이 아닌 당의 제도를 도입한 것도 있었다. 예컨대 한나라 이래로 군사제도의 방법이 당나라만큼 잘된 것이 없다는 인식하에 부병(府兵) 제도에 따른 대장(隊長)·대부(隊副) 등의 수천 명이 모두 금위(禁衛)의 군사들이었다.[71]

변화하던 시대의 군사전략인 대열의를 명나라 전법에서 차용한 것이면 이해할 수 있겠으나 군사적 열세로 패망한 송나라의 전장을 모범으로 한 것은 아이러니였다. 그러나 이 점은 군사적으로 접근할 것이 아닌 조선의 국가이데올로기 차원에서 접근할 문제이다. 물론 세종이 1441년 온수현(溫水縣) 행행에서는 왕비, 왕세자와 동행하면서 초여(軺輿)를 타고 거가(車駕)가 1리를 가게 되면 목인(木人)이 스스로 북을 치던 기리고(記里鼓)를 사용할 정도로 군사 과학기술의 발전을 주도한 것도 사실이다.[72] 다만 조선은 중화적

70 『세종실록』 권54, 세종 13년, 10월 15일(병오).
71 『태종실록』 권3, 태종 2년, 6월 1일(계축).
72 『세종실록』 권92, 세종 23년, 3월 17일(갑인).

세계 질서를 용인하는 기반 위에 제후국 번방(藩邦)의 지위로 동북아시아 국제 질서에 편입하였다. 개국 초 태조와 정도전의 의향이 반영되었는지는 알 수 없으나 태종대 국내적 정치 질서가 정리되면서 세종대에 이르면 공격과 방어라는 이중적 군사 체제가 아닌 방어를 위주로 하는 군사 체제로 정착되는 것에서도 그 일면을 볼 수 있다. 그러므로 대열의는 조선의 정치, 군사의 이중적 시각에서 접근할 필요가 있다.

한편 대열의가 세종대에 정착되는 과정을 보면 당의 『개원례(開元禮)』를 적극적으로 반영하면서도 송나라 제도를 도입하고 있다. 예컨대 당의 대열에서 황제가 갑옷을 입었던 것과 송나라 대열에서 황제와 관료가 모두 갑주를 입었던 것을 도입하였다.[73] 특히 1421년(세종 3) 최초로 대열의를 정비할 때는 송대의 의주를 그대로 준용하였다. 1431년에는 조선의 대열이 황제가 친정(親征)하는 것과 달리 군사훈련이라는 이유로 갑주를 입지 않고 평상복을 착용하는 것으로 변화하였다. 국왕이 갑옷을 입고 군대를 지휘하는 것이 황제가 친정하는 것과 동일한 형태이므로 제후국인 조선에서는 명분상 할 수 없는 것으로 인식한 것이다. 친정은 천명을 받은 천자만이 거행할 수 있다는 것이 유교적 의례의 명분이지만, 당시 조선에 있어서 여진과 일본을 정벌하던 모습을 생각한다면, 국왕이 친정의 의미를 지니는 갑주를 착용하는 발상도 가능하다고 볼 수 있다. 다만 그런 의식이 세종 초에 한정되어서 나타났다고 생각된다.[74] 물론 세종 초 태종이 외교와 군사의 실권을 장악하고 있었다는 것을 고려하면 당시 대열의는 세종이 아닌 태종의 결단이었다고 볼 수도 있을 것이다.

다음의 〈표 4〉는 세종대에 거론되던 대열의 내용과 의례 절차의 변화 과정을 정리한 것이다.

73 『세종실록』 권54, 세종 13년, 10월 15일(병오); 권65, 세종 16년, 9월 11일(을유).
74 소순규, 「조선초 大閱儀의 의례 구조와 정치적 의미」, 63쪽.

표 4 『세종실록』 1421년(세종 3) 및 1424년의 대열의 의례 절차

11일 전		병조의 대열 거행 요청 및 허가, 동원 장병 선발, 교장 정비
2일 전		국왕의 거처 및 위치 마련, 왕세자 및 관료의 위치 선정
1일 전		장병 소집 및 오리엔테이션, 작문(作門) 및 군령(軍令) 주입
행사 당일	일출 전 11각	장병 대기, 장비 완비, 기휘(旗麾)에 지휘관 집합
	일출 전 7각	초엄, 궁문과 성문 개방
	일출 전 5각	이엄, 판통례 국왕의 예식 참여 요청, 호종시위진 정돈, 소가의장 진열
	일출 전 2각	삼엄, 국왕 행차 교장 도착, 국왕 소차에 위치, 문무백관 배소(拜所), 시립 국왕 금갑(金甲) 착용, 대차 이동, 문무백관 배례 후 대차 좌우 도열
훈련 과정	군령	대각 3회 후 중군장 고취(鼓吹), 동서대장 지휘관 호출 후 군법 엄수지시
	진군	북과 기치로 기병과 보병 1표, 2표로 이동 지시
	결진	오행상승지법으로 5회 진법 변화, 결진군은 대항군이 공격
	응전	북과 기치로 기병과 보병 3표로 이동 지시, 양군 접전
	정리	대열 종료 후 국왕 소차에 위치, 군사 갑옷 탈의 국왕 대차 이동 후 다상(茶床) 받고 예필(禮畢) 후 환궁

〈표 4〉의 대열 의례는 세종대인 경우 9월과 10월 중 강일(剛日)을 선택해서 시행했다. 시행 장소는 도성 동남쪽의 살곶이 부근인 낙천정 주변에서 거행하였다. 대열의 준비는 11일 전부터 시작되었다. 먼저 병조에서 대열 거행에 대한 허가를 받아서 장병을 선출하였다. 이때 지방군도 포함시키는 것이 원칙이었으나 대부분 서울의 군대를 동원하였다. 1424년(세종 6)에는 5,015명,[75] 1434년(세종 16)에는 대열시 서울의 시위군 6천여 명을 사용하여 지방군은 동원하지 않았다.[76] 대열에 동원되는 군사에는 성중애마(成衆愛馬), 당번갑사(當番甲士)의 방패와 토지를 받은 패와 받지 않은 패, 당번 시

75 『세종실록』 권25, 세종 6년, 9월 24일(병신).

76 『세종실록』 권66, 세종 16년, 10월 8일(신해).

위별패(侍衛別牌) 등이었다.[77] 지방군이 동원되지 않은 이유는 대부분 경제적 사정 때문이었다. 1433년의 경우, 변계량의 건의에 따라 흉년이라도 군사 훈련을 하지 않으면 문제가 되므로 지방의 별패군(別牌軍)을 소집하여 대사열을 시행하고자 했다. 그런데 세종은 대사열을 위해 각 지방 별패군의 번드는 것을 정지시켰다가 가을을 기다려 징집하려 하였는데, 당해년도 각 지방에 수재나 한재로 곡식들이 잘 되지 않아서 대사열의 거행을 주저하는 모습을 보였다.[78] 이때 병조판서 최사강과 참판 황보인 등은 다음과 같이 말하여 지방군의 소집을 중지시켰다.

> (전략) 대사열은 그것이 무술을 강구하고 병졸을 훈련하는 것으로 편안한 때에 위태함을 잊지 않는 것이어서 폐지할 수 없는 것으로서, 병조에 있어서 의당 실행하기를 청할 것이오나, 금년에는 경상·전라·충청도 등의 곡식이 여물지 못한데다 또 풍재와 수재가 있었습니다. 그리고 서쪽에는 파저강을 방어하는 일이 있으며, 북쪽에는 야인이 침략해 들어온다는 말이 있습니다. 만일에 용병할 일이 있게 되면 외방의 시위패군은 수고시킬 수 없으니, 금년의 큰 사열은 우선 정지하여 각 도의 시위패군의 상경하는 것이 없게 하십시오. (후략)[79]

결국 세종의 주저함을 신료들이 손을 들어 주어 지방군을 소집하지 않은 채, 중앙의 군사만으로 대열을 하였다. 따라서 대열이 농번기를 피해 봄과 가을에 진행되기는 하였으나 지방군의 경우 자신의 양식은 물론 장비까지 가지고 이동해야 했으며, 흉년의 경우 소집이 불가능했음을 보여 주

77 『세종실록』 권25, 세종 6년, 9월 7일(기묘).
78 『세종실록』 권61, 세종 15년, 8월 10일(경인).
79 『세종실록』 권61, 세종 15년, 8월 23일(계묘).

는 사례이다. 물론 문종대는 11월에 대열의를 거행하기도 하여 국왕별로 시행 일시가 다른 것은 물론 농가 상황을 고려하지 않는 경우가 있었다. 당시 문종은 동교(東郊)에서 친열(親閱)하려고 했는데, 내의(內醫) 노중례(盧重禮) 등이 "겨울철에는 양기(陽氣)가 숨어 있는데, 만약 도리어 어지럽게 움직이면 봄에 병이 생길 것이며, 아침부터 저녁까지 행행하는 것은 상체(上體)를 피로하게 할까 두려우니, 청컨대 이를 정지하소서"라면서 겨울철 행행의 문제점을 지적했다. 문종은 "해가 나온 뒤에 동가(動駕)하면 무슨 피로함이 있겠는가?"라며 강행했다.[80]

문종의 11월 대열 시행이 예외적 사례라고 볼 수 있겠지만, 봄과 가을에 정기적으로 시행했다는 일반적인 개념과는 상치되는 일이다. 대열을 거행하는 교장도 11일 전부터 준비에 들어갔다. 가로세로 1,200보 정도의 규모로 사방에 작문(作門)하였다. 교장의 북쪽에는 국왕이 대열을 조망할 수 있는 단을 만들었고 교장 가운데는 5개의 표를 두어 소속별 군사들이 도열할 수 있게 하였다. 대열 거행 2일 전에는 국왕이 거처할 곳과 왕세자 및 문무백관들의 처소를 설치했다. 이때 왕세자는 국왕의 어좌 동편에 두었고 종실 및 문무백관은 남쪽에 자리하였다. 대열 1일 전에는 지휘관들이 장병들에게 주의 사항과 군령과 훈련 내용을 교육하였다.

대열에 참여하는 문무관료는 대열을 하는 날 중위(中衛)의 5개소에 나누어 배치했다. 의정부와 돈녕부 등의 제군부(諸君府), 이조·병조·승정원·사헌부·사간원·삼군진무소(三軍鎭撫所)는 각기 소속된 여러 관청을 거느리고 중소(中所)에, 예조는 소속 관청을 거느리고 좌소(左所)에, 형조는 소속 관청을 거느리고 우소(右所)에, 호조는 소속 관청을 거느리고 전소(前所)에, 공조는 소속 관청을 거느리고 한성부와 함께 후소(後所)에 배치되었다. 조정 관

80 『세종실록』 권4, 세종 즉위년, 11월 19일(기미).

료와 조직이 모두 대열에 참여하고 있음을 알 수 있다.[81]

대열의를 거행하는 날에는 해뜨기 전에 장병들이 장비를 갖추고 교장에 집합한다. 삼엄에 맞추어 의례의 동선이 움직이는데, 초엄에는 유사가 성문과 궁성문을 열고, 이엄에는 판통례가 사정전 합문 밖에서 국왕의 행사 참여를 요청한다. 이때 종실과 문무백관은 모두 갑주를 갖추고 유사는 소가의장을 진열하였다. 삼엄에 시위관원은 의복과 기물을 갖추고 대기하다 국왕이 거가에 오르면 시위하며 뒤따른다. 거가가 교장에 이르면 병조판서가 인도해서 교장으로 들어간다. 이때 국왕은 소차에 들어가 금갑을 갖추고 문무백관은 각자의 위치로 나간다. 국왕이 금갑을 갖춘 뒤 대차에 나가면 통찬의 구령에 따라 교장에 임한 인원들이 배례한다. 초기에는 이배였는데 사배로 바뀌었다.[82]

국왕이 금갑을 입고 단(壇) 위에 설 때 갑주를 갖춘 백관이 사배(四拜)를 하고 나서 좌우로 나누어 서면, 오소(五所)의 장졸(將卒)들이 각기 그 열에서 역시 각 유사와 함께 일시에 사배하였다. 이때 삼군(三軍)의 장수가 각기 그 소속을 거느려 앉고 일어나고 나아가고 물러감이 한결같이 대열의와 같이 이루어졌다.[83] 배례를 마친 문무백관은 국왕을 북향하다가 좌우로 갈라져 국왕의 시선을 막지 않는다. 이때 국왕과 참여 인원들이 모두 군복을 갖추는데, 국왕이 늘 갑옷을 착용한 것 같지는 않다. 당시 대열의주는 『당육전』을 참고한 것으로 왕이 군복을 입고, 시위하는 신하들도 모두 갑옷과 투구를 착용하는 방식이었다. 그런데 대열이 적군과 직접 접전하는 것은 아니니, 국왕이 몸소 군복을 입는 것은 불편하다고 하여 평상복으로 하는 경우가 있었다. 세종대의 대열은 송나라 제도를 도입한 것인데, 송나라 때는 전

81 『세종실록』 권11, 세종 3년, 4월 14일(병오).
82 『세종실록』 권11, 세종 3년, 4월 14일(병오).
83 『세종실록』 권25, 세종 6년, 9월 24일(병신).

쟁이 그치지 않고 오로지 무비만 숭상한 까닭으로, 비록 군왕일지라도 잠시도 군복을 벗지 않았으므로, 그 제도를 전적으로 따라 행할 수는 없다는 것이 배경이었다.[84]

그런데 세종대에 강무시 갑옷을 착용하게 되는 것은 당나라 『개원례』를 참고하면서부터로 생각된다. 1431년 황희, 맹사성, 허조, 정초 등이 논의한 강무에서는 당나라 현종(玄宗)의 강무를 사례로 참고하여 갑옷의 착용 여부를 다음과 같이 말하였다.

"신 등이 삼가 살펴보건대, 한나라 영제(靈帝)의 중평(中平) 연간(年間)에 하늘의 기운을 바라보고 길흉을 점치는 사람들이 모두 말하기를, '서울에 큰 병란(兵亂)이 있어서 두 궁궐에서 피를 흘릴 것입니다'고 하니, 대장군 하진(何進)이 황제에게 말하여 크게 군사를 내어 평락관(平樂觀) 아래에서 강무하고, 황제가 몸소 갑옷을 입었으니 이는 곧 위압하는 술책이었습니다. 당나라 현종은 선천(先天) 2년에 여산(驪山) 아래에서 강무하고, 황제가 몸소 군복을 입었으며, 『개원례』의 강무의에, '황제가 무변(武弁)의 의복을 입고, 문무 9품 이상의 관원은 공복(公服)을 입는다'고 기재되어 있으며, 송나라 효종은 건도 4년에 후조문(候朝門) 밖에서 강무하고 황금 갑옷을 입었으니, 금나라 사람에게 불공대천의 원수를 갚고자 함이었습니다. 곧 섶에 누워 쓸개를 맛보면서 원수를 갚고자 고생을 참고 견디는 때였으므로, 이것은 뒷세상에서 본받을 수 없는 것입니다. 마땅히 『개원례』의 무변의 의복을 입은 것을 모방해야 되겠지만, 그 제도를 자세히 알 수 없으니, 마땅히 편복을 입어야 될 것입니다" 하니, 국왕이 말하기를, "내가 다시 생각해 보니, 임금과 신하가 모두 갑옷을 입는 것은 매우 떳떳하지 못한 일이므로, 지금

84 『세종실록』 권54, 세종 13년, 10월 15일(병오).

부터는 당나라 제도에 의거하여 나는 편복을 입고, 동반과 서반은 시복을 입도록 하고, 의주에 기록하도록 하라" 하였다.[85]

위의 세종과 신료들의 대화를 보면 강무에서 갑옷을 입게 된 것은 당나라의 사례를 모범으로 했음을 알 수 있다. 당과 송의 사례가 다르고 명분상 당의 『개원례』에 따라 의주를 작성하는 것이 옳다고 판단한 결과이다.

다시 강무 절차로 돌아가서, 취각이 3회 울리면 훈련이 시작된다. 훈련 시작과 함께 좌우 양군 대장이 휘하 장수를 대장기로 소집하고 훈련 중 엄수 사항을 주지시킨다. 대열에 사용하던 깃발의 경우 좌우상(左右廂)과 중위(中衛), 중소(中所)에 이십팔숙기(二十八宿旗) 2개와 십이신장기(十二神將旗) 2개, 대둑(大纛) 2개, 중둑(中纛) 12개, 소둑(小纛) 8개를 군기감(軍器監)에서 준비해 가져왔다.[86] 이윽고 북을 울리고 기를 들면 기병과 보병이 지정된 1표로 이동하고 북을 세 번 울리고 깃발을 눕히면 기병이 말에서 내리고 보병은 무릎을 꿇는다. 1표로 나가는 형태는 행군을 연출하는 모습이었다. 다시 양군이 2표에 이르면 서로 진을 바꾸면서 상대편을 공격하였다.[87]

그런데 대열의 진법(陣法) 의주에 따라 군사들이 움직이지 않아 인명이 상하고 신호를 인식하지 못하는 혼란이 야기되기도 하였다. 세종대의 뛰어난 장수인 최윤덕(崔閏德) 등이 좌상(左廂)·우상(右廂)·중위(中衛)·중소(中所)의 장수가 되어 연습을 했는데도, 대열에서 좌우상의 제4와 제5가 도전할 때, 의주에 따르지 않고 무기를 가진 군사들과 구원하는 군사들이 서로 밀고 쫓게 해서 군사들의 몸이 많이 상했다. 또한 포로로 잡은 사람들을 대차(大次) 앞에 바치거나, 심지어는 좌상에서 함부로 화포를 쏘아 사람과 말이

85 『세종실록』 권54, 세종 13년, 10월 30일(신유).
86 『세종실록』 권25, 세종 6년, 9월 10일(임오).
87 『세종실록』 권25. 세종 6년, 9월 24일(병신).

상했고, 군사들이 금(金)과 기(旗)의 성색(聲色)을 듣거나 보지 못해 절차를 잃어버리는 경우도 있었다.[88] 따라서 대열의가 등장하던 세종대에는 장병이 그 내용을 숙지하지 못한 상황이었다고 볼 수 있다. 이런 이유로 군령을 범하는 군사 중 통정(通政) 이하는 바로 처단하게 하였다.[89]

위와 같은 결진 훈련을 마치면 다시 북을 울리고 기를 눕혀 군대를 행군시키면서 3표로 나아가 접전하도록 했다. 훈련을 마치면 판통례가 예필(禮畢)을 보고하고 왕이 소차로 돌아가 갑옷을 벗고는 대차로 나아가 차를 마시는 것으로 대열의를 마친다. 판통례가 환궁을 요청하면 어가가 교장을 빠져나가 행사를 모두 마쳤다. 이때 국왕이 궁궐로 돌아가는 경우도 있었으나 현장에 남아 종친들과 군신들에게 잔치를 베풀고 장병들에게는 술과 음식을 내려주기도 하였다.[90]

그런데 1421년과 1424년의 대열의 과정은 『세종실록』 오례의로 정비되면서 약간의 변화를 거친다. 다음의 〈표 5〉를 보면 세종대 대열의가 오례의로 정착되는 과정에 변화하는 모습을 볼 수 있다.

〈표 5〉에서 외면적으로 의장 등급이 상향되어 소가의장에서 대가노부로 바뀐 것을 대열 의례의 중요도가 높아진 것으로 이해할 수 있다. 또한 국왕의 복장이 갑주에서 익선관과 곤룡포로, 왕세자와 종친 및 문무관료들은 상복으로 바뀌었다. 이후 세조대인 1465년(세조 11) 병조에서 올린 대열의주에는 대가(大駕)가 도착할 때 고취진작(鼓吹振作)과 어전(御前)에서 대각(大角)을 불고 북을 치는 것은 동일하나 대각을 불기 전에 3번 방포(放砲)하는 것이 새롭게 등장한다.[91]

『국조속오례의』에는 대가, 법가, 소가노부에 전부고취와 후부고취가 배

88 『세종실록』 권34, 세종 8년, 10월 1일(신유).
89 『세종실록』 권11, 세종 3년, 4월 14일(병오).
90 『세종실록』 권25, 세종 6년, 9월 24일(병신); 『세종실록』 권65, 세종 16년, 9월 24일(무술).
91 『세조실록』 권36, 세조 11년, 6월 20일(병신).

표 5 세종대 대열 의례의 변화

	항목		1421년(세종 3) 6월	1424년(세종 6)	세종실록 오례의
절차	어좌, 소차, 대차 및 종친, 문무백관 배위		2일 전	2일 전	1일 전
	거가출궁 의장		이엄	이엄	초엄
내용	의장	등급	소가의장	소가의장	대가노부
		어보(御寶)	없음	없음	있음
	복식	국왕	금갑	금갑	익선관, 곤룡포
		왕세자		갑주	상복
		종친·문무관원	갑주	갑주	상복
	배례	종친·문무관원	재배	사배	사배
	동선	국왕	소차(동)-대차(서)	소차(동)-대차(서)	소차(남)-장전(북)
	위치	왕세자		종친·문무관 동일	종친·문무관 별도

설되며 『춘관통고』에는 모두 고취라고만 하였다. 전부고취와 후부고취는 국왕의 도성 내 행행에 음악을 연주하였으며, 연주 절차는 왕이 여를 타고 궁에서 나와 연을 탈 때 음악을 시작하고 왕이 연에서 내려 막차로 들어갈 때 박을 급히 쳐서 음악을 그치는 순이었다. 고취는 원래 군악이었으나 후대에 전정악으로 성격이 변한 것이다. 그런데 조선의 고취악대에서는 군사 의식이나 훈련에서 군악을 연주하지 않았다. 취고수(吹鼓手)는 군대의 지휘, 통신을 담당하였지만, 조선 후기에는 행진 음악을 연주하는 행악 연주 악대로서 존재하였다. 그들이 연주한 음악은 군악이면서 취타악이었다. 행행 시에 고취가 도성 내에서 연주하였다면, 취고수는 도성 밖에서 연주하였다. 내취(內吹)는 선전관청 소속의 악대로서 군영 악대에 속하며 국왕의 성내외 행행에 참여하여 행악 연주 악대로 기능하였다. 내취에서 취타내취는 지휘통신, 시위, 연주의 기능을 하였으며, 세악내취는 연주

기능만 하였다. 특히 내취는 국왕의 행행에만 참여하였다. 조선 후기 취타 내취는 황철릭을 착용하였고, 취고수는 황호의(黃號衣), 세악내취는 청철릭을 입었다.[92]

그런데 세종대 대열의는 문종대에 약간의 변화를 거친다. 문종대 대열은 문종 즉위 후 발표된 오위진법에 따라 변화된 점이 주목된다. 이미 언급했듯이 세종 말기부터 몽골과 만주를 장악하던 오이라트 세력의 성장은 집단군의 전면적 충돌을 예상하게 하는 위기의식을 가져왔다. 따라서 대열의 절차도 진법의 변화에 따라 조정되었다. 예컨대 세종대 오례의에서는 대열의 전에 대각을 세 번 불어 시작을 알렸고, 양군의 대장은 깃발과 북으로 지휘하였다. 반면 오위진법의 대열에서는 훈련 시작을 알리는 대각을 두 번 불었고, 양군의 대장은 깃발과 북 이외에 초요기를 사용해 휘하 지휘관을 대장기 아래에 집합시켰다. 국왕도 초요기를 사용하여 양군의 대장을 부를 수 있어서 국왕이 전군을 지휘하는 전술이 향상된 측면이 있었다. 어가 앞에서 화포를 쏘고, 전각을 불고, 휘를 흔들어 지휘하는 방법이 국왕의 권위를 높이는 것과 동시에 용병의 용이함을 가져다주었다고 본다. 화약의 사용은 훈련의 실전성을 높이고 신호체계의 전환을 의미한다고도 볼 수 있다. 특히 대열시 양군의 접전이 일진(一陣)에서 방진(方陣)으로 변경된 결진이 전법의 변화에 따른 대열의 변화를 말해 주고 있다.[93]

또한 문종대는 원유제조(苑囿提調)가 각 도의 강무장 운영 실태를 정리해 보고하였다. 원유제조는 세종대부터 강무장의 설치와 폐지, 운영을 담당했는데, 문종대에도 전국의 강무장을 관리하던 강무 시행의 실무자였

92 이숙희, 「行樂 연주 악대의 종류와 성격-궁중·관아·군영을 중심으로」, 『한국음악연구』 35, 2004, 160~178쪽.

93 소순규, 「조선초 大閱儀의 의례 구조와 정치적 의미」, 66~67쪽.

다. 1451년(문종 1) 원유제조가 보고한 각 도의 강무장 실태를 보면 다음과 같다.

> 의정부에서 원유제조가 올린 말에 의거하여 아뢰기를, "각 도 강무장 안에 경기도 지평현(砥平縣) 여러 산과 삭녕군(朔寧郡) 평현(平峴)·시현(柴峴)·현벽기(懸壁岐)·장군사산(將軍寺山), 연천현(漣川縣) 재궁산(齋宮山)·마말기(馬末岐)·아현산(牙峴山), 강원도 회양부(淮陽府) 상수비산(上愁非山)·건자개산(乾者介山)에서 남곡(嵐谷) 지경까지, 하수비산(下愁非山)·소산(所山)의 바깥쪽 고리동산(古里洞山)·궐전현산(蕨田峴山)·장두등(長豆等), 천보사동(天寶寺洞) 좌우편 구이동(仇耳洞)의 현산(峴山)·이산(利山)·하지(夏池)·무을파현산(無乙波峴山) 좌우편 저관현(猪串峴), 말흘천(末訖川)·양매야지(陽每也之)·악이산(惡耳山)·천촌두등(川村豆等)·굴점현(崛岾峴)·남현산(檻峴山), 낭천현(狼川縣) 여러 산과 금성현(金城縣) 여러 산과 원주(原州) 각림사(覺林寺) 등지의 산과 강릉부(江陵府) 대화(大和) 등지의 즙암산(葺巖山)·지두등산(池豆等山)·대덕암산(大德巖山)·구단산(仇短山)·유수산(楡樹山)과 홍천현(洪川縣) 금물산(金勿山), 신당현(神堂峴) 등지의 감물악(甘勿岳), 팔봉산(八峯山) 등지의 사현산(蛇峴山)과 춘천부(春川府) 송압산(松押山)과 금화현(金化縣) 자등산(資燈山)·차산(遮山)·덕점산(德岾山)·술피산(述皮山)·차점산(車岾山)·잠리산(蠶里山)·토이동산(吐耳洞山)·소백지산(小栢枝山)·대백지산(大柏枝山)·마현산(馬峴山)·홍산(紅山)·입장산(笠匠山)·지장산(紙匠山)·노동산(蘆洞山)·방동산(方洞山)·유등동산(柳等洞山)·무차락산(無次落山)·불정현산(佛丁峴山)·교전산(橋田山)·두배대산(豆背大山)·충현산(忠縣山)·보을며산(甫乙旀山)과 평강현(平康縣)의 유점시산(狃岾時山)과 이천현(伊川縣) 내 바깥 여러 산과 안협현(安峽縣) 삼각산(三角山)·엄태산(嚴泰山)·유달이산(鍮達伊山)·오며산(亐旀山)과 황해도 신계현(新溪縣) 등의 산과 토산현(兎山縣) 등은 백성들이 살기가 편하고 노루와 사슴

이 적으니, 모두 혁파(革罷)하는 것이 마땅합니다."[94]

한편 성종대에 이르면 대열 장소의 변화가 생긴다. 성종 재위기간 대열은 대부분 모화관에서 거행되었다. 성종은 재위 초부터 모화관에서 봄과 가을에 집중적으로 행행하여 대열의 하나인 열무(閱武)를 시행하였다. 성종은 군사훈련의 종류를 늘렸는데, 대표적인 것이 무신의 격구(擊毬)와 사후(射侯)였다. 격구와 활쏘기 이후에는 차등 있게 상을 내려 주었다. 신무기를 시험하기도 했는데 새로운 형태의 장전(長箭)과 편전(片箭)의 관통력을 보기도 했다. 1477년(성종 8)에는 새로 발견한 석유황의 성능을 보기 위해 방포를 시행했다. 특히 근신무사인 겸사복(兼司僕)·내금위(內禁衛) 및 무신 당상에게 삼갑창(三甲槍)과 삼갑사(三甲射)를 시험하기도 하였다.[95] 모화관 외에서도 열무가 거행되었는데, 낙천정이 위치한 살곶이 인근이었다. 낙천정에서는 삼상(三廂)을 만들어 열무했는데, 삼상에게 우전(羽箭)을 사용하여 대장은 대장을 쏘고, 위장(衛將)은 위장을 쏘고, 부장(部將)은 부장을 쏘는 승부를 겨루게 하였다. 또한 백관의 군장을 점고하는 등 모화관과는 다른 양상을 보이기도 했다.[96]

성종대 대열에서 주목되는 대열이 1475년 9월 광주 정금원(定今院)에서 거행된 훈련이다. 이때 성종은 진시에 궁궐을 나가 홍인문에서 백관의 지송을 받고 정금원 들판에서 좌상군(左廂軍)·우상군(右廂軍)으로 나뉜 장병

94 『문종실록』 권6, 문종 1년, 3월 17일(병진).

95 『성종실록』 권22, 성종 3년, 9월 14일(정미); 『성종실록』 권27, 성종 4년, 2월 2일(계해); 『성종실록』 권28, 성종 4년, 3월 2일(임진); 『성종실록』 권41, 성종 5년, 4월 2일(병진); 『성종실록』 권46, 성종 5년, 8월 2일(갑신); 『성종실록』 권58, 성종 6년, 8월 25일(신축); 『성종실록』 권65, 성종 7년, 3월 16일(기미); 『성종실록』 권79, 성종 8년, 4월 2일(기해); 『성종실록』 권114, 성종 11년, 2월 2일(임자); 『성종실록』 권115, 성종 11년, 3월 16일(병신); 『성종실록』 권219, 성종 19년, 8월 2일(계사); 『성종실록』 권271, 성종 23년, 11월 19일(병술).

96 『성종실록』 권78, 성종 8년, 3월 2일(기사); 『성종실록』 권108, 성종 10년, 9월 29일(임오).

28,115명을 사열하였다. 성종은 사열 이후에 낙생역(樂生驛) 앞 벌판에 설치한 파오달(波吾達)까지 행행하였다.[97] 이때 동원된 군병은 그 수치에서 보더라도 전국적으로 징집한 것임을 알 수 있다. 1487년 동원된 장병은 40,000명에 육박할 정도로 성종대 후반에 거행된 대열은 대규모로 진행되었다. 또한 대열 이후에는 인근을 순수(巡狩)하는 것이 순서였다.[98] 성종은 집권 후반기에 열무를 오래 멈추었다는 이유로 하번(下番) 군사를 동원하여 2~3일 동안 타위(打圍)를 시도하기도 하였다.[99]

성종대 모화관과 살곶이에서 거행되던 대열은 연산군대에도 지속되었는데, 봄과 가을 시기에 진행되었다.[100] 동교에서도 대열을 거행했는데 매달 거행하기도 했다.[101] 연산군대 대열의 특징은 재위 초반에 집중되었으며, 한 해에 4회 이상 진행한 점은 다른 왕대와 구별된다. 연산군은 대열에 적극적이었는데, 군사훈련보다는 사냥을 하기 위한 방편이라고 보인다. 예컨대 다음의 기사처럼 1498년 궁궐의 화재로 대열을 연기하자는 관료들의 요청에 대해 백성을 위한다는 명분으로 진행하려고 했다.

> 한치형(韓致亨) 등이 아뢰기를, "창경궁에서 불이 난 것은 비록 사람이 조심하지 아니한 탓이라 하나, 재앙이 아니라 할 수 없사오니, 원컨대 열무를 정지하소서"라고 하니, 어서(御書)를 내리기를, "근년 이래로 오랫동안 대열을 하지 않았기 때문에 전일에 살곶이 들판에서 몰이하는데도 병사(兵事)가 익숙하지 못하였다. 요사이 대역(大逆)과 난언(亂言)을 하는 사람이 잇따

97 『성종실록』 권59, 성종 6년, 9월 26일(임신).
98 『성종실록』 권205, 성종 18년, 7월 1일(무술).
99 『성종실록』 권269, 성종 23년, 9월 7일(을해).
100 『연산군일기』 권21, 연산군 3년, 2월 18일(경인); 『연산군일기』 권28, 연산군 3년, 12월 2일(기사); 『연산군일기』 권31, 연산군 4년, 11월 2일(갑오); 『연산군일기』 권31, 연산군 4년, 윤11월 2일(계해); 『연산군일기』 권31, 연산군 4년, 윤11월 16일(정축); 『연산군일기』 권31, 연산군 4년, 12월 17일(무신).
101 『연산군일기』 권27, 연산군 3년, 9월 16일(갑인); 『연산군일기』 권28, 연산군 3년, 10월 16일(갑신).

라 나와 끊어지지 않으니, 이것이 비록 허망한 일이지만 전적으로 군사가 게으른 탓이다. 옛사람이 이르기를 '준비가 있어야 근심이 없다'라고 하였으므로 지금 감히 해보겠다는 것이다"라고 하였다. 이극균(李克均)이 아뢰기를, "신이 황경(皇京)에 갔을 적에 궁중에서 밤중에 화재가 일어나니 황제는 조회를 보지 않았습니다. 여러 신하들이 시사(視事)할 것을 청하여 4일 만에 청을 들었습니다. 그러니 지금 재이가 이와 같은데 무사를 사열한다는 것은 미안한 일이옵니다"라고 하니, 전교하기를, "봄에 수(蒐) 사냥을 하고 여름에는 묘(苗) 사냥을 하고 가을에는 미(獮) 사냥을 하고 겨울에는 수(狩) 사냥을 하는 것은, 모두 백성을 위하여 해되는 것을 없애는 것이다"라고 하였다.[102]

연산군은 이미 군사훈련보다는 사냥을 즐기기 위한 방편으로 군사를 동원하였음을 알 수 있다. 1498년(연산군 4) 겨울 모화관 사열에서는 검열 하계증(河繼曾)이 내려 주는 술을 마시지 않았다고 의금부에 하옥시키고 국문하는 일이 생길 정도로 공적인 부분보다 사적인 감정에 따라 처리하는 경향이 증가하였다. 그러면서 연산군은 자신의 유희를 가리기 위해 대열과 같은 의례를 적극적으로 활용하였다. 예컨대 살곶이에서 사열을 직접 하려고 하자, 신료들이 "월식(月食)에 공구수성(恐懼修省)하여 천변(天變)에 응해야 하는데 거가를 움직이고 직접 군마(軍馬)를 강(講) 받는 것은 불가하다"고 하자, "이것은 군무(軍務)요, 유희(遊戲)가 아니다"라면서 그대로 진행하였다.[103]

연산군은 대열을 이용하여 왕실 전례조차 무시하려는 경향도 보였다. 1499년(연산군 5) 봄철 능행 시기에 의정부에서, "지금 능묘에 배알치 않고

102 『연산군일기』 권31, 연산군 4년, 9월 11일(병오).
103 『연산군일기』 권31, 연산군 4년, 윤11월 15일(병자).

먼저 열무하는 것은 의리에 온당한 일이 아닙니다. 능묘에 배알부터 하시기를 바랍니다"라고 하자, "열무한 뒤에 능묘에 배알해도 해롭지 않다"라고 하였다.[104] 이때 연산군이 거행한 열무는 시급한 군사훈련이었다기보다는 사냥이었을 확률이 더 높다. 중요한 군사훈련이었다면, 의정부에서 반대했을 리 없다. 조선은 개국 초부터 충효의 덕목을 강조하는 유교 국가로 국왕이 능침에 참배하는 일을 두 번째로 한다는 것 자체가 문제의 소지를 안고 있다. 그럼에도 연산군이 대열을 우선했다는 것은 군사훈련인 대열의 중요성을 대외에 더 알리려는 목적과 자신의 유희를 대열로 감추려 했던 것으로 두 가지 설명이 가능할 것이다. 아무래도 후자가 사실에 가까울 것으로 생각된다.

왜냐하면 이때 이후 연산군의 대열 횟수는 어느 국왕대에 못지않게 많이 나타나지만, 대부분 언제, 어디서, 대열을 거행했다는 내용이 있을 뿐, 참석한 인원에 대한 설명이나 상을 내린 것들은 보이지 않기 때문이다. 다분히 실록을 기록하는 사관의 입장에서 우회적으로 연산군의 유희적 대열을 비난한 것으로 보인다. 당시 연산군이 대열한 곳은 칠덕정(七德亭), 살곶이, 모화관 등이다.[105] 대열 시행의 기록으로만 보면 연산군은 봄과 가을의 적절한 시기에 군사의례를 거행한 모범적인 국왕이라고 평가될 것이다. 그런데 연산군이 대열에서 일삼은 사례들을 보면 역시 대열을 이용한 사냥이나 유희였음이 증명된다.

예컨대 열무에서 무신들이 말을 타고 활쏘기도 하고 창던지기도 하는 것을 보고는 그들이 사용한 말이 마음에 들어서인지 말 주인의 성명을 말

104 『연산군일기』 권32, 연산군 5년, 3월 7일(병인).

105 『연산군일기』 권32, 연산군 5년, 3월 9일(무진); 『연산군일기』 권34, 연산군 5년, 8월 26일(계축); 『연산군일기』 권35, 연산군 5년, 11월 2일(무오); 『연산군일기』 권36, 연산군 6년, 2월 2일(병술); 『연산군일기』 권39, 연산군 6년, 10월 2일(계미); 『연산군일기』 권41, 연산군 7년, 10월 4일(기유).

에 찌[栍]로 달아 내사복(內司僕)에 들여보내라고까지 하였다.[106] 연산군이 사냥에 몰두하는 것을 장령 류희철(柳希轍)이 지적한 것에 대한 답변을 보면 대열을 이용하여 사냥을 하려는 그 마음이 보여진다. 연산군의 말은 다음과 같다.

"군사를 훈련하는 것은 큰일이니 그만둘 수 없다. 너희들도 수(蒐)·묘(苗)·미(獮)·수(狩)의 뜻을 알 것이다. 봄·가을로 군사를 사열하더라도 불가함이 없는데, 더구나 백성을 위하여 해되는 것을 제거함이랴? 옛날에 백 날이나 돌아오지 않은 자가 있었으니, 이는 말할 만하지만, 사람의 심정이 안일(安逸)에 젖으면 작은 노고를 당하더라도 모두들 폐가 있다고 말하는 것인데, 너희들도 태평에 젖어서 이런 말을 하는 것이냐?"[107]

고대의 사냥법에서 수(蒐)는 유사가 표(表)를 세워 맥제(貉祭)를 지내고 백성과 맹약한 뒤 북을 쳐서 짐승들을 일정 구역에 몰아넣어 불을 질러서 잡은 것을 사직에 올리는 봄 사냥이다. 묘는 수레를 몰며 하던 여름 사냥으로 새끼를 배지 않은 짐승을 가려서 잡기를 곡식 중에서 잘 자라지 않았거나 여물지 않은 것을 뽑아 버리는 것과 같이 하는 것이다. 미는 그물을 사용하여 짐승을 잡는 가을 사냥이다. 수(狩)는 겨울 사냥으로 짐승을 잡는 데 가리는 것이 없는 사냥이다.[108]

연산군은 군사훈련을 이용하여 사냥을 하는 것이 백성에 위해가 되는 짐승을 제거하기 위함이라고 말하고 있다. 또한 미리 위험한 것을 제거하지 않으면 안일에 빠진다는 논리를 대고 있다. 그런데 연산군의 말은 스스

106 『연산군일기』 권39, 연산군 6년, 11월 30일(경진).
107 『연산군일기』 권50, 연산군 9년, 8월 15일(기유).
108 『반계수록』, 권23 병제고설(兵制攷說), 강무.

로 모순된 일을 만든다. 류희철의 지적을 받은 지 1개월 후 군복을 갖추고 황구(黃丘)에서 군사를 사열하고, 좌우 군사들을 몰아 사냥을 하였다. 이때 연산군은 왜 새 짐승이 없냐고 했는데, 민간에서 사냥하는 자가 많기 때문이라는 말을 듣자, "산림천택을 백성들과 함께한다 하였지만, 지금 짐승이 이렇게 없으니 사냥을 금지하지 않을 수 없다"라고 하였다.[109] 또 1개월 후 경연에서 연산군의 사냥에 대한 논의가 나왔는데, 이때 연산군은 선대의 사례를 들며 자신의 사냥을 만류하는 신료들을 비난하였다. 당시 군신 간의 논의는 다음과 같다.

> 상참을 받고 경연에 오셨다. 대사간 이의손과 집의 이계맹(李繼孟)이 아뢰기를, "어제 하교 하시기를 '군사들은 반드시 수고로운 뒤에야 군마가 정예해질 수 있다' 하셨는데, 성상의 하교가 지당하십니다. 다만 근년에 온갖 곡식이 풍년들지 못하였는데, 연일 사냥을 하여 사람과 말이 곤하고 피폐해졌으니, 지금 다시 할 수 없습니다"라고 하니, 왕이 이르기를, "조사(朝士)나 군사들이 모두 편하려 하기 때문에 이렇게 말하는 것이다. 사냥이 어찌 날짐승을 천신하기 위한 것뿐이겠느냐? 그보다는 무사들을 사열하기 위해서이다. 성종 때는 혹 16일을 사냥하기도 하였는데, 그때의 대신이나 대간이 어찌 큰 말과 바른 의논을 할 자가 없으며, 또한 어찌 경들처럼 생각하는 자가 없었겠느냐? 그렇지만 폐하지 않았다. 너희들이 군졸이 수고로워하는 것만 보고, 국가의 큰 계책은 알지 못하는 것이다"라고 하였다. 참찬관(參贊官) 정광필(鄭光弼)이 아뢰기를, "지금 날씨가 점점 추워지는데 찬 기운을 무릅쓰고 아침에 떠났다 저녁에 돌아오시면, 성상의 몸이 수고스러울 듯합니다"라고 하니, 왕이 이르기를, "금년에는 먼 도에서 군사를 불러

109 『연산군일기』 권50, 연산군 9년, 9월 18일(신사).

모으지 않고, 시위하는 군사만을 거느릴 것이며, 재인·백정 역시 모두 가까운 도의 사람이니, 요미(料米)를 주어 식사를 대더라도 폐단이 있게 되지 않는다. 또 무예를 강습하려면 반드시 먼 교외에서 해야 하고 집안에서 할 수 있는 일이 아니다. 이것은 말하지 않을 일인데 반드시 말하기 때문에, 나는 스스로 편하려는 계책이라고 생각하는 것이다"라고 하였다.[110]

연산군이 대열과 군사훈련의 중요성을 강조하며 선대왕의 사냥 일수까지 제시하면서 자신의 사냥이 문제가 되는 것을 무시하는 내용이다. 더욱이 원거리 행행을 하는 것이 관료는 물론 군사와 지역민에게 폐가 된다는 것을 무예 강습으로 에둘러 말하고 있다. 이런 연산군의 시각은 사냥 장소를 확장하려는 것에서도 드러난다. 연산군은 사냥을 하기 위한 강무장 확대에서도 "강무장을 설치한 것은 새·짐승을 사냥하기 위한 것이 아니라 무예 사열을 중히 여긴 것이니, 그곳 산 아래 민가 중 철거해야 할 것은 철거하라"고 할 정도로 군사훈련을 이유로 들고 있다.[111]

연산군대의 부적합한 대열의 거행과 군사훈련을 빙자한 사냥으로 인해 중종대는 의례적인 것조차 시행하지 않게 되었다. 중종은 재위 19년 만인 1524년 살곶이의 황두(黃豆) 등에서 열무를 하였다.[112] 더욱이 중종은 대열의 거행을 즐겨하지 않았다. 중종이 군사훈련을 기피한 것은 연산군대의 폐단과 각 지방에서 인마와 물자를 징집하는 문제점을 이유로 삼았기 때문이다.

(전략) 전교하기를, "교화하는 일 한 가지는 상하가 다시 더 유의해야 한다.

110 『연산군일기』 권51, 연산군 9년, 10월 9일(임인).
111 『연산군일기』 권53, 연산군 10년, 5월 16일(을사).
112 『중종실록』 권51, 중종 19년, 9월 16일(정축).

첩종·첩고의 일은 사전에 거듭 밝혀 시행함이 합당하다. 다만 대열은 진실로 언제나 할 수는 없다. 내가 폐조(廢朝)에 이 일을 목도했는데, 반드시 각 도 군마를 징발하게 되어 폐단이 적지 않았다. 대개 대군(大軍)이 올라오면 헛되이 돌려보낼 수 없어 반드시 타위를 하게 되는데, 이 일은 경솔하게 거행해서는 안 되니 반드시 연사가 풍년 들기를 기다렸다 해야 한다. (후략)"[113]

중종은 대열의 문제점보다도 연산군처럼 군사훈련을 빌미로 사냥하는 것을 문제 삼고 있다. 그렇지만 중종이 대열을 완전히 폐하지는 않았고, 군대의 기강을 바로잡으려는 시도는 비쳤다. 예컨대 1529년(중종 24) 모화관 사열에서는 우상(右廂)이 승리할 형상인데도 개선가를 부르며 돌아오지 않은 것을 지적하며, 습진하면서 발생하는 작은 잘못이라도 조사하도록 지시했으며, 군정(軍政)이 해이한 상황을 지적하며 개선가를 부르지 않게 한 위장(衛將)을 즉시 의금부에 잡아다 추문하도록 했다.[114] 중종은 군사들이 진법을 습득할 것을 강조하며 그것을 위해 교외의 열무가 중요함을 강조하였다.[115] 특히 대열을 장기간 거행하지 않아 군령을 모른다면서 습진과 열무를 통해 습득시킬 것을 강조했다. 또한 열무를 자주 시행하지 않아 도성 인근에 악수(惡獸)가 많음을 지적하고 군사훈련 겸 포획을 시행하기도 했다.[116] 이외에 중종은 대열에 사용하는 형명(形名)이 낡아 군졸이 멀리서 바라보고 서로 응하기 어려우며, 국왕이 지휘하고 사용하는 어전의 오색기와 교룡기(交龍旗)가 낡았으니 수리할 것을 지시할 정도로 대열에 대한 관심

113 『중종실록』 권53, 중종 20년, 3월 22일(신사).
114 『중종실록』 권66, 중종 24년, 8월 19일(임오).
115 『중종실록』 권66, 중종 24년, 9월 27일(기미).
116 『중종실록』 권74, 중종 28년, 4월 8일(경진).

이 깊었다.[117]

그럼에도 중종 재위 31년인 1536년 대열을 앞두고 장병을 징집하려 할 때 교련과 열병의 정령(政令)이 법령 전적에 실려 있지만 지금은 태평에 젖어 조정 신하들이 모두 병기와 군복이 없으며, 군정이 매우 해이해졌기 때문에 처음으로 무사(武事)를 강습한다고 할 정도로 대열은 시행되지 않고 있었다.[118] 대열을 시행하지 않는 것은 시간이 지날수록 더욱 심해졌는데, 결국 중종은 자신이 대열을 거행하는 것에서 장수들이 집행하는 것으로 전환시키는 차선책을 발표한다.

> "매달 두 차례씩 습진하는 것은 바로 국법인데, 근래에는 심상하게 여기어 매달 정지하였으니 이는 '백성을 가르치지도 않고 전쟁을 시키는 것은 바로 백성을 버리는 일이다'라는 본의에 어그러지는 것이다. 지금부터는 비록 직접 사열하지는 못하더라도 장수들에게 명하여 습진을 하게 하되, 3개월에 으레 한 차례는 해야 하겠으니 정원은 살펴서 취품하라. 또 장수를 명하여 습진할 때에 좌상 좌위(左衛)와 우상 우위(右衛)가 서로 싸워서 이긴 사실을 와서 아뢰는 것이 관례로 되어 있는데 이후로는 장수가 진을 변경하거나 혹 복병(伏兵)시키는 일은 장수의 일시적인 호령에 따르되 아울러 글로 써서 아뢰도록 병조에 말하라."[119]

세종대 대열의가 갖추어지고 연산군대까지 그 명목을 이어왔던 것이 중종대 전조의 문제점을 이유로 장기간 시행을 폐하다가 결국 국왕이 직접 시행하던 군사의례를 군대에서 스스로 하도록 하는 결과를 보이고 있

117 『중종실록』 권82, 중종 31년, 7월 15일(무진).
118 『중종실록』 권82, 중종 31년, 7월 12일(을축).
119 『중종실록』 권105, 중종 39년, 10월 6일(신미).

다. 중종은 반정으로 보위에 올랐으며, 당시 그를 지지한 사림파들은 문치를 강조한 것도 군사의례를 방기하게 만든 요인이라고 볼 수 있다. 왕실 군사의례에서 대표적인 대열의 설행이 드물어지면서 왕조의 군사력도 약화되었다. 결국 임진왜란이라는 국난을 거치면서 명나라로부터 새로 도입된 병법을 익히는 차원에 따라 국왕이 대열을 주도할 때까지 조선 전기 왕실 군례의 대열은 형해화되었다.

3 강무의(講武儀)의 내용과 기능

조선 전기 강무는 사냥[120]의 형태를 지닌 군사훈련이었으며 기병이 중심이 되는 전술이었다. 동서고금을 막론하고 왕조 국가에서 사냥은 지배층에게 유희이면서도 육식을 할 수 있는 활동이었다. 물론 조선시대 국왕의 사냥은 신민에게 모범이 되어야 하는 의례적 요소가 강했으며, 사냥의 이유가 군사훈련 내지는 위민재해(爲民除害)를 위한 악수(惡獸)의 제거와 종묘의 제수 마련이 그 주요 내용이라고 할 수 있다. 그러나 리스본의 신트라 궁전 내부의 천장화에 군주를 중심으로 지배층의 사냥 서열이 회화적으로 표현되었듯이 그 속내는 권력의 동선을 또 다른 형태로 표현한 것이기도 하였다.

태조와 건국 세력의 출신이 북방 무장 집단이며 유목 민족의 기마전에도 능했다는 것은 그들에게 사냥 문화가 일상이었음을 암시하게 한다. 적어도 세조대까지 국왕들의 사냥은 곧 강무라고 할 정도로 늘 지속되었던 것이 그 반증일 것이다. 따라서 조선시대 강무가 위정자인 국왕이 백성에게 모범을 보이는 의례로 작용한 것도 사실이지만, 조선 초기에는 왕실의 사냥 문화로도 이용되었다고 보아야 할 것이다.

120 사냥의 어원은 산행(山行)에서 시작되었다고 한다. 조선 전기 사회에서는 수렵을 산행이라고 하였는데, 산행은 산행수숙(山行水宿)으로 풍찬노숙과 동일한 의미였다. 산행이 군사들을 동원하여 짐승을 몰이해 잡는 사냥의 과정이었기 때문에 산행이 곧 사냥을 의미했다고 본다. 실제로 세종대 산행출입(山行出入)은 군사훈련을 의미하기도 하였고, 군사산행(軍士山行)이라고 칭하기도 했다. '산행'이 '사냥'으로 변화된 것은 18세기 이후로 추정되며 산행(산항) → 산앵 → 사냥으로 추정하고 있다(심승구, 「조선시대 사냥의 추이와 특성-講武와 捉虎를 중심으로」, 『역사민속학』 24, 2007, 169~171쪽).

예컨대 1403년 4월 사신에게 보여 주기 위한 사냥에서 보면 당시 왕실 지친(至親)과 시신(侍臣)들의 사냥 기술을 알 수 있다. 당시 명나라 사신인 황엄(黃儼) 등이 남교(南郊)에서 사냥을 구경하기를 청해서 태종은 의안대군(義安大君) 이화(李和)와 이숙번(李叔蕃)에게 천기(千騎)를 거느리고 사냥하게 하였다. 황엄 등은 그들의 날쌔고 용맹스러움을 칭찬하였으며, 남대문 밖에 장막을 설치하고 잔치를 벌였다.[121] 이때의 행사는 의례였다고 하기보다는 국초에 왕실의 사냥 문화를 명나라 사신과 공유한 유희였다고 보아야 할 것이다.

그럼에도 조선시대 국왕의 사냥을 강무라고 한 것은 국왕의 사냥에 국가의 공적인 의례 체제가 동원되었고 군사 명령 체제에 따라 무력을 사용하여 일종의 군사훈련의 성격을 지녔기 때문이다. 태조가 전국 지방관에게 정례화된 이외의 사냥을 금지하고 인명과 농사를 해치는 짐승만을 잡아 제사에 사용한다는 것에서도 사냥이 조선 건국 초부터 공적 의례화되어 갔음을 알 수 있다.

1) 태조대 왕실 사냥 문화와 강무[122]

태조는 사냥을 국가의례화함과 동시에 누구나 즐겨 할 수 있는 문화에서 특권층만이 합법적으로 거행하는 의례로 만들어 나갔다. 그가 원나라 시대 여진 사회에서 성장했으므로 유목 문화에 익숙했음은 당연한 일이다. 유목민이 평소에 몰이기병을 통해 마상에서 사냥을 하던 전통은 조직적 전투력 향상의 일환이었다. 따라서 사냥이 짐승을 잡는 스포츠 같은 활

121 『태종실록』 권5, 태종 3년, 4월 12일(무오).

122 강무란 국왕이 군사를 동원하여 일정 지역에 출동하여 그 지역에서 사냥하고 복귀하는 일련의 활동으로 사냥만이 아닌 군사훈련의 일환이라고 하겠다(이현수, 「조선초기 강무 시행사례와 군사적 기능」, 『군사』 45, 2002).

동이라고 볼 수도 있지만, 무력을 양성하는 반란의 기초가 될 수도 있으며, 국가가 합법적으로 무력을 독점하려는 의도에서 시행하였다고 본다. 사냥이 군사훈련과 동일한 체제이며, 사냥에 군사를 동원하는 것이 병법에 기초한 전술이었다는 점에서도 사냥은 강무와 같은 국가의례화가 될 필요가 있었던 것이다. 사냥에 동원되는 군사들과 행군 체제, 사냥터에서 군사들을 지시해 움직이는 신호법, 사냥감을 몰이하고 죽이는 진법의 활용 등은 군사훈련 그 자체였다. 더욱이 적게는 수천 명에서 수만 명까지 동원되는 군사와 사냥터 인근에서 징집되던 백성들을 감안한다면 국가 비상사태와 같은 형태로 군사훈련이 거행되었음을 짐작할 수 있다. 강무가 정착되면서 타위(打圍)라는 소규모의 군사를 동원해서 사냥을 하는 수렵 행위도 마련되어 국왕의 사냥과 군사훈련을 구별했다.

태조와 태종 이외에도 신료에 의해서도 사냥의 국가의례화는 국초부터 논의되었다. 조선시대 강무에 대한 논의는 정도전이 『조선경국전』에서 주례에 근거해서 사계절의 사냥으로 군사들의 조련을 연습하고 무예를 기른다고 한 것[123]에서부터 유형원의 『반계수록』에 이르기까지 전 시기에 걸쳐 진행되었다. 정도전은 강무를 군사훈련을 하는 진법으로 설명하였다.

"강무에는 두 가지 방법이 있다. 금고와 기휘를 가지고 진퇴좌작(進退坐作)의 절차를 분명히 하는 것은 중심(衆心)을 하나로 합치기 위해서이며, 창검궁시(槍劍弓矢)를 가지고 격제(擊制)와 사어(射御)의 기술을 연마하는 것은 중력(衆力)을 하나로 뭉치기 위해서이다. 중심이 하나로 합치지 않으면 대오를 정돈할 수 없고 중력이 하나로 뭉치지 않으면 적을 이길 수 없다. (중략) 지금의 강무는 금고와 기휘를 가지고 진퇴좌작의 절차를 자세히 가르치고

123 정도전, 『조선경국전』 하, 「정전(政典)」, 교습(敎習); 김광수, 「정도전의 진법에 대한 고찰」, 『육사논문집』 51, 육사, 1996 참조.

창검궁시를 가지고 격제와 사어의 기술을 연마하지 않는데, 이것은 생략하는 것이 아니고 가르치는 순서가 있기 때문이다."[124]

정도전은 강무를 국왕의 무예 단련이자 사냥이 아닌 군대의 조직화와 병사들의 훈련 방법의 하나로 보았다. 군사 개개인의 용맹과 기예보다는 '금고기휘(金鼓旗麾)'라는 신호체계에 따라 전체 장병이 일사불란하게 움직여 진형(陣形)을 갖추게 하는 것이 주목적이다. 군사교육의 체계화와 군대통솔의 규율화를 위해 강무를 이용하고자 한 것이다. 군령(軍令)을 군정(軍政)에 부합시키는 훈련법이기도 하였다. 정도전이 생각한 강무 절차는 『주례』를 모범으로 하였다. 그 절차는 기병을 기본 단위로 금고와 기휘를 이용하여 오진(五陣)을 결성해 사냥감 몰이를 하는 형식이었다. 정도전의 『조선경국전』에 실린 오행진출기도(五行陣出奇圖)와 강무도(講武圖)는 주나라의 병법이나 사마법(司馬法)을 활용해 만든 것이다. 1396년 정도전이 생각한 강무는 아래와 같이 의흥삼군부(義興三軍府)를 통해 정비되어 보고된다.[125]

사실 강무를 군사훈련을 겸한 의례로 확립한 것은 정도전이었다. 정도전은 「수수강무도(蒐狩講武圖)」를 만들어 강무의 기초를 다지고 있었다. 세종대에 강무의가 제정되기는 하지만, 주례를 기본으로 조선에서 지속적으로 국가의례로 사용하게 한 것은 태조대 정도전의 생각이 바탕이 되었다고 할 수 있다.[126] 그런데 주례를 강무의 원형으로 보는 것은 조선 후기 유형원도 동일하였다. 유형원의 『반계수록』에서는 강무를 주례의 내용을 바탕으로 설명하였는데, 정도전의 생각을 보충 설명하는 내용이다.

124 정도전, 『삼봉집』, 「진법」, 정진(正陣).
125 『태조실록』 권10, 태조 5년, 11월 30일(갑신).
126 김동진, 「조선전기 강무의 시행과 포호정책」, 『조선시대사학보』 40, 2007, 96~98쪽.

구준(丘濬)이 말하기를 "군대란 것은 국가를 방위하기 위하여 두는 것인데 평시에 훈련을 시키지 않고 있다가 갑자기 전쟁에 내몬다면 이는 군대를 잃어버리게 될 뿐이다. 그러나 군대란 흉악하며 전쟁이란 위험한 것으로서 상대방을 살육하는 것을 기본 사업으로 하기 때문에 사람들이 실험할 수 없는 것이다. 그렇기 때문에 옛날에는 사냥으로 전투 훈련을 하였고 제사를 이용하여 사냥을 하였으며 또 짐승을 잡는 일로써 그 기술을 연마하였다. 그리하여 사냥할 때에 군인으로 하여금 눈은 신호에, 귀는 호령(號令)에 익숙케 하였으며 혹은 앉아서 명령을 대기하기도 하고 혹은 일어나서 행동하게 하여 앞으로 전진하게도 하며 뒤로 퇴각하게도 하고 급히 뛰어가게도 하며 서서히 걸어가게도 하며 간격을 넓혀서 산재하게도 하며 불의에 연속적으로 진격하게 하는 등의 행동을 이때에 연습한다. 기타 북소리를 들으면 행동을 개시하고 쇠[金] 소리를 들으면 정지하는 등의 동작이 있다. 만일 사변이 있을 때에는 사냥할 때의 그 진세를 이용하여 전투 대오를 편성하며 짐승을 잡던 그 기술을 이용하여 적을 대항하기 때문에 당황하여 어쩔 줄을 모르거나 체계 없이 혼란에 빠지는 경우가 없었던 것이다"[127]라고 하였다.

유형원은 중국 고대 왕조의 강무를 기준으로 설명하였다. 군사훈련이라는 점은 정도전의 내용과 동일하나 사냥을 통해 병사들의 지휘 방법을 보여 주고 있다. 그런데 1398년(태조 7) 태종이 개국 공신 사이에서 주도한 1차 왕자의 난을 시작으로 정도전과 남은(南誾)이 제거되면서 정도전이 추진한 것들이 개편되었고, 군사력의 장악을 위해 군사 제도의 변경은 불가피했다. 태종은 남달리 문무를 겸비한 국왕이다. 아버지 태조를 보필해서

127 유형원, 『반계수록』, 병제고설(兵制攷說), 강무.

조선을 건국하는 과정에서 수많은 정적을 제거하고 역경을 극복한 무인이며 과거를 거쳐 관료 사회에 입신한 문신이기도 하였다. 따라서 무력으로 정권을 장악하면서도 동시에 문무 양쪽에서 국가 제도의 정비도 추진한 개혁을 시행했다.

예컨대 정종의 즉위 후 태종의 조정으로 남은과 친밀한 관계였던 전직 지방군 지휘관들이 대거 숙청되었다. 이들의 숙청 이유는 백성의 고통을 돌보지 않고 제철이 아님에도 불구하고 군사훈련을 시행한 점이다. 태종은 즉위 초인 1402년 무과를 실시하고, 1406년 하륜의 건의로 무학(武學)을 십학(十學)에 설치하여 새로운 무장들을 선발하고 양성하고자 했다. 국왕을 중심으로 군통수 체제를 수립하면서 중앙의 상층 위주로 군사 교육과 훈련이 이루어졌다. 즉 국왕의 지근거리에서 보필하는 무반과 시위자들을 정예화하는 방법이었다. 이로 인해 태종대 강무는 체계화되었으며, 종친과 고위 무장들을 위한 의례로 군사들은 치사(馳射)할 수 없었다. 또한 강무 중에 고위관료라고 해도 엄격한 군법이 적용되어 국왕의 위상과 권위를 강하게 부각시키는 작용을 하였다. 예컨대 강무에서 항오(行伍)를 정돈하여 군령을 엄하게 하여 2품 이상이라도 문책하였고, 재상이라도 군법을 적용하였다.[128]

2) 태종대 강무의 도입과 사냥 문화의 변화

태종의 즉위와 건국 초 혼란한 정치 상황에서 강무는 국왕의 권위를 높이고 군권을 장악할 수 있는 적합한 방법이었다. 1402년 태종이 사병을 혁파하고 공신의 무력을 삼군부를 통해 장악한 이후 강무를 기획한 것에서

128 윤훈표, 「여말선초 군사훈련체계의 개편」, 203~211쪽.

도 잘 나타난다. 태종은 강무장과 궁궐을 오가며 대외적으로 강력한 군사력을 통해 무력시위의 효과를 보였다.[129] 물론 군주들이 강무를 시행하는 것에 대해 유교적 시각을 견지하던 신료들의 반대도 일찍부터 있었다. 국왕의 강무는 신료들도 동의하는 입장이었다. 태종이 실권을 장악하였던 정종대, 국왕이 평주 온정에 거둥하려 하자 낭사에서 행행하는 것을 중지하기를 요청하면서 강무의 당위성을 논했다.

> 군사를 사열하고 강무하는 것은 비록 국가의 정한 법이기는 하지만, 하늘을 두려워하고 백성에게 부지런한 것은 실로 인군의 큰 덕입니다. 한가한 때를 당하여 강무하지 않으면 무비가 풀리고, 흉년을 당할 때 백성을 구휼하지 않으면 나라의 근본이 위태로워집니다. (후략)[130]

국왕과 신료들 사이에서 강무를 바라보는 시각에 약간의 차이가 있다. 강무를 인군의 덕을 베푸는 방법으로 해석해서 군비의 준비와 백성의 구휼을 동시에 보았다. 그런데 태종은 강무를 정착시키는 과정에서 군사훈련이라는 군사사적 접근 이전에 사냥의 전례를 찾아 제도화하려는 모습을 보였다. 태종의 즉위 초 예조에 사냥하는 전례를 찾아 보고하게 했는데 그것이 수수법(蒐狩法)이었다. 1402년 6월 예조에서 조사해 태종에게 보고한 사냥하는 법을 보면 다음과 같다.

> "삼가 고전을 살펴보건대, '천자와 제후는 일이 없으면 한 해에 세 번씩 사냥한다. 일이 없어도 사냥하지 아니함은 불경(不敬)이라 하고, 사냥을 예로써 하지 않는 것을 포진천물(暴殄天物)이라 한다'고 하였고, 또 말하기를, '이

129 이현수, 「조선초기 강무 시행사례와 군사적 기능」, 236쪽.
130 『정종실록』 권6, 정종 2년, 10월 3일(갑오).

미 삼생(三牲)이 있는데도 반드시 사냥을 하는 것은 효자의 마음에 천지 자연 짐승의 고기가 자기가 기른 것보다 좋다고 여기기 때문이다. 짐승이 많으면 오곡을 해치기 때문에 병사(兵事)를 익힌다. 설자가 불경이라 하는 것은 제사를 간소하게 지내고 빈객을 소홀하게 대접함을 말함이며, 포진천물이라 하는 것은 택(澤)을 포위하여 무리로 짐승을 잡아 새끼와 알을 취하며, 뱃속의 태를 죽이며, 단명에 죽게 하며, 둥우리를 뒤엎어 버리는 것이라'고 하였습니다. 그렇다면 일이 없을 때에 사냥하지 아니함도 불가하고, 사냥하여도 물건을 아끼지 않는 것도 또한 불가합니다. 신 등은 역대로 사냥하던 법을 참고하여 아래에 갖추 아뢰오니, 전하께서 해마다 세 번씩 친히 근교에서 사냥하시어 종묘를 받드시고, 무사를 강구하소서.

기일 7일 전에 병조에서는 여러 사람들을 모아 전법(田法)을 지키게 하고, 승추부(承樞府)에서는 사냥할 곳에다 표지를 붙인다. 그날 미명에 사냥할 곳의 뒤, 근교에다 적당한 곳에 기를 세우고, 여러 장수는 각각 병졸을 거느리고 기 아래로 모인다. 먼동이 트면 기를 거두고 뒤늦게 온 자는 벌을 준다. 병조에서 나누어 전령(田令)을 펴고, 마침내 빙 둘러서서 사냥을 시작한다. 좌우 양익의 장수는 모두 기를 세우고 빙 둘러선다. 대궐 앞에 대가가 나와 출발하고 인도하며 쉬는 것은 보통 때의 의식과 같이 한다. 사냥하는 곳에 장차 이르면 대가가 북을 치며 둘러싼 안으로 들어간다. 유사가 대가 앞에서 북을 울리면, 동남에 있는 사람들은 서향하고, 서남에 있는 사람들은 동향하여 모두 말을 탄다. 여러 장수들은 모두 북을 치며 포위해 나간다. 그리고 반대쪽에서 몰이하는 기군(騎軍)을 설치한다. 임금이 말을 타고 남향하면 유사가 따르고, 제군(諸君) 이하가 모두 말을 타고 활과 화살을 가지고 대가의 앞뒤로 벌여 서고, 유사가 또 따른다. 이에 짐승을 임금 앞으로 몰아내는데, 초구(初驅)가 지나가면, 유사가 활과 화살을 정돈하여 앞으로 나아가고, 재구(再驅)가 지나가면, 병조가 활과 화살을 받들어 올리고,

삼구(三驅)가 지나가면, 임금이 곧 짐승의 왼쪽으로부터 쏜다. 매 구(驅) 반드시 세 마리 이상이다. 임금이 화살을 쏜 뒤에야 여러 군들이 이를 쏘고 여러 장수들도 차례로 이를 쏜다. 이를 마치면 반대쪽에서 몰던 기군도 멈춘다. 이런 후에야 백성들의 사냥을 허용한다. 대개 짐승을 쏘는 데 있어서는 왼쪽 허리로부터 쏘아 오른쪽 어깨에 이른 것을 상(上)으로 삼아, 건두(乾豆)로 하여 종묘에 바치고, 왼쪽 귀 밑에 이른 것은 그 다음으로 삼아 빈객에게 주고, 왼쪽 넓적다리에서 오른쪽 갈비에 이른 것은 하(下)로 삼아 포주에 채운다. 여러 짐승들이 서로 따라다니면 다 죽이지 아니하며, 이미 화살에 맞은 것은 다시 쏘지 아니하며, 또 그 얼굴을 쏘지 아니하며, 그 털도 깎지 아니하며, 표지 밖으로 나간 것은 쫓지도 아니한다. 장차 그치려 하면 승추부에서 사냥터 안에다 기를 세우고, 우레와 같이 대가의 북과 여러 장수의 북을 치며, 군졸들은 급하게 소리쳐 부른다. 장수로서 짐승을 잡은 사람은 깃발 아래에 바치되, 그 왼쪽 귀를 바친다. 큰 짐승은 공물(公物)로 하고, 작은 짐승은 사사롭게 가진다. 사자를 보내 잡은 짐승을 가지고 달려가서 종묘에 올리게 하고, 다음에 악전(幄殿)에서 연회를 한다. 따라간 관원에게 술 세 순배를 돌린다."[131]

예조의 보고에서 사냥은 천자와 제후에게 별일이 없으면 1년에 세 번씩 한다고 하였다. 일이 없어도 사냥하지 않은 것은 '불경(不敬)', 사냥을 예로써 하지 않는 것을 '포진천물'이라고 하면서 사냥을 하는 것은 효자의 마음에 짐승의 고기가 기른 것보다 좋다고 여기기 때문이라고 했다. 사냥이 고대부터 제왕이 늘 하던 일이며 유교적 의례에서도 전혀 문제되지 않는 상례임을 주장한 것이다. 예조가 보고한 사냥법을 정리하면 다음의 11개 조항이다.

131 『태종실록』 권3, 태종 2년, 6월 11일(계해).

① 병조에서 7일 전 사냥터와 사냥법을 정해 알린다.

② 승추부에서 사냥할 곳에 표식을 붙인다. 사냥터 인근에 깃발을 세우고, 장병들이 깃발 아래 모인다.

③ 대가가 북을 치며 사냥터에 들어가면 말을 탄 장수들도 북을 치며 포위해 나간다.

④ 임금 앞으로 초일구(初一驅)가 지나가면, 유사가 활과 화살을 정돈하여 앞으로 나아간다.

⑤ 재구가 지나가면, 병조가 활과 화살을 받들어 올린다.

⑥ 삼구가 지나가면, 국왕이 곧 짐승의 왼쪽으로부터 쏜다.

⑦ 임금이 화살을 쏜 후 여러 군(君)들이 쏘고 장수들도 차례로 쏘며, 이후 백성들의 사냥을 허용한다.

⑧ 짐승은 왼쪽 허리로부터 쏘아 오른쪽 어깨에 이른 것을 상으로 친다.

⑨ 짐승들이 서로 따라다니면 다 죽이지 않고, 화살에 맞은 것은 다시 쏘지 않는다.

⑩ 짐승의 얼굴을 쏘지 않고, 사냥터 밖으로 나간 것은 쫓지 않는다.

⑪ 승추부에서 사냥터 안에 기를 세우고, 북을 치면 사냥을 중지한다.

1402년 예조에서 올린 사냥하는 법에 더하여 이듬해에는 사냥물을 종묘에 천신하는 법이 강구되었다. 태종은 사냥법의 대강을 정리한 이후에 1403년 김첨(金瞻)에게 명하여 사냥하여 종묘에 천신하는 의례를 상정(詳定)하게 하였다. 이때 군신 간에 사냥에 대한 논의가 재기되었는데 사냥은 종묘의 제물을 장만하는 것임을 재차 신료들이 주장한다. 그 내용이 다음과 같다.

"국왕이 장령 이관(李灌)을 불러 말하기를, '전일에 너희들이 사냥하는 것을 불가하다 하였으니, 그러면 인군(人君)은 사냥을 못하는 것이냐?' 이관이 대답하기를, '신 등이 불가하다고 한 것은 장차 고묘(告廟)하려고 하면서 사냥을 하였기 때문이지, 인군이 사냥을 못한다는 것은 아니었습니다' 하였다. 국왕이 말하기를, '그러면 종묘를 위하여 사냥하는 것이 예문(禮文)에 실려 있는 것이 아닌가? '천자가 사냥할 때에는 대수(大綏)를 내리고, 제후가 사냥할 때에는 소수(小綏)를 내린다'는 것과, '상살(上殺)은 변두(籩豆)에 채우고, 하살(下殺)은 빈객을 대접하는 데에 채운다' 한 것은 어째서 한 말인가? 또 나는 구중궁궐에서 태어나 자란 사람이 아니다. 비록 대강 시서(詩書)를 익혀서 우연히 유자(儒者)의 이름은 얻었으나, 실상은 무가(武家)의 자손이다. 어려서부터 오로지 말을 달리고 사냥하는 것을 일삼았는데, 지금 왕위에 있으면서 할 수 있는 일이 없어, 일찍이 경사(經史)를 보았더니, 참으로 재미가 있어서 하루도 책을 놓지 못하였다. 이것은 근신들이 다 함께 아는 바이다. 다만 조용하고 편안한 여가에 어찌 놀며 구경하고 싶은 뜻이 없겠는가? 요새 교외에 기러기 떼가 많이 온다는 말을 들었고, 또 시절이 매를 놓기에 좋은 때이다. 내가 생각하기를, '이것은 의장(儀仗)을 갖추어 행할 수도 없고, 또 수기(數騎)로 낮에 행할 수도 없다'고 여겨, 새벽에 나가서 매를 놓고 돌아온 것이었다. 너희들과 간원(諫院)이 서로 잇따라 상소하므로, 곧 아뢴 대로 따른 것이다. 내가 사냥을 하는 것은 심심하고 적적한 것을 달래기 위함이다. 너희들은 예전 사람의 글을 읽어서 강구하기를 반드시 익히 하였을 것이니, 어찌 무일(無逸)의 글을 알지 못하겠는가?' 하고, 드디어 친히 『대학연의』를 잡고 이관에게 보이며 읽게 하니, 관이 토를 떼지 못하였다. 국왕이 말하기를, '본 지가 오래면 참으로 읽기가 쉽지 않다. 그러나 대의는 알 수 있다' 하고, '유관(遊觀)은 기체(氣體)를 기르는 것이라'는 구절을 뽑아내어 스스로 읽으며, '이것이 사냥을 금하는 말인가? 예전 사람도 또한 금하지 않았고, 다만 지나치게 즐기지 말라는 것뿐이다. 내가 지나치게 즐긴 바가 있는가? 있거든 말하여 보라' 하니, 관이 대답하지 못하였다. 임금이 말하기를, '오늘 말하는 것은 너와 힐난하는 것이 아니라, 내 뜻을 말하는 것이다' 하니, 관이 말하기를, '신들도 역시 전하께서 사냥하는 것을 말리는 것이 아니라, 장차 고묘하려 하고, 또 언덕과 웅덩이가 험한 것을 두려워하였기 때문이었습니다' 하였다. (후략)"[132]

위의 인용문은 태종이 제왕으로서 신료를 제압하는 것을 보여 준다. 왕실의 기원이 무가이므로 국왕이 심신을 단련하는 것은 당연한 일이다. 그럼에도 신료에게 유교 전적을 읽게 하고는 그가 강독하지 못하자 직접 명구를 인용하여 설명하는 것으로 문무를 겸비하고 있음을 보여 주고 있다. 왕실에서 전통적으로 사냥을 거행했는데, 유교적 의례에 따라 절제를 해야 한다는 간관의 견제를 학문으로 대응하는 모습이다. 태종은 타협점으로 사냥의 법식과 종묘에 천신하는 제도를 강구한 이후 바로 '사냥을 위한 강무'를 시행하였다. 1403년 10월 추수를 마친 계절에 황해도 해주에서 강무가 거행되었다. 태종은 삼군(三軍)을 거느리고 금교(金郊)에 머물렀다. 이때 태종은 간원들이 사냥을 문제 삼는 것에 대해, 고금의 사례를 들어 반박했다.

"(전략) 강무의 법이 일찍이 상왕 때에 세워졌는데, 오직 봄·가을 두 차례뿐이니, 고제(古制)의 사시(四時) 사냥에 비하면, 오히려 미비하다. 그러나 두 때의 사냥도 오히려 그 폐단을 염려하여, 가을에는 수확이 끝나고, 기후가 춥지 않은 때를 기다려서 10월을 쓰니, 고금을 참작하여 폐단이 없다 하겠다. 지금 말하기를, '예전 제도의 사시의 사냥하는 것에 따르자' 하니, 만일

132 『태종실록』 권6, 태종 3년, 10월 1일(을사).

그렇게 한다면 봄은 2월, 여름은 5월, 가을은 8월, 겨울은 11월인데, 10월에 수확이 아직 끝나지 않았다고 한다면, 8월에는 수확이 끝났느냐? 그리고 5월에는 화곡(禾穀)을 밟아 상할 폐단이 없느냐? 11월에는 군사와 말이 춥고 언다. (후략)"[133]

태종의 지적은 상식적이면서 현실적인 내용이다. 신료들이 주장하는 강무의 형태와 내용은 중국 고대의 제도이며, 그것도 전적에만 있는 것을 인용한 것으로 현장의 변화는 감안하지 않은 책상물림의 이야기였다. 반면 태종은 태조와 전장을 누비며 문무를 겸비한 군주였다. 따라서 조선의 형편에 맞추어 봄이나 가을에 사냥하는 것이 옳으며, 10월이 좋다는 것을 보여 주는 것이다. 물론 신료들의 반대는 계속되었다. 해주의 강무에 사헌부 관원들이 삼성(三省)이 거가를 따르는 것은 예전 제도이니, 호종(扈從)하게 해달라는 것을 태종이 거절하자, "종묘의 하향(夏享)을 친히 행하지 않을 수 없습니다. 지금 만일 군사를 수고롭게 하여 멀리 사냥하고, 또 신도(新都)에 행차하면, 군마가 더욱 곤해질 것입니다. 하물며, 풍해도(豐海道)는 중국 사신이 왕래하는 땅이니, 춘추로 강무하면 그 폐단이 작지 않습니다. 청컨대, 경기에서 강무하고 신도에서 일을 행하소서. 풍해도에서 강무하는 것은 명년을 기다리소서"라고 하였다. 이때 태종은 그들을 비난하며 그들의 지적을 무시하고 강무에 임했다.[134] 태종은 이후에도 간원들의 지적을 무시하거나 오히려 경고하는 태도를 보였다. 1406년 교외에서 사냥을 한 태종에 대해 사간원에서 유전(遊田)을 위한 출유(出遊)를 하지 말고, 단정히 구중궁궐(九重宮闕)에 있으면서 덕정(德政)을 닦고 밝히라고 하였다. 태종은 "간관(諫官)이 이 따위 일을 반드시 소독(疏牘)에 쓰는 것은 무엇 때문인가? 이는 다

133 『태종실록』 권6, 태종 3년, 10월 11일(을묘).
134 『태종실록』 권7, 태종 4년, 2월 6일(정축).

름이 아니라, 특히 자기 명예를 닦고 내 허물을 드러내려는 것이다"라면서 불편한 심기를 드러내었다.[135]

그렇지만 태종이 간관들의 지적을 비난하고 무시하면서까지강무에 임하기는 했으나 실제로 그들의 시선에서 벗어나려고 할 정도로 조심하는 입장도 있었다. 해주 강무에서 태종이 친히 활과 화살을 가지고 말을 달려 노루를 쏘다가 말이 거꾸러짐으로 인하여 말에서 떨어지는 일이 있었다. 이때 태종은 좌우를 돌아보며 말하기를, "사관이 알게 하지 말라"라고 할 정도로 간관들의 지적을 꺼려 하는 모습을 보였다.[136] 태종이 사냥을 할 때 관원들을 다수 동반하지 않으려는 모습은 재위 기간 동안 지속된다.[137]

이후 1412년 2월 태종은 사냥하는 법은 제왕이 중요하게 여기는 것이니, 예조참의 허조(許稠)에게 고전을 상고하여 정부 대신이나 의흥부(義興府)와 함께 의논하여 강무의를 상정하도록 명했다.[138] 이에 예조에서는 사냥할 때 지켜야 할 장병들의 규정을 제출하였다. 예조에서 상정한 전수의(田狩儀)를 보면 다음과 같다.

① 제장(諸將)은 사졸(士卒)이 서로 섞이지 못하게 할 것.
② 대가 앞에 반드시 깃발을 세워 대가를 움직이면 반드시 뒤따라 첨시(瞻視)를 구별하게 할 것.
③ 근시(近侍)·내시위(內侍衛)·별사금(別司禁) 외에 대소 잡인은 일절 금지하게 할 것.
④ 국왕이 화살을 쏘기 전에는 근시하는 자는 화살을 쏘지 못하게 할 것.
⑤ 금수(禽獸)를 모두 대가 앞으로 몰아들이되, 모이는 것은 쏘지 못하고

135 『태종실록』 권11, 태종 6년, 2월 16일(정축).
136 『태종실록』 권7, 태종 4년, 2월 8일(기묘).
137 『태종실록』 권27, 태종 14년, 2월 6일(경술).
138 『태종실록』 권23, 태종 12년, 2월 7일(임술).

도망하는 것만 쏘게 할 것.

⑥ 대소 잡인과 매 및 개는 포위한 안에 들어가지 못하게 할 것.

⑦ 대소인(大小人)은 포위한 앞으로 먼저 가지 못하게 할 것.

⑧ 의홍부에서 범법자로 경하면 태(笞) 50대, 중하면 장(杖) 80대, 2품 이상은 근수(根隨)자가 대신함.[139]

그런데 태종의 강무는 유교적으로 의례화되지 못한 부분이 있었다. 예컨대 선대 능침에 제사한 날 사냥을 하는 경우였다. 태종은 1410년 가을 제릉(齊陵)에 제사하고, 백마산(白馬山)에서 사냥하는 것을 구경하였으며,[140] 이듬해 봄 한식에 건원릉(健元陵)에 제사 지내고는 동교(東郊)에서 사냥을 구경하였다.[141] 유교적 시각에서 본다면 부모의 제사일에 살생하는 사냥을 한다는 것이 아무래도 꺼리는 일이다. 그럼에도 왕실 제사일에 사냥이 진행된 것은 국초부터 사냥이 왕실의 한 문화로 정착된 것이 원인이라고 파악된다.

태종은 정국이 안정된 이후 대단위로 사냥을 진행하고 강무를 거행하였다. 1413년 가을, 태종은 충청도·경상도·전라도에 명하여 구군(驅軍)을 뽑아 보내게 하였다. 이때 강무는 30일이 넘는 대장정이었다. 당연히 신료들의 반대가 강무 행행 도중에서도 나왔다. 당시 태종과 신료들의 대화를 보면 태종대에 강무가 아직은 사냥의 단계로 존재했음을 알 수 있다.

지의정부사(知議政府事) 박자청(朴子靑)이 행재소에 나와서 문안하고, 아뢰기를, "좌정승 하륜(河崙)이 말하기를, '신이 일찍이 전라도 관찰사를 지냈

139 『태종실록』 권23, 태종 12년, 2월 11일(병인).
140 『태종실록』 권20, 태종 10년, 9월 25일(기축).
141 『태종실록』 권21, 태종 11년, 3월 5일(을축).

으므로 임실(任實) 등지를 자세히 일찍부터 알고 있는데, 산이 높고 물이 험하고 초목이 깊고 빽빽하니, 성상께서는 말을 달리지 마소서'라고 하였습니다" 하니, 임금이 "말을 달리고 싶지는 않다. 다만 사냥하는 것을 구경할 뿐이다" 하였다. 조영무(趙英茂)와 호종한 제경(諸卿)이 임실의 행차를 정침(停寢)하도록 다시 청하여, "지금의 사냥은 그 시기와 장소가 맞지 않습니다. 또 백성들로 하여금 가시나무를 베게 하여 사냥하는데, 사서(史書)에 반드시 쓸 것이니, 후세에서 어떻게 생각하겠습니까?" 하니, 국왕이 "불을 태워서 밭을 일구는 일은 옛날에도 있었다. 지금 백성들을 시켜서 가시나무를 베게 하는 것은 나도 실로 부끄러워한다. 수나라 양제(煬帝)는 운하를 파고 겨울철에 오색 비단을 가위질하여 꽃을 만들었는데, 내가 가시나무를 베게 하는 일이 수나라와 무엇이 다르겠는가?"라고 하고, "경 등이 이번 행차를 파하자고 청하니, 내일 마땅히 돌아가겠다." (중략) 처음에 조영무 등이 상언하였다. "신 등이 듣건대, 장차 임실에 행차한다고 하니 불가한 줄로 생각합니다. 처음에 상체(上體)가 미령하다고 하여 이번 온정(溫井)의 행차가 있게 된 것인데, 만약에 드디어 임실에 행차하여 사냥하게 된다면 사람들이 말하기를, '온정에 탕치(湯治)하기 위한 것이 아니라, 실은 놀이하고 사냥하기 위한 것이라'고 할 것이니, 무엇으로 백성들에게 믿음을 보이겠습니까? 또 임실의 산천이 험조(險阻)하니, 말을 달려 사냥하다가 넘어져 쓰러질 염려가 있을까 두렵습니다. 신 등이 또 들으니, 사람을 임실에 먼저 보내어 말을 달릴 강무장에 초목을 베어내어 불태우게 하였다니 숲을 불태우고 사냥하는 것은 옛 성현도 경계한 것으로, 후세에 비난을 끼칠까 두렵습니다"라고 하였다. 국왕이, "임실의 행차는 지금도 아직 미정이다. 그러나 사람들이 거리가 이틀 정도이고 고라니와 사슴이 무리를 이룬다고 말하니, 말을 머물러 사냥하는 것을 구경하기에는 이와 같은 곳이 없다. 가서 구경하고자 할 따름이다. 만약 초목을 베어서 불태운 일이라면 나는 알지 못한다" 하니, 조영무 등이 상언하기를, "순성(蓴城)에 행차하여 친히 예감(睿鑑)을 내리어 운하를 뚫어 파낼지의 편부를 정하시고, 드디어 이웃 고을에서 사냥하고 돌아온다면 사람들의 간언이 없을 것이며, 사책(史冊)에도 빛남이 있을 것입니다. 전조(前朝) 충렬왕이 김해부(金海府)에 거둥하여 시중(侍中) 김방경(金方慶)의 동정(東征)하는 행차를 전별하였는데 이를 명분이 없다고 이를 수는 없습니다. 이제 임실의 행차는 무슨 명분이 있습니까?" 라고 하였다. 국왕이 말하였다. "이제 무사한 때를 당하여 나라의 국왕이 한 번 나가서 놀이하고 사냥하는 것이 무엇이 해롭겠는가?"[142]

태종은 전라도 임실현에 금수가 많다는 말을 듣고 순행하고자 하여, 경상도와 충청도에서 각각 1,000명, 전라도에서 2,000명을 선발해 금주(錦州) 남제원(南濟院)에 모이도록 했다. 당시 구군들은 10일 간의 양식을 싸 오게 하였는데, 전라도에서는 재인(才人)·화척(禾尺)과 각 진(鎭)의 번상(番上)한 군관과 번하(番下)한 시위군을 전부 선발해 보냈다.[143]

태종의 강무와 사냥에 대해 신료들의 반대는 당연히 나타났다. 사간원에서 강무를 정지하자고 요청한 사례를 보면 강무에 포함된 사냥에 대한 군신 간의 상이한 시각차를 볼 수 있다. 사간원에서는 실농(失農)을 이유로 강무의 정지를 요구했다. 이때 태종은 다음과 같이 말한다.

"춘추의 강무는 천하에서 통행하는 법이다. 내가 만약 백성을 걱정하지 않고 다만 일예(逸豫)만을 위한다면 그렇게 말하여도 옳다. 내가 거의 늙었으니, 어찌 염려하지 않겠는가? 기내(畿內)가 비록 실농하였다고 하더라도 필요한 비용은 백성에게 부여됨이 없고, 백성들이 준비하는 것은 단지 들풀

142 『태종실록』 권26, 태종 13년, 9월 20일(병신).
143 『태종실록』 권26, 태종 13년, 9월 16일(임진).

뿐인데, 어찌 이 때문에 수수(蒐狩)를 폐지하겠는가? 또 내가 반드시 오랫동안 역사(役事)시켜 농사를 방해하지도 않을 것이다. 이제부터 당연히 이런 법으로 시행하여도 큰 해가 없을 것이니 다시는 말하지 말라" (중략) "국왕은 정사를 잘하면 되지, 사어(射御)를 잘한다 해서 무엇에 쓰겠는가? 내 나이 50인데 어찌 한두 마리의 노루를 쏘아서 이름을 얻고자 하겠는가?" (후략)[144]

태종은 강무를 거행하는 것이 의례에 따른 것이며 사적인 일이 아님을 나이를 들먹이면서까지 주장하고 있다. 사냥 의례를 이어가는 것의 의미를 말하면서 사냥물을 잡는 것이 목적이 아님을 강조하였다. 사실 태종은 전국의 강무장 상황이나 사시사철에 따른 사냥의 향방을 숙지하고 있었다. 따라서 신료들이 의례적인 부분이 아니면 반대를 제기하기 어려웠다. 예컨대 강무장을 변경하는 논의에 대한 태종의 반론을 보면 잘 나타난다.

좌의정 박은·우의정 한상경(韓尙敬)이 강무할 곳을 올렸는데, 사인(舍人) 심도원(沈道源)을 시켜 아뢰기를, "충청도 순성(蓴城)을 춘등강무장(春等講武場)으로 하고, 강원도 횡성을 추등강무장(秋等講武場)으로 하기를 청합니다" 하니, 국왕이 노하여 말하였다. "횡성은 곧 전일에 정부와 대간에서 의논하여 결정한 곳인데, 그때에는 어찌 한 마디 말도 언급하지 않았느냐? 또한 지금은 강무한다는 명령도 없었는데 어찌하여 이런 말을 내느냐? 나더러 각림사(覺林寺)에 간다고 핑계하여 강무하라는 말이냐? 내 어찌 강무하고자 했겠느냐? 그러나 강무는 고제(古制)인 것이다. 만일 강무하는 것을 그르다고 한다면, 이 앞서 강무하였을 때에 여러 재상과 대간이 어찌하여 저지하지 않았느냐? 이것이 곧 국왕의 악을 조장하는 것이다. 원주 각림사는 내

144 『태종실록』 권31, 태종 16년, 1월 20일(계축).

가 나이 어렸을 적에 유학(遊學)한 곳이므로, 사우(寺宇)와 산천이 매양 꿈속에 들어오는 까닭에, 한 번 가보고 싶었을 뿐이지 애초부터 부처를 위함은 아니었다. 만약에 눈이 녹기를 기다려서 간다면, 반드시 '이를 핑계 삼아 강무한다' 할 것이니, 모름지기 눈이 쌓였을 적에 가야겠다" (중략) "근자에 조원(趙源)이 강무하고자 아니하여, 사사로이 서로 헐뜯는 서신이 있었고, 또 예조에서 일찍이 고제를 모아서 아뢰었을 때, '천자도 친히 궁시를 잡는다'는 구절을 삭제하였으니, 그 뜻을 따진다면 이 역시 강무를 싫어하는 것이었다. (중략) 사람들은 모두 나더러, '무가이어서 무사(武事)를 좋아한다'고 하나, 태조께서 나에게 학문을 권장하셨으니, 내가 궁시를 잡기 시작한 것은 어렸을 때가 아닌 장년 시절이므로, 무사를 좋아한다고 할 수도 없고, 또한 무사를 좋아하지 않는다고도 할 수 없다. (중략) 내가 순성을 강무할 곳으로 삼지 않는 것은 후세에 국정을 등한시하여 멀리 사냥 나가 유일을 일삼을까 두려워함에서이다. (후략)"[145]

태종은 강무가 고제이므로 준행하는 것이 당연함을 주장하였다. 예조 관원들이 강무를 싫어하는 것을 알면서도 군왕의 강무를 저지하지 않는다고 비난하고 있다. 그러면서 왕실의 선대가 무가라서 무사를 좋아한다는 말을 지적하며 자신이 궁시를 잡기 시작한 것은 장년부터임을 말했다. 태종이 고려조의 과거에 등과한 문관 출신인 점을 부인하기는 어렵지만, 그가 태조와 같이 전야를 누비며 내외의 적들을 상대한 무장인 것도 사실이다. 그러므로 무사를 좋아하지 않는다고도 할 수 없다는 말을 하고 있다. 태종이 유년시절 노닐던 각림사에 가고 싶은 것은 군왕이 아니더라도 인정상 자연스러운 일임에도 군이 강무를 핑계한다는 말을 듣기 싫어 안 한

145 『태종실록』 권33, 태종 17년, 2월 2일(기미).

다고 한 것이다.[146] 또한 강무에 열중하여 정사를 등한시한다는 말도 꺼리는 모습을 보이고 있다. 따라서 태종은 강무, 곧 사냥을 하고자 하면 신료들의 반대 이유를 회피해 진행할 수 있다는 것을 사전에 설명하는 것이다.

태종 재위 기간의 강무 시기와 사례를 보면 다음의 〈표 6〉과 같다.

태종은 재위 초기부터 매년 봄과 가을에 걸쳐 강무를 시행하였다. 태종은 봄에는 13회, 가을에는 11회의 강무를 시행하였다. 봄의 강무는 2월 초에도 하는 경우가 있으나 대부분 2월 말에서 3월 초에 거행되었다. 농사철을 앞둔 초봄 시기였다. 가을의 강무는 9월과 10월이므로 추수를 마친 뒤 겨울이 오기 전 시기였다. 강무 일자는 봄철에는 11일, 가을에는 8일로 대개 10일을 전후하였고 특별한 일을 겸행하는 경우에는 소요 일수가 증가되었다. 1408년과 1409년 강무가 없는 것은 당시가 태조의 3년상을 치르던 기간이었기 때문이다.[147]

태종은 세종에게 보위를 물려준 뒤 상왕에 올랐을 때는 2~3년간 매일 혹은 며칠에 한 번씩 사냥을 나갔다. 태종의 사냥은 세종 즉위 초부터 활발해졌다. 예컨대 1419년 2월, 태종은 노상왕인 정종과 같이 교외에 나가 매사냥을 하였다. 세종도 동행하여 잔치를 베풀었는데, 살곶이 들판의 증산(甑山)에서 거행했다. 태종은 이곳에 궁을 건축하고, 그 위에 정자를 짓게 하였는데, 이때 낙성식을 하고 낙천정으로 명명하였다.[148] 이후 낙천정은 국왕의 강무장이면서, 군사훈련과 사냥이 이루어지는 곳이 되었다. 태종이 세종과 동행하여 강무하는 것은 신료들 사이에서도 논란이었다. 세종이 즉위 초부터 농사에 방해되는 사냥을 하는 모습이 좋지 않다는 논의였다. 홍

146 태종은 13세에 원주 각림사에서 거처했다고 한다[『세종실록』 권6, 세종 1년, 11월 9일(기유)].
147 『태종실록』 권18, 태종 9년, 7월 19일(기축).
148 『세종실록』 권3, 세종 1년, 2월 21일(병신).

표 6 태종 재위 기간 강무 일시와 강무장

년도	기간	소요 일수	강무장	비고
1403 (태종 3)	3월 13일~3월 17일	5	황해도 송림	
	10월 11일~10월 18일	8	황해도 해주	
1404	2월 6일~2월 18일	13	황해도 해주	
1405	2월 15일~2월 28일	14	경기도 양주, 마전	
1406	2월 28일~3월 3일	5	경기도 광주	
	9월 11일~9월 20일	10	강원도 철원, 평강	
1407	2월 13일~2월 18일	6	경기도 광주	
	2월 28일~3월 1일	3	경기도 양주	
	10월 12일~10월 16일	5	경기도 금천	
1410	10월 1일~10월 5일	5	황해도 해주	악천후로 중단
1411	2월 27일~3월 2일	5	경기도 광주	
	10월 6일~10월 11일	6	경기도 광주	
1412	2월 18일~3월 3일	15	경기도 철원	
	9월 24일~9월 30일	7	경기도 부평, 이천	
1413	2월 4일~2월 28일	25	황해도 평주	온행 겸행
	9월 11일~10월 12일	32	전라도 임실	온행 겸행
1414	2월 27일~3월 6일	9	강원도 감화, 평강	
	9월 3일~9월 19일	17	강원도 횡성	
1415	2월 6일~2월 29일	24	황해도 해주	
	9월 25일~10월 12일	18	강원도 강릉, 횡성	
1416	2월 4일~2월 22일	19	충청도 태안	
	10월 15일~10월 20일	6	강원도 평강	
1417	2월 27일~3월 9일	12	강원도 원주	각림사 방문
	9월 28일~10월 3일	6	경기도 이천, 미원	

미로운 점은 이때 태종의 경우 병무(兵務)를 친히 관장하고 있으므로 무사를 강습하는 것은 오히려 당연하다면서, 태종의 강무는 논의에 포함되지

않은 점이다. 또한 태종이 신료들에게 세종과 동행하겠다는 말에 따라 강무가 진행되던 사례를 보면, 강무나 군사훈련, 사냥은 태종과 같이 강력한 왕권을 유지하고 정국을 운영하는 상황에서는 언제든지 국왕의 의지에 따라 좌우되었음을 볼 수 있다.[149]

예컨대 1419년 3월 10일 강원도 철원에서 거행된 봄철 강무는 태종이 주도하고 세종이 수행하는 모습이었다. 3월의 강무에서는 국기(國忌)와 겹쳐서 강무만 시행하고 사냥은 하지 않았다.[150] 11월 3일 강원도 원주 등에서 거행된 강무도 태종이 주도했으며 세종과 왕자, 종친들을 대동하고 강무장에 행행하였다.[151] 세종 즉위 초 태종이 왕실의 강무를 주도하는 것은 1420년, 1421년에도 동일하게 나타났다.

심지어 1419년 9월 26일 정종이 인덕궁 정침에서 승하한 뒤에도 강무는 이어졌다. 1419년 11월 2일 사간원에서 태종에게 정종이 빈소에 있고 장사도 지내지 않았는데, 강무는 불가하다고 하였다. 태종은 후사(後嗣)된 자로서 날수[日數]로 달수[月數]를 바꾸어 계산하는 상을 이미 마쳤으며, 형제간의 복(服)으로도 다 마쳤으므로, 나가서 군사를 조련하려고 하는 것이라며 오히려 간관들의 무지함을 책망했다.[152]

1421년 봄의 강무에서는 세종이 1419년 9월에 죽었던 정종의 3년상을 마치지 않았음을 이유로 고사했으나 태종의 요구에 따라 시행할 수밖에 없었다. 당시 태종은 철원에서 강무하려고 했다. 세종은 거상을 마치지 않았다며 사양하자, 태종은 "비록 강무하는 데 좇아가지만, 짐승을 잡는 것은 아니요, 다만 조석 식사에 모시고 정성(定省)하는 것뿐이니, 만약 좇아가지 아니하면 정성이 오래 궐할 것이다. 비록 거상이 끝나지 아니하였으나,

149 『세종실록』 권3, 세종 1년, 3월 8일(임자).
150 『세종실록』 권3, 세종 1년, 3월 10일(갑인).
151 『세종실록』 권6, 세종 1년, 11월 5일(을사).
152 『세종실록』 권6, 세종 1년, 11월 2일(임인).

나를 위해 따라가라" 하였다. 결국 세종은 태종을 따라 양주에서 강무를 하였다.[153]

한편 1419년 태종의 강무는 대대적으로 진행되었다. 태종은 세종과 종친들을 동반해서 수일 동안 강무를 하기도 했다. 11월 가을 추수를 마치고 강원도에서 거행된 강무는 대단위 군사훈련과 같이 수천 명의 인원이 동원되었다. 수행원으로는 양녕대군 이제(李禔), 효령대군 이보(李補), 공녕군(恭寧君) 이인(李裀), 우의정 이원, 한평군(漢平君) 조연(趙涓), 곡산군(谷山君) 연사종(延嗣宗), 판도총제부사(判都摠制府事) 이화영(李和英), 장흥군(長興君) 마천목(馬天牧), 병조판서 조말생, 도총제 이담(李湛), 홍부(洪敷), 광록시경(光祿寺卿) 권영균(權永均), 소경(少卿) 한확(韓確), 총제 유은지(柳殷之)·문효종(文孝宗)·곽승우(郭承祐)·이춘생(李春生)·성달생·전흥(田興)·박실(朴實)·박성양(朴成陽)·이순몽(李順蒙)·원윤(元胤)·이교(李皎)·황상(黃象)·문귀(文貴), 병조참판 이명덕, 당성군(唐城君) 홍해(洪海), 지신사 원숙, 좌대언 김익정, 우대언 이수(李隨), 동부대언 유영, 첨지돈녕부사 홍상직(洪尙直), 첨총제(僉摠制) 김월하(金月下)·지백연(池伯淵)·조정(趙定) 등이 어가를 따랐다. 상호군(上護軍)·대호군(大護軍)·호군(護軍)·사금(司禁)·사엄(司嚴) 및 사사로 부리는 반당(伴儻)을 제한 외에도 갑사(甲士)·별패(別牌)·시위패(侍衛牌)를 아울러 2천여 명이었으며, 말이 만여 필이고, 별군방패(別軍防牌)가 수천 명이었다. 태종은 세종과 평구역(平丘驛) 등지에서 매사냥을 관람하고 용진(龍津) 남쪽에서 사냥하였다. 이들은 용진 여울을 건너 남쪽 언덕에 잠시 주정했다가 양주(楊州) 조시배령(曺時背嶺) 남쪽에서 점심 주정을 하였다. 경기감사가 준비한 음식을 들고 첨총제 이상을 장전(帳殿) 앞에서 호궤(犒饋)하고, 시위하는 대소 인원에게 술을 하사하였다. 행차 중에 주정소(晝停所)나 숙소에서는 반드시 지방에서 바치는 술을

153 『세종실록』 권11, 세종 3년, 2월 13일(병오).

시위하는 사람들에게 나누어 주어 일행의 사기를 진작하였다.[154]

강무에 참가하는 인원은 국왕에서 정부관원, 장병, 백성 등으로 시기와 상황에 따라 동원 인원에 차이가 있었다. 그럼에도 수천 명에서 수만 명에 이를 정도로 강무 참여 인원은 늘 대규모였다. 왕족이 참여하는 경우도 많았다. 세자와 대군이 참여하는 경우가 많았는데, 세자의 경우 군대 지휘와 통솔을 익히는 수단에서 참여하였다. 강무가 거행되기 전에 원유도감(苑囿都監)을 설치해서 원유, 즉 강무장을 관리하게 했다. 강무장의 설치 및 통제, 국왕의 임시 거처 및 소용물품의 장만 등이 주요 업무였다. 강무장은 일정한 지역에 상설되지 않고 매번 정해졌다. 강무장의 사방은 깃발로 경계를 표시해 일반인의 출입을 통제하였고, 개인적인 사냥은 물론 벌목, 경작을 금지했다. 일반인이 허가 없이 출입하면 장 100에 처해졌다. 강무장의 내부는 위내(圍內)라고 했고 그 안에서 짐승을 몰아서 국왕과 장병이 화살을 이용해 잡는 사장(射場)을 두었다. 강무장에 동원된 군사들은 초기(抄旗)로 소속 부대를 구분했고 군복의 등에 어디 소속 누구라는 표지를 붙여야 했다. 장병은 삼군으로 나뉘어 중군은 붉은 표지, 우군은 흰색 표지, 좌군은 푸른 표지를 명주 혹은 베로 방형으로 만들어 사용했다. 장병이 소지한 화살에는 이름과 표지를 하여 마음대로 사냥을 못하게 함과 동시에 표지가 없는 화살을 휴대하면 처벌하도록 하였다.[155]

3) 세종대 강무의 정착과 의례화

세종대에 강무는 정식으로 국가의례화되었다. 세종은 재위 31년간 연평균 1회 정도인 30여 회의 강무를 시행하였다. 강무는 대체로 봄에 거행되

154 『세종실록』 권6, 세종 1년, 11월 3일(계묘).
155 심승구, 「조선시대 사냥의 추이와 특성－講武와 捉虎를 중심으로」, 181~184쪽.

표 7 세종 재위 기간 강무 일시와 강무장

년도	기간	소요 일수	강무장	비고
1419 (세종 원년)	3월 10일~3월 20일	11	강원도 철원, 평강	정종, 태종 동행
	11월 3일~11월 13일	11	강원도 철원, 평강	태종, 종친 대동
1420	2월 1일~2월 22일	22	황해도 해주	태종 동행
1421	2월 25일~3월 12일	17	강원도 진부	태종 동행
1424	9월 27일~10월 5일	9	강원도 철원	
1425	3월 9일~3월 19일	11	강원도 철원, 평강	
	9월 28일~10월 2일	5	경기도 광주	
1426	2월 13일~2월 19일	7	강원도 횡성	
	10월 4일~10월 12일	9	강원도 평강	
1427	10월 1일~10월 5일	5	경기도 광주	
1428	3월 9일~3월 12일	4	경기도 양주	
	10월 4일~10월 12일	9	강원도 철원	가뭄으로 중지
1429	2월 26일~3월 6일	10	강원도 평강	
1430	3월 9일~3월 17일	9	강원도 평강	
1431	2월 12일~2월 21일	10	강원도 평강	세자 대동
1432	2월 19일~3월 2일	13	강원도 평강	
1432	9월 27일~10월 2일	6	경기도 양주	
1433	9월 27일~10월 5일	9	강원도 평강	
1434	2월 6일~2월 19일	14	강원도 철원, 평강	세자 대동
	9월 28일~10월 6일	9	강원도 철원, 평강	세자 대동
1435	2월 13일~2월 22일	10	강원도 철원	
	10월 10일~10월 14일	5	경기도 수원	세자, 종친 대동
1436	3월 8일~3월 19일	12	강원도 철원	종친, 부마 대동
1437	10월 2일~10월 12일	11	강원도 철원, 평강	세자 대동
1439	윤2월 19일~2월 29일	11	강원도 철원, 평강	
1440	10월 1일~10월 10일	10	강원도 철원, 평강	
1442	3월 3일~5월 1일	60	강원도 철원, 이천	溫幸(중궁, 세자)
	10월 7일~10월 10일	4	경기도 양주	세자 대동
1445	9월 29일~10월 6일	8	강원도 평강	세자 대동
1449	2월 28일~3월 4일	6	경기도 풍양	세자 대동

었는데, 경기도의 광주, 양주, 철원, 안협(安峽), 강원도의 평강(平康), 이천(伊川), 횡성, 진보 등에 강무장이 설치되었다.[156] 태종대에 비해 경기도와 강원도로 한정되는 모습이었다. 세종대 강무는 1419년 세종 원년 3월 강원도 철원에서 처음 거행되었다. 이후 11월에도 대군과 종친들이 대거 참여하는 강무가 거행되었다. 그런데 당시의 강무는 세종에게 양위하고 상왕으로 있던 태종이 주도한 것이므로 정확하게 세종대 강무라고 보기에는 한계가 있다. 오히려 태종대 강무의 연장선에서 보아야 할 것이다.

세종의 강무 일수는 대부분 10일 전후였다. 강무 도중에 질병을 고치기 위해 온천에 행차하는 경우를 제외하면 최저 4일에서 최고 14일 정도였다. 태종대 강무와 가장 큰 차이는 강무장이다. 태종은 경기도, 강원도, 충청도, 전라도 등 다양한 곳에 강무장을 설치해 사용하였는데, 세종은 강무장을 강원도에 주로 설치하였다. 세종이 강무장을 일정한 지역에 국한시키려고 한 것은 강무장의 설치로 피해를 보던 인근 백성을 위한 배려라고도 볼 수 있다. 지방에 강무장이 설치되면 그 경계 내에서 개인적인 사냥부터 땔감 채취와 벌목, 경작이 모두 금지되었으므로 백성의 피해가 발생할 수밖에 없었다. 또한 지역 수령부터 관원, 병사들의 동원도 큰 부담이었다.

예컨대 1420년 세종은 경기도 광주, 양주, 철원, 안협과 강원도 평강, 이천, 횡성, 진보 등을 강무장으로 지정하고 나머지 강무장은 모두 해제하였다. 1424년에도 추가로 강무장이 해제되었는데, 경기도 연천, 안협, 삭녕, 임강과 강원도 김화, 금성, 회양과 황해도 우봉 등이었다. 강무장에서 해제된 지역은 백성들의 경작이 허가되었다. 물론 강무장에서 한번 제외되었다고 해서 재차 지정되지 않는 것은 아니었다. 김화, 금성, 회양은 강무장에 다시 포함되기도 하였다. 그러나 세종대 강무장이 점차 축소되어갔음은 분

156 정재훈, 「조선시대 국왕의례에 대한 연구－강무(講武)를 중심으로」, 『한국사상과 문화』 50, 2009, 236쪽.

명하며 백성들의 경작지로 이용되었다.[157] 강무장이 축소된 것은 국왕의 의지이기도 했으나, 신료들의 주장 때문이기도 하였다. 신료들이 강무장을 폐하자는 주장의 골자는 농업의 터전으로 삼게 해 주자는 것이었다.[158]

그럼에도 불구하고 세종은 강무장을 줄이면서도 강무를 폐하지는 않았다. 명나라 사신의 영접을 앞둔 1433년 가을의 경기도 보장산(寶藏山) 강무에서도 "강무는 보통 일과는 다른 것이니, 보장산을 몰이한 뒤에 환도하여도 해로울 것이 없다"는 이유로 진행하였다.[159] 또한 1433년은 흉작이었으므로 이듬해 강무는 정지하자는 것이 신료들의 의견이었다. 그런데 세종은 강무가 조종(祖宗)이 군사를 훈련시키기 위하여 실시하신 것이며, 자손들의 사냥하고 놀기 위한 계책이 아니라면서, 춘·추 양등(兩等)의 강무는 폐할 수 없으며, 특히 조종 만대의 법인 강무를 폐한다는 것은 불가하다고 하였다. 또한 대간들이 강무를 임금 일신의 기호(耆好)로 보고 번거롭게 진간(進諫)하는 것이며, 무비는 군국의 중대사로서 작은 폐단인 농사로 중대사를 폐할 수 없다고 하였다.[160]

1436년 가을 흉년으로 강무를 정지하면서 세종이 강무의 정의를 내린 내용을 보면 강무가 단순한 사냥이 아니며 조종조에서 이어가는 왕실 군례라는 점을 강조하였다.

> 정부에 의논하기를, "옛날에는 사시절 사냥이 있어서 무사를 연습하여 백성의 해를 제거했는데, 이것은 선왕이 정한 제도이고 군국의 중대한 일이었다. 우리 조종께서 옛날 제도를 참작하여 봄·가을에 강무하는 법을 제정하여, 경제의 법전에 기재하여 자손들에게 훈계를 전하니, 생각이 원대

157 이현수, 「조선초기 강무 시행 사례와 군사적 기능」, 243~245쪽.
158 『세종실록』 권123, 세종 31년, 2월 9일(경신).
159 『세종실록』 권62, 세종 15년, 10월 3일(임자).
160 『세종실록』 권63, 세종 16년, 1월 20일(무술).

하셨다. 신진 유생들은 이것을 임금이 사냥놀이를 하면서 즐거움을 누리는 행사로 견주어, 매양 행사를 정지하기를 청하고, 대신들도 정지하기를 청하는 사람이 있는데, 나는 조종께서 이루어 놓은 법을 폐지할 수가 없다고 생각하는 까닭으로, 그 의논에 따르지 않고 강무를 행한 지가 오래되었다. 지난해에 강무하는 시기를 당하여, 내가 병이 나서 친히 행하지 못했으나, 큰일을 또한 폐지할 수가 없는 까닭으로, 장수에게 명령하여 군사를 나누어 거느리고 행하게 하려 했더니, 대신들이 아뢰기를, '마땅히 병권을 장신(將臣)에게 맡길 수 없습니다' 하므로, 내가 그렇게 여겨 마침내 이를 중지시켰다. 금년은 하삼도와 서울 이남의 경기도 각 고을의 흉년이 너무 심하여 근고(近古)에 이런 일이 없었던 까닭으로, 내가 심히 두려워하여 잠정적으로 금년 가을의 강무를 정지하고, 명년 봄의 강무도 또한 정지시켜서 백성들의 힘을 휴식시키고자 하는데, 지난번에 병조에서 청하기를, '1년의 흉년으로 큰일을 두 번이나 폐지할 수는 없으니, 명년 봄에는 행하지 않을 수 없습니다' 하였다. 나도 또한 생각하기를, 흉년이 든 해에 더욱 무비를 정돈하여 비상의 변고에 대비하는 것은 옛날의 법인 까닭으로, 잠정적으로 그 청에 따라서 모든 일을 준비하되 될 수 있는 한 간략하게 하였다. 그러나 국군(國君)이 한 번 움직이면 드는 비용이 적지 않으니, 세자의 직책이 무군(撫軍)에 있으므로 세자에게 명하여 대신 행하고자 한다. 이와 같이 한다면, 중대한 일을 폐지하지 아니하고 드는 비용도 반드시 덜어질 것인데, 만약 백성의 생계가 매우 곤란하여 재력이 넉넉하지 못하다면, 비록 세자가 하는 일이라도 또한 정지해야 하겠는가"라고 하니, 영의정 황희 등이 아뢰기를, "병권은 세자에게도 맡길 수 없습니다. 또 금년은 흉년이 들었으니, 잠정적으로 강무를 정지하는 것이 편리하겠습니다" 하니, 그대로 따랐다.[161]

세종이 왕세자에게 강무를 대행하게 하려던 것은 곧 이루어졌다. 1442년 가을 강무에서 병조는 세자의 강무 대행 사목(事目)을 다음과 같이 15개 정도로 보고한다.

① 전도하는 청양산(靑陽繖)은 제거(除去)하고 무늬 없는 흰 깃술 붉은 기로 국왕과 차별 있게 한다.

② 별시위(別侍衛)에서 50명을 선택해 2대(隊)를 만들고 인도하고, 뒤에서 옹위(擁衛)한다.

③ 오장(烏杖) 오원(五員)을 제거하고, 별시위 10명으로 그 임무를 대행하게 한다.

④ 사복시(司僕寺)의 녹관(祿官)과 겸관(兼官)은 반을 나누어서 수종(隨從)한다.

⑤ 서연관(書筵官) 3명, 익위사(翊衛司) 8명이 수종한다. 익위사는 다 활과 화살을 휴대한다.

⑥ 삼군(三軍)의 장수 각각 2명과 낭청(郎廳)·진무(鎭撫) 15명이 수종한다.

⑦ 사장(射場)에 푸른빛·붉은빛·흰빛의 삼색으로 된 큰 기를 세우기 위하여 가지고 간다.

⑧ 숙소에 내사문(內四門)과 외팔문(外八門)을 설치하고 방패(防牌) 4명이 수직(守直)한다.

⑨ 숙소에 창간사(槍間射)를 제외하고 활과 화살을 휴대하게 하며, 별시위 갑사(甲士)가 숙직한다.

⑩ 숙소와 주정(晝停)에서는 취각(吹角)을 제거한다.

⑪ 모든 강무에 관한 일과 금령은 이미 시행한 격식과 규례에 의거하여

161 『세종실록』 권75, 세종 18년, 11월 16일(정미).

시행한다.

⑫ 군기감의 관원 1인이 화약의 수량을 계산하여 가지고 간다.

⑬ 분병조(分兵曹), 봉사인(奉使印) 1개, 분조인(分曹印) 1개, 마패 10개를 가지고 간다.

⑭ 감사와 수령이 교영(郊迎)할 때와 배례(拜禮)를 행할 때에는 다 공복(公服)을 입는다.

⑮ 군사가 행동할 시각과 행순(行巡) 때의 언적(言的)은 다만 동궁에게만 신달(申達)한다.[162]

병조에서 세자가 강무에 동행하는 것은 인정하였지만, 의장과 기물을 국왕과 구별지어 외형적으로 분명히 차이가 나게 하고 있다. 또한 세자의 지위에 맞게 분조를 통해 업무를 분장하고 있으며, 취각령을 내릴 수 있는 취각은 사용하지 못하게 하였다. 강무가 사냥을 하는 것이지만 지방의 대군을 동원하는 엄연한 군사훈련이었으므로 군령의 계통을 분명히 하는 모습이라고 본다.

그런데 지방에서 군사를 동원하는 것은 용이한 일이 아니었다. 앞서 강무의 정지를 주장하는 국왕과 신료들이 한결같이 이유로 삼는 것이 흉년과 농사 문제였다. 물론 강무를 통해 농사에 해를 주는 짐승을 사냥한다고는 하지만, 사냥에서 잡는 짐승보다 사냥에 동원되는 농민들의 고충이 사실 더 크다고 볼 수 있다. 강무장이 정해지면 땔나무 하는 것은 물론 출입을 통제하므로 농사를 경영하는 데 많은 불편을 주는 것은 당연하였다. 이에 따라 강무에 한 번 참여한 자들은 순차적으로 쉬게 하는 제도를 착안하게 되었다.

162 『세종실록』 권97, 세종 24년, 9월 12일(기사).

예컨대 병조에서 강구한 안을 보면, 매년 군사가 정월에 입번한 자는 2월 보름 후에 한 번, 3월 보름 전에 한 번 하고, 5월에 입번한 자는 5월 보름 전에 한 번, 8월 보름 후에 한 번 하고, 9월에 입번한 자는 10월 보름 전에 한 번, 보름 후에 한 번으로 하여, 삭녕(朔寧)·안협(安峽)·이천(伊川)·김화(金化)·금성(金城)·남곡(嵐谷)·낭천(狼川)·춘천(春川)·홍천(洪川)·횡천(橫川)·방림(芳林)·진부(珍富)·원주(原州)·지평(砥平) 등에서 농사의 풍흉을 물론하고 윤차(輪次)로 강무에 참여하게 하는 방안이었다.[163]

당시에 군사가 집을 떠나 있는 기간은 강무일보다 많을 수밖에 없었다. 지방에서 서울이나 강무장으로 왕복하는 시일과 훈련하는 기간을 합하면 1개월 전후라고 생각된다. 따라서 강무에 지방군을 동원하려면 적어도 1개월의 간격을 두고 사전에 공고해야 동원이 용이했을 것이다. 지방의 핵심 군사력인 정병을 상비할 수 없는 상황에서 강무는 큰 재원을 사용하지 않고 이들을 동원할 수 있는 방법이었다. 지방에서 올라오는 군사는 소요 시일에 맞추어 자신의 식량과 무기, 심지어 기병은 마초까지 장만해야 했기 때문이다. 마초는 강무장 인근의 고을에서 사전에 준비해야 했는데 이를 교초(郊草)라고 하였다. 교초는 강무와 시위 군사의 마초 및 사민(徙民) 등이 지나갈 때 소나 말에게 쓰이는 것에 대비하는 것이었다. 그런데 성종대는 해마다 열무, 강무를 거행하지 않아 그냥 쌓아 두는 것으로도 폐단이 되었다. 또한 매년 백성에게 쌓아 놓으라고만 하여 문제였다.[164]

이런 배경에서 강무 와중에 식량이 부족한 것을 이유로 병사들을 돌려보내기까지 하였다.[165] 이후 성종대에는 강무에 동원되는 군사가 귀가하는 시일이 긴 강무 기간이나 농번기에는 동원하지 않는 것으로 변화되었다.[166]

163 『세종실록』 권124, 세종 31년, 4월 17일(병인).
164 『성종실록』 권284, 성종 24년, 11월 24일(을묘).
165 『세종실록』 권63, 세종 16년, 2월 17일(을축).
166 『성종실록』 권99, 성종 9년, 12월 21일(무신).

4) 세조대 이후 강무의 변화와 축소

세종 이후 세조 즉위까지 강무는 일시적으로 중지되었다. 세종과 문종의 3년상으로 인해 강무를 거행할 수 없었다. 국상 기간에 강무를 시행하지 않는 것은 의례상 당연한 일이었으나, 세조는 세종대에 비해 강무를 잘 시행하지 않는 경향을 보였다. 세조는 재위 14년 동안 매년 강무를 시행하지 않았으며 강무 시행일수도 축소시켰다. 또한 강무장도 서울에서 가까운 경기도의 풍양에서 주로 거행하였다. 세조는 1457년(세조 3) 10월 강무가 사냥에 불과한 것이라며 강무장을 축소하라는 명령을 내렸다.[167] 세조대에 설치한 강원도 강무장도 혁파되었다.[168]

세조에 이어 예종은 짧은 재위 기간으로 강무를 시행할 수 없었고 성종 즉위 이후 강무가 이어지게 된다. 성종은 1473년(성종 4) 가을에 처음으로 강무를 시행하였다. 성종이 3년상을 치르는 동안 관료들이 강무의 시행을 대왕대비에게 주장하기도 했다. 성종이 영릉(英陵)에 참배하고 환가(還駕)할 때에 훈련 삼아서 군사들에게 잠시 강무를 행하는 형태였다. 그러나 대왕대비는 성종이 비록 권도(權道)에 따라서 길복(吉服)을 입었으나, 3년이 아직 끝나지 않아 강무에 임하는 것은 마음이 쓰인다며 정지시켰다고 하였다.[169]

예종의 3년상을 마친 1472년은 흉년과 기상악화로 강무를 연기하여 1473년에 거행하게 했다. 그런데 성종도 세조와 마찬가지로 강무를 잘 시행하고 싶지 않았던 것으로 보인다. 즉위 초부터 복상(服喪)과 날씨로 강무를 연기하자 승정원에서 강무 시행을 권고할 정도였다. 태종대 신료들이 강무와 사냥을 적극적으로 저지하던 것과는 대조적이었다.

167 『세조실록』 권9, 세조 3년, 10월 17일(정미).
168 『세조실록』 권22, 세조 6년, 11월 6일(무인).
169 『성종실록』 권11, 성종 2년, 8월 4일(갑진).

성종이 강무를 기피한 것은 장기간 평화 시기가 도래하여 상대적으로 군사훈련의 중요성이 반감된 이유도 있으며, 건국 초에 비해 국왕이 상무적인 분위기보다 문치적인 조류에 집중한 영향이라고 볼 수 있다. 성종은 재해가 발생하거나 흉년일 때에는 국왕이 공구수성하는 것을 솔선하며 강무를 행하지 않았다.[170]

연산군대에도 재위 기간 강무보다 타위에 치중한 것을 통해 강무적 요소가 세조대 이후 축소 내지 변화되었다고 하겠다.[171] 성종은 재위 25년간 6번의 강무를 시행하였다. 강무 일자는 대부분 8일 전후였다. 강무 장소는 경기도 용인과 풍양이 주로 이용되었다. 한번 정해진 강무 일자는 변경되기 어려웠다. 강무 일자를 변경하게 되면 이미 출발하거나 예정인 장병들의 일정을 다시 변경하는 것이 문제였기 때문이다. 강무 일자가 증가하면 인마가 지치게 되고, 더욱이 식량과 무기 등을 직접 지참하는 장병들에게 강무 일자의 변경은 체력적인 것만이 아니라 금전적인 부분에서도 문제였다.[172]

예컨대 강무를 20일 정도 거행하게 되면, 경상도와 전라도의 변방 고을 사람들은 15일이나 걸린 다음에야 서울에 오게 되므로 군기와 양식을 하나의 짐수레에도 싣고 올 수가 없어 모자라게 되는 경우가 있었다. 심지어 강무 중에 양식이 떨어져 거가 앞에서 호소하는 사람들도 있었다. 그럼에도 성종은 다음과 같이 군사들의 문제점을 지적하였다.

"그대들의 말은 모두 모자라는 계책이다. 옛말에 이르기를, '국가의 큰일은 제사와 군사에 있다'고 하였다. 지금 군사들이 태평한 데에 익숙해져 대부

170 『성종실록』 권82, 성종 8년, 7월 12일(정축).
171 정재훈, 「조선시대 국왕의례에 대한 연구-강무(講武)를 중심으로」, 237~238쪽.
172 『성종실록』 권108, 성종 10년, 9월 18일(신미).

분 태만해져서 승마용 말과 짐바리를 모두 준비하지 않고서 번상(番上)할 때마다 남의 것을 빌려 점열(點閱)을 받으니, 군무가 소홀하다. 이번에 20일 동안의 사냥에 있어서도 양식을 가지고 가지 못한다면, 만일 두 달이나 석 달 동안 군무에 종사해야 할 일이 있게 될 적에는 장차 어떻게 할 것인가? 내가 들으니, 지난 기해년에는 군사들이 속히 돌아오게 될 것으로 미리 생각하고서 짐짓 양식을 적게 가지고 갔다가 마침내 굶주림을 고한 자가 있었다고 한다. 이번에 20일의 양식을 가지고 가도록 한다면 일찍 돌아가게 되더라도 남은 양식이 또한 헛되이 버려지는 것은 아니니, 지금 기한을 감할 수 없다."[173]

성종의 말이 맞는 부분도 있지만, 한편으로는 그렇게 전쟁에 동원될 군사들을 생각한다면 중앙에 군량을 비축해 두었다가 사용하거나, 적어도 강무를 시행하는 지역에 미리 상비하는 것이 더 용이하지 않나 하는 생각이 든다. 전술적으로도 보급창(Depot), 즉 군수품 창고를 각 지역마다 비치하는 것이 전쟁 수행의 기본인데도 그런 사고까지 하지 못하는 것이 성종대의 한계라고 생각한다. 따라서 성종대 강무는 군사훈련적인 부분보다 조종조의 전례를 잇는 모습이라고 볼 수밖에 없으며, 그런 배경에서 성종의 재위 기간에 비해 강무 시행 일수가 적었다고 본다.

한편 성종대 강무가 잘 시행되지 않은 것은 국왕의 의지도 문제였지만, 신료들의 주장도 배경이 되었다. 1477년 가을에 강무를 시행하려 할 때 승문원 부정자(副正字) 조지서(趙之瑞)가 상소하기를, 황충(蝗蟲)과 수한(水旱)으로 농사가 흉년이고 백성에게 구휼(救恤)하지 않고 군사를 동원하는 것은 불가하다고 하였다. 더욱이 경상도·전라도 두 도는 산천이 험절(險絶)하고

173 『성종실록』 권206, 성종 18년, 8월 3일(경오).

도로가 막히고 멀어서, 강무에 나오는 자가 갑옷과 양식을 준비해 오는 것에 고충이 따른다는 것이 강무 불가의 주요 원인이었다. 조지서는 성종이 즉위 이후 강무를 많이 하지 않은 것도 인정하면서도 강무를 명분으로 사냥하는 거둥이 발생한다고 지적하였다. 물론 조지서의 의견은 채택되지 않고 대신들이 "강무는 국가의 대사(大事)이며 흉년이 든 것은 온 나라의 재해가 아니니 정지할 수가 없다"는 논의에 따라 강무는 시행되었다.[174]

그런데 조지서가 지적했듯이 성종은 강무를 즐겨하지 않았으며 오히려 즉위 초부터 민인들을 위해 강무장의 출입을 해제시키는 조치를 취하기도 하였다. 1472년(성종 3) 경기관찰사 윤계겸(尹繼謙)이 굶주림이 심하므로 1년 정도는 강무장에서 나무하는 것을 금하지 말도록 하자는 것에 대해 경도(京都)에서 가까운 산 이외에는 금하지 말라고 하기도 하였다.[175] 또한 1481년에도 병조에 내린 전지(傳旨)를 보면 강무에 별로 신경 쓰지 않는 성종의 모습을 볼 수 있다.

> "사냥하는 일은 본래 백성을 위하여 피해를 제거하는 것이다. 조종 이래로 강무하는 땅은 표를 세워 사냥을 금하고 매양 농한기를 당하여 친히 군사를 사열하고 무예를 익혔다. 근래에는 흉년으로 오랫동안 강무를 폐지하였는데 백성들이 아직도 금령(禁令)을 두려워하여 땔나무를 채취하지 못하였고, 이 때문에 짐승들이 더욱 번성하여 공연히 백성들의 곡식을 해치니 강무의 본의에 어긋난 것이다. 옛말에 '풀 베고 나무하는 자도 들어가며 꿩 잡고 토끼 잡는 자도 들어간다' 하지 않았는가? 지금부터 강무장은 모두 금령을 풀어서 백성들이 땔나무를 하고 사냥하도록 허가한다. 혹 수령이 나의 뜻을 본받지 않고 사냥하기를 일삼으면서 백성들로 하여금 땔나무 채

174 『성종실록』 권83, 성종 8년, 8월 30일(갑자).
175 『성종실록』 권24, 성종 3년, 11월 24일(병진).

취를 못하게 하면 그 죄를 용서하지 않을 것이다. 원유(苑囿)가 있는 여러 고을에 이 뜻을 알리라."[176]

그런데 강무장의 금제를 풀어 민인들이 땔나무를 하게 하는 것은 문제가 아니었으나 열무장으로 사용하거나 군사훈련시 방해가 되기도 하였다. 열무를 거행하기 쉬운 도성 인근이 더욱 문제였다.[177] 백성들의 입장에서는 강무장의 출입이 필요하기도 하였다. 양주(楊州)·포천(抱川)·영평(永平) 등지의 산 밑에 거주하는 백성이 땔나무를 베어 이를 전매(轉賣)해서 아침저녁의 생계에 충당한다면서 강무장 땔나무를 베는 것을 금하지 않도록 하였다. 또한 화전(火田)을 하여 먹고, 겨울이면 땔나무를 해다 팔아서, 먹고 입을 거리를 오직 산에만 의지하는 백성들의 생업이 강무장의 개폐와 관련하여 자주 거론되었다.[178] 반면 성종이 늘 강무장을 개방하지는 않았다. 법금(法禁)을 늦추어 기민(飢民)을 돕는 것이 좋기는 하지만, 한번 금망(禁網)을 열어 놓으면 참벌(斬伐)을 자행(恣行)하게 되므로 금지하는 명령을 내리기도 하였다.[179] 실제로 강무장이 해제되면 민인들이 초목을 남벌하여 강무시 잡을 짐승이 사라져 문제가 되었기 때문이다.[180]

이와 함께 성종이 민인을 위해 강무를 잘 시행하지 않았다고는 하지만, 강무 그 자체를 부정한 적은 없었다. 예컨대 1486년(성종 17) 11월에 성종과 신료들이 1487년 춘등강무(春等講武) 시행 여부에 대한 논의를 보면 민인의 농사와 국가의 대사 중 결국 강무를 선택하고 있다.

176 『성종실록』 권134, 성종 12년, 10월 3일(갑진).
177 『성종실록』 권140, 성종 13년, 4월 17일(을묘).
178 『성종실록』 권48, 성종 5년, 10월 9일(신묘).
179 『성종실록』 권181, 성종 16년, 7월 23일(신미).
180 『성종실록』 권196, 성종 17년, 10월 13일(갑신).

정창손(鄭昌孫) 등은 "세종조에는 흉년이 들면 강무를 정지하였습니다만, 지금 만약 1~2일 작은 강무를 하면 괜찮습니다" 하고, 한명회는 "강무는 중한 일이므로 정지할 수 없습니다"라고 하고, 심회(沈澮)는 "강무는 군졸을 훈련하는 것이니, 진실로 국가의 큰일입니다. 그러나 흉년이 들었던 나머지에 비록 지금 농사가 잘되었다 하더라도 백성이 곤란하니, 청컨대 정지하소서" 하였고, 윤필상(尹弼商)은 "강무는 국가의 대사이므로, 만약 흉년을 만났다면 억지로 할 수는 없겠으나 조금 풍년이 들었으면 강무하지 아니할 수 없습니다" 하고, 홍응(洪應)은 "강무는 큰 예인데 근래에 국휼(國恤)과 흉년으로 인연하여 폐한 지가 이미 오래되었으니, 군사와 백성이 사냥하는 예를 알지 못할 뿐만 아니라 무비(武備)도 허술합니다. 청컨대 일수를 줄여서 행하도록 하소서" 하고, 이극배(李克培)는 "가까운 도의 군사만 불러서 4~5일 동안 강무하는 것이 적당합니다" 하고, 노사신(盧思愼)은 "사냥하는 예는 위로는 건두(乾豆)를 위한 것이고 아래로는 무사를 익히는 것인데, 근래에 흉년으로 인하여 오랫동안 그 예를 폐하였습니다. 신의 생각으로는, 금년은 풍년이 들었으니 정지할 수 없다고 여겨집니다. 만약 백성들이 빚을 징수하는 것이라고 혐의한다면 부실(富實)한 군사를 골라 징집하기를 청합니다" 하고, 윤호(尹壕)는 "춘등강무는 농사에 방해될까 염려되니, 추수 후 9~10월에 하는 것이 좋겠습니다" 하였다. 국왕이 말하기를, "강무는 폐할 수 없다"라고 하였다.[181]

성종이 강무를 잘 거행하지 않았으나 강무를 폐할 수 없다는 의지와 국가의 대사가 민인의 생활보다 우선임을 밝힌 논의이다. 당시 강무에 동원되던 인원도 대단위였다. 왕족과 시위군 이외에도 귀화한 여진인이 참여

181 『성종실록』 권197, 성종 17년, 11월 29일(경오).

하기도 했고,[182] 중앙 부서의 제사(諸司)에서 한 사람씩 수가(隨駕)하였다.[183] 성종대 중앙관료에는 승지와 사관이 참여하는 것이 정착되던 시기였다. 성종은 사냥에 사람이 많으면 짐승들이 피해서 달아나기 때문에 승지와 사관은 사장(射場)에 들어가지 말도록 명하였다. 반면 신료들은 임금이 거둥하면 우사(右史)가 기록하고, 말하면 좌사(左史)가 기록하므로, 한 번 움직이고 멈추는 것과 한 번 말하고 침묵하는 것을 모두 사책에 쓰는데, 나라의 큰일인 강무에 사관이 입시하지 않는 것은 옳지 않다고 주장하였다. 결국 승지 두 사람과 사관이 입시하도록 하였다.[184]

성종대 강무에 중앙과 지방에서 동원된 인원을 합하면 수천에서 수만 명이었다. 1477년 춘등강무에 동원된 5도(道)의 군사는 25,000명이었다.[185] 1489년 추등강무는 성종이 직접 동원 군사의 숫자를 25,000명으로 정하였다. 따라서 성종 초기 강무에 동원되는 지방 군사가 25,000명을 유지했음을 알 수 있다. 그럼에도 성종은 당시 국가에 일이 많아서 오래 열무를 그만두었더니, 군정(軍政)이 해이해지고 병졸이 게을러졌다면서 강무에 동원되는 군사를 증가시키고자 하였다.[186]

그런데 강무에 동원되는 군사가 25,000명일 때, 치중(輜重)까지 헤아리면 그 수가 60,000~70,000명이 된다. 연산군대는 개성부에서 강무할 때는 30,000명이 징발되었다.[187] 여기에 말과 수레 등의 부속기물 등을 감안하면 전쟁을 치르는 상황과 유사하다고 보인다. 또한 강무에 동원되는 이들이 모두 자신의 식량을 가져오고 강무장으로 연결된 길을 가득 메우는 일은

182 『성종실록』 권75, 성종 8년, 1월 21일(경신).
183 『성종실록』 권35, 성종 4년, 10월 18일(병자).
184 『성종실록』 권97, 성종 9년, 10월 20일(무신).
185 『성종실록』 권76, 성종 8년, 2월 19일(무자).
186 『성종실록』 권230, 성종 20년, 7월 5일(신유).
187 『연산군일기』 권59, 연산군 11년, 9월 5일(병술).

바로 민폐로 연결되는 일이었다.[188] 특히 관에서는 강무에 동원된 군병에게 식량을 지급하지 않았다.[189] 예컨대 1489년(성종 20) 성종은 9월 28일에 교외에서 열병하고 10월 2일에 경기와 강원도에서 사냥하고자 한다면서, 이미 하번(下番)하여 집에 있는 제색(諸色)·숙위(宿衛)의 군사를 모두 다 징발하여 왕래할 노비 외에 각각 15일의 양식을 가지고 9월 24일 살곶이에 진을 치고 대령하라고 했다.[190] 열병하고 강무하는 일자를 세면 적어도 6일이므로 삼남에서 왕복하는 군사들에게는 시간상 부족한 것은 물론 식량도 15일치 이상을 가져와야 했을 것이다. 이외에 강무장 인근 민인들이 채소와 과일 등의 물선(物膳)을 봉진(封進)하는 것도 횟수를 감해 하루에 한 번만 하자는 논의도 성종이 거부하여 강무의 폐단은 늘 잠재해 있었다.[191]

강무장에 접근하기 위한 도로와 교량 건설도 늘 문제였다. 1475년 추등 강무시 경안역(慶安驛) 인근 3개의 하천은 여러 개의 교량을 건설해야 이동이 가능한 곳이었다. 물론 성종은 교량이 있는 곳은 수리하고 없는 곳은 설치하지 말라고 전교하거나 가교를 두라고 하였으나, 경안역의 하천은 그 깊이가 말의 배[馬腹] 부분까지 빠질 정도였으므로 어마(御馬)가 수중(水中)에서 미끄러질 염려가 있었다. 이에 따라 인근 고을의 수목을 이용하여 다리를 만들게 했다.[192] 교량 건설 이외에도 소소한 민폐가 있었는데, 대표적인 것이 사냥개의 마련이었다. 강무에는 반드시 사냥을 거행했으므로 개가 없으면 진행하기가 어려웠다. 1479년(성종 10) 성종은 교서를 내려서 사냥개를 바치게 하였다.[193] 성종은 즉위하면서 사냥과 강무를 줄이고 매를 진상하는 응방(鷹坊)을 없애기도 하였다. 그러나 사냥개의 조달은 지시하였

188 『성종실록』 권230, 성종 20년, 7월 7일(계해).
189 『성종실록』 권230, 성종 20년, 7월 9일(을축).
190 『성종실록』 권230, 성종 20년, 7월 14일(경오).
191 『성종실록』 권35, 성종 4년, 10월 16일(갑술).
192 『성종실록』 권59, 성종 6년, 9월 2일(무신).
193 『성종실록』 권102, 성종 10년, 3월 1일(정사).

다.[194] 사냥개 외에도 여러 도에서 매를 바치는 것도 정해져 있었고, 방패[彭排]도 각 고을에서 만들어 장만했으므로 강무는 애초부터 많은 민폐를 야기할 수밖에 없는 의례 행사였다.

1481년에도 도봉산(道峯山)과 청계산(青溪山)에서 강무하려다가 비 때문에 정지하였다. 당시 가뭄으로 쌀 가격이 올라 강무에 동원되던 번상 군사의 생활이 어려웠다. 중앙에서는 단지 1일의 강무이지만, 강무에 참여하는 지방군에게는 수일이 허비되는 일이었다.[195] 더욱이 흉년에도 강무는 폐지할 수 없는 무비(武備)라는 점과 국가의 대사라는 점에서 동원 병사의 양식 마련이 어려워도 지속되었다.[196] 이외에도 강원도의 경우 농사보다 산림에서 농산물을 채취하는 것이 중요한 일이었는데, 추등강무일과 임산물 채취일이 겹치는 경우 강무가 우선이 되어 강원도민의 민폐가 되기도 하였다. 1487년(성종 18) 강원도에 강무장이 설치되었는데, 지역민의 양식과 인원 동원이 민폐로 보고되었다. 당시 양양 도호부사(襄陽都護府使) 유자한(柳自漢)의 보고를 보면 다음과 같다.

"신이 생각건대, 강원도는 다른 도와 달라서 서쪽으로는 대령(大嶺)에 의거하고 동쪽으로는 창해(滄海)에서 그쳤으며, 영서는 서리와 눈이 많고 영동은 바람과 비가 많은데다가 땅에 돌이 많아서 화곡(禾穀)이 번성하지 못하여, 풍년이라 하더라도 백성들이 오히려 지축(旨蓄)과 감자나 밤으로 이어가고서야 겨우 한 해를 넘길 수 있으므로, 민간에서 상수리 수십 석을 저장한 자를 부잣집이라 합니다. 농부를 먹이는 것은 이것이 아니면 충족할 길이 없고, 백성이 이것을 줍는 것은 다만 9월과 10월 사이일 뿐인데, 이제 순

194 『성종실록』 권102, 성종 10년, 3월 6일(임술).
195 『성종실록』 권135, 성종 12년, 11월 5일(을해).
196 『성종실록』 권135, 성종 12년, 11월 6일(병자).

행(巡幸)이 마침 그때를 당하였으므로, 지공(支供)의 비용으로 백성을 힘들게 하지 않더라도, 꼴을 쌓고 행영(行營)을 닦는 것은 백성으로 하지 않을 수 없으니, 어느 겨를에 상수리를 주워서 내년 생계를 꾸리겠습니까? 엎드려 바라건대, 강무는 우선 10월 보름 이후가 되기를 기다리고, 그래도 그 편의한 때를 얻지 못하거든 내년 춘수(春蒐) 때를 기다리는 것이 어떠하겠습니까?"

유자한의 보고를 보면 강원도민의 생계는 농사가 아닌 임산물 수확 여부였으므로 채취의 시기가 중요한 것을 알 수 있다. 그럼에도 정부에서는 상수리와 밤은 거가가 환궁(還宮)한 뒤에 주워도 늦지 않을 것이며, 춘수는 바로 농사철에 해당하므로 안 된다는 의견이었다. 특히 강무는 나라의 큰 일이므로 변경할 수 없다고 결론을 내려 강원도의 강무를 강행하였다.[197]

이런 강무의 시행과 민인에 대한 정책을 비교한다면, 민인을 위해 강무장에서 산림 채취를 가능하게 해 주던 정책이 과연 얼마나 실효성이 있었는지 의문이 드는 일이다. 이 점은 1490년(성종 21) 추등강무의 시행 여부와 군사 동원의 여부를 논의하던 모습에서 그 원인을 찾을 수 있다.

윤효독이 또 아뢰기를 "근래에 해마다 연달아 징병(徵兵)하고 금년에 또 강무를 행하려고 하니, 백성의 폐단이 적지 않습니다. 청컨대 정지하소서" 하자, 임금이 좌우를 돌아보며 물으니, 영의정 윤필상(尹弼商)이 대답하기를, "열무는 중한 일이므로, 비록 작은 폐단이 있다고 하더라도 폐할 수 없습니다. 하물며 지금 배릉(拜陵)을 하면서 열병하는데 무슨 폐단이 있겠습니까? 옛 임금이 사시(四時)에 강무하는 일은 대개 승평(昇平)을 믿을 수 없으므로,

197 『성종실록』 권207, 성종 18년, 9월 11일(정미).

열병을 생각하지 않을 수 없기 때문입니다. 평안도 군사는 부경사신(赴京使臣)의 영송(迎送)과 방수(防戍)하는 역(役)이 있으므로, 그 고통이 심한데도 감히 수고로움을 고하지 못하는데, 하삼도 군사는 이 같은 괴로움이 없고 일이 없이 앉아서 먹으니, 교만하고 게으름이 습관을 이루었습니다. 만약 불러서 강열(講閱)하는 것마저 폐하면 어찌 창졸간에 쓸 수 있겠습니까?" 하고, 판윤 어세겸(魚世謙)은 아뢰기를 "나라가 한가로울 때를 당하여 만약 승평을 믿고서 군사훈련을 늦추면 불우(不虞)의 사변에 대응할 수 없으니, 작은 폐단으로 큰일을 폐할 수 없습니다" 하였다.[198]

위의 논의에서 평안도 군사는 사행을 지원하는 일로 고된 반면에 삼남의 군사는 그런 부역이 없어 앉아서 먹기만 하는 교만하고 게으른 자들이라고 하였다. 당시 삼남에서 어떤 일이 발생해서 나온 논의인지는 알 수 없으나, 강무에 동원되는 군인들의 자질을 이런 식으로 지적하는 것은 모순이다. 조선 전 시기에 걸쳐 삼남의 인구와 물산이 왕조를 지지하던 기반임에도 위와 같은 인식이 있었다는 것이 신기할 따름이다. 따라서 성종 초기부터 민인에게 강무장을 열어주고 강무 시행을 적게 했다고는 하지만, 결국 강무에 동원한 인원은 기존에 비해 더 많았고, 민폐도 더 많았다고 볼 수 있다. 성종대 지방군을 강무에 동원할 때 삼남의 군사만이 동원되는 경우보다는 황해도, 평안도, 함경도는 제외되는 것이 보인다.[199]

강무가 정지되는 경우는 천재지변 때문이었다. 1474년(성종 5) 삼남의 군사를 징발하여 교외에서 습진(習陣)하였는데, 정병(正兵) 엄산(嚴山)이 벼락에 맞아 죽고, 정병 김계인(金戒仁)·최시우(崔時雨)의 말이 벼락에 맞는 사건이

198 『성종실록』 권242, 성종 21년, 7월 17일(정묘).
199 『성종실록』 권106, 성종 10년, 7월 8일(임술).

발생했다. 이에 성종은 강무를 정지하라고 명하였다.[200] 물론 벼락이 친다고 무조건 강무를 정지하자는 논의가 나오지는 않았지만, 대부분은 측근에서 국왕의 측신수성(側身修省)을 강조하며 강무의 연기를 주장하였다.[201]

그런데 동일한 천재지변이라도 단순한 우천시에는 별다른 조치를 취하지 않았다. 1475년 추등강무에서 비가 내리는 와중에 강무의 지속 여부를 논의한 것을 보면 잘 알 수 있다.

> 전교하기를 "어제 비가 내려 사졸이 동습(凍濕)하여, 이제 거동할 수가 없다. 또 이미 열병하고 사냥을 하였으니, 부득이한 일이 아니면 오늘은 사냥을 정지함이 어떻겠는가?" 하니, 원상 정창손·한명회·김질(金礩)·윤자운(尹子雲)이 아뢰기를, "군졸은 모름지기 온갖 고생을 고루고루 겪게 하여야 하니, 행군하는 데 개이고 비오는 것을 가릴 수는 없습니다. 세종조에 해마다 춘추로 강무를 폐하지 않은 것은 군졸에게 수고로움을 익히려 함이었습니다. 오늘 비가 내리면 동가(動駕)할 수가 없으나, 만약에 개인다면 행행을 옮김이 편하겠습니다" 하니, 전교하기를, "만약 전쟁에 나가는 것이라면 어찌 흐리고 개임을 가리겠는가? 그러나 사냥은 이런 종류가 아니다. 강무할 때에는 군사로 하여금 각각 우구(雨具)를 가지도록 하여 어기는 자는 벌을 내린다. 그러나 군사도 어찌 일일이 명령을 따를 수 있겠는가? 어제의 비에 의복(衣服)·장구(裝具)가 다 젖었을 터이니, 이제 움직일 수가 없다. 만약 개인다면 마땅히 병조에서 아뢴 대로 안평대군(安平大君)의 묘산(墓山)에서 사냥하겠다"라고 하였다.[202]

200 『성종실록』 권39, 성종 5년, 2월 3일(무오).
201 『성종실록』 권39, 성종 5년, 2월 4일(기미).
202 『성종실록』 권59, 성종 6년, 9월 29일(을해).

군사 전술적 차원에서 보면 성종과 관료들의 논의는 정상적인 이야기이다. 기상이변으로 물론 군사훈련을 연기하거나 폐지하는 것은 국가에서 군사를 양성하는 근본적인 이유를 무시하는 처사일 것이다. 이런 처사는 강무에 동원하는 군사들을 지휘하는 지휘관을 선발할 때도 나타났다. 다만 일반적으로 군병을 지휘하고 움직이는 것이 무신이라고 생각되지만, 문신 관료를 지휘관으로 선발한 일도 있었다. 실제로 1477년 추등강무에서는 좌·우·중 3상(廂)에는 문신·무신을 섞어서 장수를 정하였다.[203] 이외에 강무가 정지되는 경우는 왕실에 변이 발생하거나 명나라 황실에 상사가 발생한 때였다. 1488년(성종 19) 성종은 인수대비가 편찮아서 10일간 문안하며 약을 맛보고 찬선(饌膳)을 보아야 한다는 이유로 강무 대신에 교외에서 군사를 검열하는 것으로 대신하였다.[204] 1487년 명나라 황제가 죽자 강무의 시행이 중지되어야 한다는 논의도 있었다.[205] 1477년 성종의 원자가 창진(瘡疹)에 걸렸을 때에도 바로 강무가 정지되었다.[206]

그럼에도 강무의 부담을 이기지 못한 군사들이 강무 도중에 도망가는 사태도 간혹 발생하였다. 1475년(성종 6) 강무를 시행하는 도중에 지방에서 동원된 군병이 도망간 사태가 있었다. 이때 도망간 병사가 매우 많아서 중앙의 관리를 파견할 정도였으며, 도망한 군사가 한 고을에 6명 이하인 경우는 절도사가 다스리게 하였다.[207]

강무로 인한 폐단은 민인과 군사들만이 아닌 지방 수령들에게도 발생하였다. 강무의 행차는 해당 지역의 수령들이 호종하였다. 강무는 지방에서 거행하였으므로 지역의 수령이 길을 안내하였다. 야간에는 횃불을 준비하

203 『성종실록』 권84, 성종 8년, 9월 22일(병술).
204 『성종실록』 권220, 성종 19년, 9월 14일(갑술).
205 『성종실록』 권207, 성종 18년, 9월 28일(갑자).
206 『성종실록』 권76, 성종 8년, 2월 21일(경인).
207 『성종실록』 권61, 성종 6년, 11월 6일(신해).

여 강무 행차를 인도하였다. 하지만 날씨의 변화로 인해 안개가 끼거나 시야를 분별하기 어려운 시기에는 길을 잃거나 대오를 정비하기 어려웠다. 인도하는 수령이 잘못해서 호종(扈從) 군사들이 길을 잃고 항오를 이탈하는 자가 많이 발생하면 해당 수령은 장을 맞고 외방에 부처되었다.[208] 강무의 호종은 쉬운 일이 아니었다. 중앙의 관원이라고 해도 고위직이 아니면 풍찬노숙하는 것이 일반적이었다. 이런 이유로 거가를 따르는 여러 관사(官司)에서 미리 조예(皂隷)를 주필(駐蹕)할 데에 보내어 임시로 방옥(房屋)을 짓게 하여 휴식처를 사전에 준비하도록 했다.[209]

한편 성종대 강무장의 설치와 그 과정을 보면, 먼저 강무장은 종친이나 고위 관료가 파견되어 결정하였다. 1487년(성종 18) 강원도를 강무장으로 선정할 때에는 파산군(巴山君) 조득림(趙得琳)과 능산군(綾山君) 구겸(具謙)을 파견하여 강무할 때 주필(駐蹕)할 곳을 살펴보게 하였다.[210] 또한 원유제조에게 강무장의 관리를 담당하게 하였다. 원유제조는 세종대부터 나타난 강무장의 설치와 폐지, 관리를 담당하던 관원이었다.[211] 원유제조는 1488년(성종 19) 강무장 내에서 발생하는 일에 대해 4가지 사목을 작성하여 운영했는데 다음과 같다.

> ① 금산(禁山) 외에 사냥할 만한 산의 수가 많은데 여러 고을 수령이 진상(進上)을 빙자하고 날마다 달리며 사냥하는 것은 적당하지 아니하니, 산세를 살펴보고 금표(禁標)를 세워서 사사로이 사냥하지 못하게 하되 범하는 자는 논죄한다.

208 『성종실록』 권109, 성종 10년, 10월 6일(무자).
209 『성종실록』 권207, 성종 18년, 9월 4일(경자).
210 『성종실록』 권205, 성종 18년, 7월 30일(정묘).
211 『세종실록』 권123, 세종 31년, 3월 6일(병술); 『단종실록』 권2, 단종 즉위년, 7월 25일(병진); 『성종실록』 권218, 성종 19년, 7월 9일(경오).

② 세종조의 강무장 안에는 궁시를 가지거나 개를 몰고 다니는 사람을 모두 금하였는데, 이 같은 영(令)을 범하는 자는 논죄한다.

③ 경기의 빈민은 오로지 시탄(柴炭)으로 생계의 밑천을 삼는데, 산지기나 감고(監考)가 거짓 범금을 일컫고 남의 재산을 빼앗는 것은 적당하지 못하니, 이 뒤로는 엄히 금한다.

④ 여러 강무장 내의 산지기로 적당한 사람을 수령이 골라 정하고, 감고는 본 고을 수령이 산의 형세를 자세히 알고 지식과 인망이 있는 이를 병조에 보고하여 차정하며 강무 때에는 감고로 하여금 길을 가리키고 시위하게 한다.

원유제조의 사목에 대해 관료들은 반대 입장을 취했다. 왕실의 원유를 공식적으로 확정하는 일이면서 지방 수령의 권한을 원유제조가 침범한다는 이유였다. 그러나 성종의 입장에서는 왕실의 원유라는 생각이 있었는지, 원유제조의 사목을 그대로 시행하도록 했다.[212] 이에 원유제조는 황해도와 강원도가 강무장으로서 적합한지를 조사했다. 강무장으로 적합한 조건은 어가의 접근이 용이한 도로 사정과 강무할 사냥감의 풍부함이었다. 그런데 황해도는 태종대까지 짐승이 많았으나 성종대는 사냥할 대상도 적어지고 길도 험하여 강원도로 결정하였다. 당시 원유제조는 강무장으로 설정할 곳에 가서 민인들에게 탐문한 뒤 보고하였다.[213]

문제는 성종이 강무의 중요성을 잘 인지하고 있었던 점이다. 선대에 비해 강무의 횟수가 감소하기는 했지만, 그 중요성은 정확히 알고 있었다. 1489년 추등강무를 앞두고 성종이 지방관에게 내린 전교를 보면 잘 나타난다.

212 『성종실록』 권218, 성종 19년, 7월 9일(경오).
213 『성종실록』 권218, 성종 19년, 7월 24일(을유).

개성부 유수·경기관찰사와 하삼도의 관찰사·절도사에게 하교하기를, "나라의 큰일은 사사(祀事)와 융사(戎事)에 있으므로 옛 임금들은 다 진려치병(振旅治兵)하여 수(蒐)·묘(苗)·선(獮)·수(狩) 하는 것을 중하게 여겼다. 참으로 기(旗)를 세워 백성을 불러 모아 전진(戰陣)처럼 벌리고, 앉고 서고 물러나고 나아가고 빨리 가고 천천히 가고 멀리 벌이고 가까이 다가가는 절도를 가르치는 까닭이 반드시 여기에 있으니, 고인(鼓人)이 세 번 북을 치면 매(枚)를 물고 나아가 짐승을 잡아서 제사하여, 한꺼번에 융병(戎兵)·공제(供祭)의 실속을 닦는 두 가지를 다할 수 있기 때문이다. 우리나라가 강무하는 법은 곧 이 수·묘·선·수의 뜻이라 조종 때에는 오래 거행하지 않은 적이 없었는데, 기해년 이후로 국가에 일이 많아서 여기에 미칠 겨를이 없다가, 전에 두 해 동안 외방(外方)의 군사를 징발하여 근교에 벌렸으나, 또한 사고 때문에 문득 다 파하여 보냈으니, 건두(乾豆)를 친히 바치는 예를 차리지 못하였을 뿐더러 게을러지기 쉬운 군졸이 오래 편안한 형세에 익숙하여, 귀는 금고(金鼓)로 신호하는 소리를 듣지 못하고 눈은 휘치(徽幟)의 빛을 보지 못하므로, 갑자기 작은 적만 만나도 휩쓸려 기가 꺾일 형세가 되어 마침내 쓸 수 없게 되니, 참으로 작은 일이 아니다. (후략)"[214]

성종이 다년간 강무를 하지 않았지만 그 의미와 당위성은 분명히 알고 있었다. 강무는 사냥이라기보다 군사훈련임을 분명히 강조하고 있다. 또한 평시 군사훈련의 중요함도 말하고 있다. 성종은 강무시에 군법을 어긴 지방관은 가차 없이 처벌하였다. 1489년 경기도와 강원도에서 강무를 하러 갔다가 김화현(金化縣)과 평강현(平康縣)에서 정해진 액수보다 많은 편전(片箭)을 가지고 왔다고 하여 두 고을의 현감을 잡아 심문하고는 개차하였

214 『성종실록』 권230, 성종 20년, 7월 14일(경오).

다.[215] 강무에 사용하는 화살을 지방에서 제조하는 것은 연산군대에도 이어졌다. 1504년 가을 강무에서는 시위하는 장사(將士)들의 활과 화살을 병조로 하여금 그들이 살고 있는 동네 이름을 새기고 또 그 화살이 몇 개라는 것도 기록하도록 하며, 외방은 수령이 써서 새기도록 하여, 그 장부를 병조에 간직하였다가 사냥할 때에 사람을 쏘아 맞히는 일이 있으면 그것을 빙고(憑考)하였다.[216]

성종은 강무를 지적하는 간관에게도 엄하게 훈계하였다. 1489년 홍문관에서 날이 새지도 않았는데 나가 사냥을 하고 혹은 밤을 무릅쓰고 자리를 옮기다시피 하며 험악한 지형을 가리지 않고, 미처 짐승을 몰게 되지도 못하였는데 어느새 해가 저물게 되므로, 수만여 군중들이 서로 짐바리를 잃고서 아우성치다 밤을 새우게 되니 새벽에 나가고 밤이면 돌아오는 것을 삼가하여 옥체를 보존하라고 건의하였다. 이에 성종은 홍문관의 말은 강무의 본뜻이 아니라며 본질에 어긋난 말을 한다고 비난하였다.[217] 따라서 성종이 군례를 무시하거나, 군사 활동을 꺼려 강무를 소홀히 한 것이 아니라 본의 아니게 발생한 왕실과 국가의 행사, 자연현상으로 강무를 잘 거행하지 않았을 뿐임을 알 수 있다.

반면 연산군은 강무를 빙자한 사냥을 자주 거행하고자 했다. 예종이 상중에도 열병을 하였다는 전례를 근거로 사냥을 가려 했다.[218] 연산군대 강무의 문제는 군례가 아닌 사냥을 위해 자주 시행하고자 한 것이다. 예컨대 강무를 거행하여 종묘에 짐승을 천신했음에도 또다시 사냥을 나가려는 것이 명분에 맞지 않는다고 비난을 받았다. 더욱이 신료들은 성종이 하루에 세 번씩 경연을 하고, 야대(夜對)까지 했으며 성문 밖 가까운 곳에서 사냥했

215 『성종실록』 권233, 성종 20년, 10월 2일(병술); 『성종실록』 권233, 성종 20년, 10월 3일(정해).
216 『연산군일기』 권55, 연산군 10년, 9월 12일(기해).
217 『성종실록』 권233, 성종 20년, 10월 8일(임진).
218 『연산군일기』 권27, 연산군 3년, 9월 22일(경신).

을 뿐이라는 것을 강조하며 연산군이 사냥가는 것을 막고자 했다.[219] 또한 연산군은 민인들이 사냥을 많이 하여 강무시 지역에 짐승이 많이 없다는 이유로 인근 거주자를 철거하도록 했다.[220] 강무장 인근에서 나무와 숯을 취하면 금부(禁府)의 조율을 벗어나 장 100대를 때려 변방으로 보내라고까지 했다.[221]

중종반정 이후 연산군대 내려진 강무장 조처는 취소되었다. 연산군대 강무장에서 변방으로 쫓겨간 사람들은 중종 즉위 후 다시 돌아와 살게 하였다.[222] 중종 즉위 초인 1507년(중종 2) 살곶이 강무에서는 연산군대 진법을 사용하고 소각(小角)으로 군사를 지휘하는 까닭에 군용(軍容)의 동작이 경홀하다며 성종대의 진서(陣書)를 다시 사용하게 하였다.[223] 그리고 1년에 한해 강무장을 민인들이 경작하도록 했다.[224] 또한 강무에 동원하는 군사도 지방이 아닌 경기도의 군사를 이용하였다.[225] 동시에 강무의 요지인 악수(惡獸)를 제거하는 것을 잊지는 않았다. 다만 중종대 강무에서 큰 변화인 섭행하는 것이 나타났다. 1510년(중종 5) 청계산 강무에는 사람과 곡식을 해치는 짐승을 제거하기 위한 일이라면서, 장수에게 명하여 강무하도록 하였다.[226] 다만 중종대 강무는 축소되고 오히려 종묘에 천신하고 백성의 악수를 제거하는 사냥이 능행 이후에 거행되는 것이 또 다른 전례로 정착된 시기였다.[227]

중종대에 이른바 사림이라고 하는 문치 중심의 정치 세력이 등장한 것

219 『연산군일기』 권35, 연산군 5년, 10월 13일(기해).
220 『연산군일기』 권50, 연산군 9년, 9월 18일(신사); 『연산군일기』 권53, 연산군 10년, 5월 16일(을사).
221 『연산군일기』 권52, 연산군 10년, 4월 11일(임인).
222 『중종실록』 권1, 중종 1년, 9월 11일(정해).
223 『중종실록』 권4, 중종 2년, 9월 16일(병진).
224 『중종실록』 권4, 중종 2년, 10월 29일(기해).
225 『중종실록』 권7, 중종 3년, 10월 5일(기사).
226 『중종실록』 권12, 중종 5년, 10월 7일(경인).
227 『중종실록』 권18, 중종 8년, 9월 26일(신묘).

도 무치의 하나인 강무가 소홀히 된 배경이라고 생각된다. 물론 중종이 강무를 잊고 군사의 중요성을 간과하지는 않았다. 1536년(중종 31) 중종의 전교를 보면 50여 년간 강무가 폐해졌다는 것을 볼 수 있다.

상이 삼공과 병조 당상을 불러 전교하기를, "병조는 으레 강무에 대한 것을 취품해야 하는데, 지금까지 50년 동안 폐지된 채 거행하지 않았다. 특히 군졸들만 모르고 있는 것이 아니라, 장사까지도 알지 못하니 군령이 요즘처럼 해이해진 때가 없었고, 사졸들의 게으름 또한 너무 심하다. 사졸들이 하루의 타위도 싫어하는데 더구나 강무이겠는가. 반드시 시끄러운 논의가 있을 것이다. 그러나 옛말에 '백성을 가르치지 않고 전쟁을 한다면 이는 백성을 버리는 것이다'라고 하였고, 또 '나라의 큰일은 제사와 융사에 있다'고 하였으니, 군무의 일을 어찌 전혀 생각하지 않을 수 있겠는가. 위로는 천금(薦禽)하고 아래로는 열무하는 일이니 어찌 중한 일이 아닌가? 조종의 옛일을 상고해 보면 비록 4~5년 사이라 하더라도 염려한 적이 있었으니, 기유년과 임자년 사이는 겨우 4년이지만 성종께서는 '요즘 열무를 폐한 지가 오래다'라고 하셨다. 이로 보면 50년 동안이나 강무를 폐지하고 거행하지 않을 수 있겠는가? 요즘 사고가 잇따르고 흉년이 계속되어 형편상 강무를 정지하였던 것이다. 금년 농사는 기필할 수는 없지만 조금의 수확은 있을 것이다. 전례에 강무하는 일은 6월에 의논하였기 때문에 논의하는 것이다. 하게 된다면 미리 조처해야 한다. 조종조에서 큰 강무는 강원도 등처에서 했고, 작은 강무는 양근(楊根)과 풍양(豐壤) 등처에서 하였다. 오가는 것을 계산하면 큰 것은 10일에 불과하고 작은 것은 5일에 불과한데, 작은 강무라 하더라도 징병 및 모든 일은 큰 강무와 다르지 않으니 장차 어떻게 하면 좋겠는가? 오로지 강무만 한다면 풍양 지역이 좋겠고 타위 정도로 한다면 소략한 듯하니 양근 등처가 좋겠다. (후략)"

중종은 전교에서 내린 강무의 필요성에 따라 정금원(鄭金院)에서 대열한 뒤에 강무하겠다고 하였다.[228] 이때 동원된 병력을 징병사(徵兵司)에서 계산했는데, 경상·전라·충청·강원도의 병사가 도합 33,656명이었다.[229] 3만여 군사에 배종자들까지 합하면 10만여 명의 대규모 인원이었다.[230] 강무는 10월에 거행할 예정이었다. 이때 중종은 다음과 같이 강무의 과정과 중요성을 재차 설파하였다.

> 정원에 전교하였다. "병조 당상 및 원유사(苑囿司)와 좌·우 대장이 와서 '10월 11일 대열을 마친 후에 곧바로 풍양궁 숙소로 행행하고 군사들은 그날 오후부터 행군하여 12일에 강무장 근처에 집결했다가 13일에 강무하여야 한다. 만일 계속 3일을 강무한다면 군사들이 미처 진을 치지 못하게 될 것이다. 조종조 때 계속해서 3일을 강무한 것은 임시로 주정할 바오달(坡吾達)을 먼저 정해 놓았기 때문이다. 지금 수만 군중을 강무하게 할 수 없으니 13일에 행사를 하고 14일에는 사졸을 쉬게 하고, 다음날은 또 행사를 하고 또 하루를 쉬고 이렇게 하여 하루 걸러 행사를 하여도 7일 동안의 일에 지나지 않는다. 조종조에서도 12~13일 동안 강무할 때가 있었으니 7일 동안은 긴 것이 아니다. 강무란 위로는 천금하고 아래로는 무사를 강하는 것인데 이제 수만의 군사를 출동하는 큰일을 허술하게 하여서는 안 된다. 또 사상(四廂)에 2대(隊)로 나누어 번갈아 행사하면 사졸을 쉬어 가면서 계속 3일을 강무할 수가 있다고 하였는데, 이렇게 해도 괜찮겠는가? 병사가 적은 것이 걱정이다. 수만의 군사를 모아 1~2일을 종사하게 한다면 이는 타위이지 강무가 아니다. 병조와 원유사 및 좌·우 대장은 상의하라. 그리고

228 『중종실록』 권82, 중종 31년, 6월 21일(갑진).
229 『중종실록』 권82, 중종 31년, 6월 28일(신해).
230 『중종실록』 권82, 중종 31년, 7월 16일(기사).

이는 중대한 일이니 삼공과도 함께 의논하도록 하라."

중종은 강무와 타위의 차이점에서 동원 군사의 움직임까지 강무의 전체 움직임과 개념을 잘 인지하고 있었던 것이다. 그럼에도 강무를 잘 시행하지 않은 것은 사실이었다. 그 결과가 명종대에 이르러 신료들이 강무 자체의 거행을 반대하는 모습으로 나타났다. 1555년(명종 10) 4월 명종이 3일간 관사한 것에 대해 신료들이 너무 잦은 일이라며 지적한 일이 있었다. 이에 명종은 변방에 근심이 있는 상황에서 연병의 친열(親閱)을 늦출 수 없고 문무를 병용하는 것이 중요함을 강조하였다.[231] 그러나 명종은 강무를 거행하지 않았으며 다만 장수에게 섭행하도록 했다. 또한 신료들도 "강무는 부득이 먼 도의 병사를 징발해야 하므로 형세상 하기 어려우니, 타위만 친행하소서"라고 할 정도로 강무 시행은 물론 국왕이 친행하는 것 자체를 거론하지 않았다.[232] 이후 강무는 임진왜란이 발발한 지 3년 뒤인 1595년(선조 28) 5월에 명나라 군사들을 위무하기 위해 훈련도감에서 근교를 사냥하는 형태로 다시 거론될 때까지 폐지되어 사라지게 된다.[233]

231 『명종실록』 권18, 명종 10년, 4월 18일(임오).
232 『명종실록』 권21, 명종 11년, 9월 6일(신유).
233 『선조실록』 권63, 선조 28년, 5월 1일(계유).

4 구일식의(救日食儀)의 내용과 기능

조선 후기 석학 다산 정약용은 "일식과 월식의 경우에 있어서도 그것이 사라지도록 비는 의식은 또한 마땅히 장엄하게 할 것이요 성의 없이 아무렇게나 해서는 안 된다"라고 하며 일식과 월식의 과학적 현상보다는 의례적 접근을 더 중요시하였다. 물론 다산은 일식과 월식이 해와 달이 서로 침식하는 현상이며 본래 천체 운행의 도수(度數)에 따른 것으로서 미리 그 시각을 알 수 있는 것이므로 재변이 아니라고 하였다. 그리고 요순(堯舜)의 시대에 역법(曆法)이 이미 밝혀졌었고 일식과 월식을 알지 못한 것이 아니라 단지 해와 달의 빛이 죽어져 경색(景色)이 수참(愁慘)하게 되므로 북을 치고 희생(犧牲)을 써서 하나의 변고임을 보인 것일 따름이라고 했다. 그러면서 당시까지도 군현에서 일식과 월식에 비는 방법이 중들을 잡아와 징을 울리고 판(板)을 치며 일광보살(日光菩薩)과 월광보살(月光菩薩)을 부르짖으며 펄쩍펄쩍 뛰게 하는데, 이것은 재변을 두려워하는 행위가 아니라 바로 하늘을 업신여기는 것이며 예에 어긋난 것이라고 하였다.[234]

다산은 그 대안으로 중앙 관서의 관례에 따라 지방 수령이 빛깔 엷은 옷에 검은 각대(角帶)를 하고 뜰 가운데 나가 앉아 소경을 시켜 북을 세 번씩 아홉 차례 치게 할 것이며, 수령은 공경스런 마음으로 단정히 앉아 있고 좌우는 떠들지 말게 하여 해와 달이 다시 밝아지기를 기다리는 것이 옳다고 하였다. 또한 이런 의식을 사직단에서 행하는 것이 옛 법과 합치된다면

234 『목민심서』 권3, 「예전(禮典)」, 육조(六條) 제사(祭祀).

서 『춘추좌전(春秋左傳)』 장공(莊公) 25년조를 근거로 "일식이 있으면 북을 울리고 사직에 희생을 드린다"는 것에 근거한다고 하였다.[235] 다산의 이야기를 인용한 것은 조선 후기까지도 일식이 지니는 의미를 대표적으로 설명해 주고 있기 때문이다. 청나라 건국 이후 서양 선교사에 의해 유럽의 천문 관측법과 다양한 천체 이론이 중국어로 번역되어 조선에 유입되었음에도 여전히 요순과 주나라대의 기준에 따라 일식 현상을 재단하고 있는 것이다. 그렇다면 조선 전기 일식을 바라보는 시각과 군례로 정착되는 과정을 살펴볼 필요가 있다. 그것을 통해 조선왕조의 천문관에서 일식이 차지하는 비중과 군례에서 지니는 의미를 설명할 수 있다고 본다. 먼저 일식에 관한 조선 전기의 사건들을 설명하면서 군례로 정착되는 과정을 보도록 하겠다.

일식은 해와 관계된 천체 현상이다. 조선왕조에서 해는 국왕을 상징하였다.[236] 해가 달에 의해 가려지는 천체 현상인 일식은 고대부터 두려움과 반성의 시간이었다. 고대 천문 현상은 천인감응(天人感應)이라고 생각하여 인간 세계의 삶과 운명 공동체라고 해석하려고 하였다. 왕조 국가의 지식인들은 일식, 월식, 혜성, 유성, 지진, 해일 등 예상 밖의 기후 현상을 재이(災異)로서 왕조의 운명 내지는 국왕의 통치에 대한 하늘의 재단이라고 설명하였다. 달리 말한다면 일식은 곧 해를 구해야 하는 일이었다. 달이라는 음(陰)이 해라는 양(陽)을 침범했으므로 되돌려 놓아야 하기 때문이다. 사람들은 떠들썩하게 북을 치고 사직의 사단(社壇)에 희생을 바치며 제사를 지내 해결하고자 했다. 따라서 일식은 일정한 시간의 경과에 따라 자연히 회복되는 일이 아니라 빨리 해를 구출하는 의식을 벌여서 없애야 하는 불길한 현상이었다. 더욱이 해는 우주의 중심이며 하늘의 정상(正像)으로 곧 국

235 『목민심서』 권3, 「예전(禮典)」, 육조(六條) 제사(祭祀).
236 『중종실록』 권91, 중종 34년, 9월 1일(을미).

왕의 상징이기도 했기 때문이다.[237] 당연히 일식이 발생했을 때에는 국가의 제사 시기를 변경할 정도로 중요한 날로 생각하였다. 예컨대 국가의례가 정비되던 세종 말년에도 일식이 문선왕(文宣王)의 석전제(釋奠祭)와 겹치게 되자 10일을 연기하여 거행하였다. 그 이유로 당나라 『육전(六典)』에 석전(釋奠) 때에 대사(大事)를 만나면 고쳐서 중정(仲丁)을 쓴다는 것이 배경이었다.[238]

조선시대 일식은 태조 등극 다음 해인 1393년 7월 1일 나타났다. 흥미로운 점은 군신 간에 일식에 대한 별다른 논의가 없이 일관(日官)이 "해가 질 때에 일식이 있을 것입니다"라는 말에 따라 태조는 소복(素服) 차림으로 해가 지기를 기다리다가, 해가 지고 난 뒤에야 소복을 벗은 것이 조선 건국기 일식을 맞는 모습이었다.[239] 그리고 1397년 5월 일식이 발생한 것이 태조대 일식 현상의 전부였다.[240]

당시 일식에 대한 견해는 태조와 신료 간의 대화에서 볼 수 있다. 1398년 12월 태조가 경연에서 일식이 왜 발생하는가를 묻자 시강관(侍講官) 전백영(全伯英)이 "사람이 하는 일이 아래에서 감촉(感觸)되면, 하늘이 실로 위에서 반응하는 것"이라고 하여 일식이 천체 현상이라기보다 국왕의 정치가 어떻게 진행되느냐에 따라 발생한 것이라고 주장하였다.[241]

그런데 일식이 천체 현상인 것은 날씨에 따라 판명될 수 있는 일이었다. 하늘에 구름이 끼거나 눈비가 내리게 되면 일식인 것 자체를 관측내지 판독할 수 없었다. 예컨대 1401년 3월 서운관에서 일식이 있을 것이라고 알렸으나 일식 시간에 그 현상을 볼 수 없었다.[242] 또한 1407년 10월에는 서운

237 반고(班固), 『백호통의(白虎通義)』 제16편, 재변(災變).
238 『세종실록』 권86, 세종 21년, 7월 18일(갑자).
239 『태조실록』 권4, 태조 2년, 7월 1일(갑진).
240 『태조실록』 권11, 태조 6년, 5월 1일(임자).
241 『태조실록』 권15, 태조 7년, 12월 14일(병진).
242 『태조실록』 권1, 태조 1년, 3월 1일(경신).

부정(書雲副正) 윤돈지(尹敦智)가 10월 1일 사시 초에 일식을 예상하여 태종이 시신(侍臣)을 거느리고 소복 차림으로 정전 월대 위에 나가서 진시부터 오시까지 기다렸으나, 일식이 없었다. 태종은 윤돈지를 옥에 가두었다. 다음날 태종이 지신사(知申事) 황희(黃喜)에게 "예전에 일식해야 마땅한데 일식하지 않았다는 말이 있는데, 나는 작은 나라의 임금이지만, 천자 같은 이는 공구수성(恐懼修省)하면 혹 이런 이치가 있을 것이다. 지금 갑자기 술자(述者)의 추보(推步)가 차오(差誤)가 있다고 하여 죄를 돌리는 것은 불가하지 않겠는가"라고 하고는 "윤돈지가 이달 보름에 월식이 있을 것이라고 하였으니, 그날이 되면 그 잘잘못을 징험할 수 있을 것이다"라면서 석방하였다.[243]

술자에 대한 처분은 정월 초하루에 있던 일식에서도 볼 수 있다. 1413년 1월 1일 태종은 문소전(文昭殿)에 나아가 원일별제(元日別祭)를 거행하고, 일식으로 인해 향궐하례(向闕賀禮)를 정지하고, 조회도 받지 않았다. 정오 무렵, 태종이 소의(素衣)에 각대(角帶)를 띠고 정전의 월대에 나오자 일관(日官)이 북을 울렸다. 이때 일식이 정오 3각부터 시작하여, 신초(申初) 2각이 되어서 복원(復圓) 되었다. 그런데 당시 일식은 서운관에서 신초 3각에 복원될 것이라고 예측하였던 것과는 1각의 오차가 발생하였다. 이에 태종은 서운관의 처벌을 논의하도록 하였는데, 좌부대언(左副代言) 한상덕(韓尙德)이 "일식은 비록 상도(常度)가 있다고 하나, 인사(人事)를 닦으면 일식이 있어야 할 때에도 일식하지 않는 수가 있습니다. 혹 누각(漏刻)의 착오일지도 아직 모르니, 신은 죄가 없을까 합니다"라고 하였다. 즉 일식의 시간이 지체되고 변경되는 것은 천체 현상의 복잡함이 아니라 국왕의 덕과 관계가 있다고 한 것이다. 결국 태종은 술자 황사우(黃思祐)에게 미두(米豆) 20석을 내려 주면서 일식 시간의 오류를 문제 삼지 않았다.[244]

243 『태종실록』 권14, 태종 7년, 10월 1일(신사).
244 『태종실록』 권25, 태종 13년, 1월 1일(신사).

태종은 1413년 12월 15일 일식이 있은 이후에 "금후로는 일식·월식이나 혹은 밀운(密雲)이나 야식(夜蝕)에 반드시 그 먹히는 현상을 관찰한 뒤에 구식(救食)할 필요가 없다. 반드시 서운관에서 정한 시각이 되거든 북을 울리면서 구식하는 것이 하늘의 경계를 삼갈 수 있는 뜻에 합치할 것이다"라고 했다. 태종은 일식을 천체 현상이라고 생각하여 계속 관측하는 것보다 서운관에서 산술적으로 정한 시기에 구식하는 것을 항식으로 정하고자 하였다. 다만 태종은 일식을 천체 현상이 아닌 군주가 공구수성하며 경계할 일로 삼아 과학적 지식의 발전에는 한계를 보였다.[245]

이와 함께 1407년 태종의 일화를 통해 일식에 대한 세 가지 현상을 볼 수 있다. 첫째, 자연현상이 군왕의 행위에 따라 이루어진다는 점, 둘째, 서운관 술자만이 일식의 여부를 판단했다는 점, 셋째, 일식을 잘못 예측하여 국왕과 관료들이 몇 시간 동안 의식을 거행하였다는 점이다. 태종의 말과 같이 군주가 공구수성하면 일식이 없을 수 있다고 믿는 것이 근대 과학적 시각과는 차이가 있겠지만, 일관의 예측에 따라 몇 시간씩 일식 의례를 거행하던 군신 간의 모습은 진지하고 일식이 지니는 중세적 사고에 젖어 있었음을 볼 수 있다. 달리 본다면 그만큼 일식이 지니는 정치적 의미가 중요하였으며, 군신 간에 두려워하던 자연현상이었음을 확인하게 된다. 그러므로 조선 초기부터 진행된 일식 의례인 구일식의는 이후 조선 전 시기에 걸쳐 일식이 벌어질 때 궁궐에서 거행되었고 고종대인 19세기 말까지 지속적으로 이어졌다. 다음의 〈표 8〉은 조선 전기인 중종대까지 일식의 횟수를 왕조실록의 기록을 통해 정리한 것이다.

〈표 8〉에서 국왕별 일식의 횟수는 왕의 재위 기간과 대비해서 분석해야 할 것이다. 오늘날 과학적인 방법으로 계산한 조선시대 일식은 261회 이상

245 『태종실록』 권26, 태종 13년, 12월 15일(경신).

표 8 조선왕조실록의 태조부터 중종대까지 일식의 수치

국왕	태조	정종	태종	세종	문종	단종	세조	예종	성종	연산군	중종
재위년	7	2	18	33	3	4	14	2	26	13	39
일식수	2	0	4	16	2	3	4	1	10	3	15

으로 나타나서 왕조 존속 기간 중 대략 2년마다 일식이 발생한 것으로 보았다. 그런데 현대의 측정 방법을 통해 조사한 일식의 수치를 보면 〈표 8〉의 세종대 일식의 경우 12회로 계산된다. 태조 2회, 정종 1회, 태종 6회, 문종 1회, 단종 3회, 세조 4회, 예종 1회, 성종 9회, 연산군 5회, 중종 19회 등 조선 전기 국왕들의 재위기간 중 일식 횟수와 비교하면 세종대 일식관측 수치가 가장 많다.[246] 세종대 국가의례의 정비를 위한 일환으로 과학기술의 발전과 천문 관측의 관심이 높았던 결과라고 보아야 할 것이다.

세종대 일식은 1420년(세종 2) 8월 1일 처음 발생하였다. 세종은 인정전에서 의식을 거행했는데, 관료들이 반(班)으로 구식(救食)하였다. 이듬해인 1421년 8월 1일에도 동일하게 일식이 발생하였다. 1422년 1월 1일 창덕궁 인정전에서 거행된 구일식의 진행 과정을 보면 당시 의례 형태를 볼 수 있다. 세종은 일식이 발생하자 소복을 입고 인정전의 월대 위에 나아가 일식을 구하였다. 시신이 시위하였고, 백관들도 소복을 입고 조방에 모여서 일식을 구하였다. 일식이 지나가고 다시 해가 비치자 세종이 월대에서 섬돌로 내려와서 해를 향하여 네 번 절하였다.[247] 국왕이 소복 차림인 것은 죄를 지은 것처럼 보이려 했는지, 태양의 흰빛을 상징한 것인지는 확실하지 않다. 정전 내의 배열을 보면, 시위하는 여러 신하들이 군사들과 더불어

246 안영숙, 이용삼, 「조선 초기 칠정산 외편의 일식 계산(THE SOLAR ECLIPSE PREDICTIONS OF CHILJEONGSAN-OEPYEON IN EARLY CHOSEON)」, J. Astron. Space Sci. 21(4), 2004, 494~496쪽.

247 『세종실록』 권15, 세종 4년, 1월 1일(기미).

좌우로 열을 나누었다. 그래서 어떤 자는 해를 등지고 서는 모습이었는데, 해를 등지는 것을 방지하기 위해 시위군을 동서로 바꾸어 가며 배치하기도 했다.[248]

세종대의 구일의식은 태종대 의식을 계승하면서도 일식의 관측을 위해 새로운 방법을 강구하는 발전된 모습을 보였다. 일식은 자연현상이므로 구름이나 비, 눈으로 인해 관측이 어려운 경우가 있었다. 그럴 경우 서운관에서 정확인 일식의 시기를 파악했다고 해도 국왕은 물론 백관이 일식의 유무를 확인하기에는 불가능했다. 세종대에도 경복궁 근정전에서 세종이 소복 차림으로 영외(楹外)에 거둥하여 의식대로 일식을 구하였지만, 먹구름 때문에 일식의 상태를 볼 수 없었다.[249] 따라서 일식의 유무를 파악하지 못한 서운관을 처벌하는 것이 문제가 아니라 정확한 일식의 시기를 관측할 필요가 있었다. 태종대와 마찬가지로 세종대에도 일식 시간을 정확히 재단하지 못하면 서운관 관원이 처벌되었다. 추보하는 시간을 1각만 틀려도 술자에게 곤장을 가하도록 하였다.[250]

이런 배경에서 세종은 서운관의 착오를 해결하기 위한 방도들을 강구했다. 예컨대 1월 1일의 일식이 예고되었다가 헛되이 의식만을 치룬 경우, 북경에 갔다가 돌아온 통사(通事)에게 명나라에서도 원일에 일식이 있을 것이라고 예상한 것의 유무를 확인하여 서운관을 처벌하지 않았다.[251] 서운관 관원에게 삼각산(三角山) 꼭대기에 올라가 일식이 있을지 없을지를 바라보게 하여 관측 방법을 치밀하게 하도록 했다. 당시의 수시력(授時曆)과 선명력(宣明曆)으로는 인시와 묘시에 있을 일식을 평지에서 살펴볼 수 없었

248 『세종실록』 권55, 세종 14년, 1월 4일(신유).
249 『세종실록』 권45, 세종 11년, 8월 1일(을해).
250 『세종실록』 권15, 세종 4년, 1월 1일(기미).
251 『세종실록』 권55, 세종 14년, 1월 4일(신유).

기 때문이었다.[252] 또한 강원도 금강산 일출봉에 가서 일식을 망보게 하기도 했다.[253]

그런데 세종은 일식을 정확히 예측하지 못한 서운관 관원들을 처벌만 하지는 않았다. 세종은 1432년 1월 1일 원일의 일식을 정확히 관측하지 못한 서운관 관원을 처벌하자는 사헌부의 요청에 대해 "분수(分數)가 매우 적어서 짙은 구름으로 인하여 보지 못했을지도 모르니, 각 도에 공문을 보내어 물어보게 하라. 또 중국에서도 정월 원일에 마땅히 일식이 있을 것이라고 말하였다 하니, 이것은 관측을 잘못한 죄는 아니다. 각 도의 회보(回報)와 중국 조정에 들어간 사신이 돌아오기를 기다려서 다시 의논하게 하라"라고 하였다.[254]

명나라에 파견하는 사신을 통해 일식의 유무를 확인하는 것은 정식(定式)으로 정해져 계속 지속되었으며, 각 지방에도 공문을 보내어 정확한 일식의 시기를 파악하고자 했다. 1434년 세종은 예조에 일식과 월식의 변이 있을 때에 날씨가 흐리면 보지 못하기 때문에 그날의 일식이나 월식의 유무를 모르게 되어 매우 불편하다면서, 앞으로는 북경이나 일본에 가는 사신이 돌아올 때에 반드시 일식과 월식의 유무를 묻고, 외방 각 고을에도 반드시 공문을 보내어 고증하게 하도록 했다.[255] 문종대에는 각 도의 관찰사에게 일식에 해가 이지러진 형상을 그려서 보고하게 하였다.[256]

세종이 명나라, 일본, 각 지방의 일식 사례를 조사하라고 한 것을 보면 그가 일식을 천체 현상으로 보았다고 생각된다. 나아가 신료들에게 설명한 내용을 보면 구일식의에 대한 세종의 시각을 알 수 있다. 1430년 세종이

252 『세종실록』 권39, 세종 10년, 3월 30일(임자).
253 『세종실록』 권96, 세종 24년, 5월 20일(기묘).
254 『세종실록』 권55, 세종 14년, 1월 4일(갑자).
255 『세종실록』 권61, 세종 15년, 8월 1일(신사).
256 『문종실록』 권8, 문종 1년, 6월 1일(무진).

말한 일식 현상에 대한 설명은 다음과 같다.

"천문을 추산(推算)하는 일이란 전심전력해야만 그 묘리를 구할 수 있을 것이다. 일식·월식과 성신(星辰)의 변, 그 운행의 도수가 본시 약간의 차착(差錯)이 있는 것인데, 앞서 다만 선명력법(宣明曆法)만을 썼기 때문에 착오가 꽤 많았던 것을, 정초(鄭招)가 수시역법(授時曆法)을 연구하여 밝혀 낸 뒤로는 책력 만드는 법이 좀 바로잡혔다. 그러나 이번 일식의 휴복시각(虧復時刻)이 모두 차이가 있었으니 이는 정밀하게 살피지 못한 까닭이다. 삼대(三代)와 같은 성대(盛代)의 역법도 착오가 없지 않았으니, 중국과 같이 천문을 자세히 관찰하여 수시로 이를 바로잡아도 오히려 또 이와 같은 일이 있었거늘, 하물며 우리나라이겠는가? 그렇기 때문에 옛날에는 책력을 만들되 착오가 있으면 반드시 죽이고 용서하지 않는 법이 있었다. 내가 일식과 월식 때마다 그 시각과 휴복(虧復)의 분수(分數)를 모두 기록하지 않아서 뒤에 상고할 길이 없으니, 이제부터 일식과 월식의 시각과 분수가 비록 추보한 숫자와 맞지 않더라도 서운관으로 하여금 모두 기록하여 바치게 하여 뒷날 고찰에 대비토록 하라."[257]

세종의 말은 조선이 명나라와 같은 책력을 만들지 못해 일식을 관측하는 것에 착오가 발생할 수 있다는 것이다. 특히 1430년(세종 12)까지 일식과 월식이 발생한 수치를 계산해 기록하지 않았음을 알 수 있다. 당시 조선이 이용한 책력이 명나라 것이었으므로 조선에서 발생하던 일식을 책력의 숫자로 예측하는 것은 늘 오차가 발생할 수밖에 없었던 것이다. 그럼에도 당시까지 조선은 구일식의에 대한 의례는 물론 그 예측을 위한 데이터를 완

257 『세종실록』 권49, 세종 12년, 8월 3일(신미).

비하지 못했다. 이런 이유에서 일식에 대한 논의가 거듭되어 구일식의가 정착된다. 먼저 1431년 예조에서는 『두씨통전(杜氏通典)』을 참고해서 일식의 절차를 다음과 같이 논의했다.

> "(전략) '천자는 합삭(合朔)에 북을 치게 되고, 주나라 제도에는 일식이 있으면 천자는 풍악을 잡히지 않고 소복을 하고 오휘(五麾)를 설치하고 오고(五鼓)와 오병(五兵)과 해를 구하는 활과 살을 진설하고, 또 붉은 실로써 사(社)에 두르고 북을 치면서 자기를 책망한다'라고 했으며, 또 말하기를, '하관에 태복이 군려와 전역을 맡아서 왕고를 찬조하고, 일식과 월식에도 또한 이와 같다'라고 했으며, 또 말하기를, '제후가 천자를 뵈려고 문에 들어가서도 예를 마치지 못한 것이 네 가지인데, 일식이 그 한 가지이므로, 진(晉)나라 함녕(咸寧) 3년과 4년에 모두 정월 초하루가 합삭이 되어 원회를 물리쳤다'라고 했으며, 또 말하기를, '일식 전의 3각에 황제가 통천관(通天冠)을 쓰고 어좌에 나와 앉되 직위는 보통 때와 같이 하고 정사를 보지 않으며, 변고가 있어 북소리를 들으면 정전을 피해서 동당(東堂)으로 나아가고 백협단의(白袷單衣)를 입는다'라고 했으며, 또 말하기를, '그 날에는 정무를 폐하고 백관들은 본사를 지키게 되고, 해가 변고가 있으면 황제는 소복을 입고 정전을 피하고, 백관 이하도 모두 소복을 입고 각기 청사 앞에서 겹줄로 등급마다 자리를 달리하여 해를 향하여 서고, 해가 밝게 되면 그치게 된다'라고 했습니다. 청하건대, 매양 일식과 월식을 만나면 조회를 정지하고 음악을 끊고 형륙(刑戮)을 없애고 짐승의 도살을 금하소서."[258]

조선의 일식이 중국의 예를 참고하여 국왕이 소복 차림에 의식을 치르

258 『세종실록』 권54, 세종 13년, 12월 23일(갑인).

며, 조회를 정지하고 음악을 끊고 형륙을 없애고 짐승의 도살을 금하는 형태를 취할 것임을 암시하고 있다. 구식에 참가한 자들은 해를 등지지 않고 바라보면서 북을 치는 가운데 해가 밝아질 때까지 의식을 진행하는 모습이다. 예조에서 올린 전거를 받아들인 7개월 이후 예조에서는 일식의 의례 의주를 정리해 보고했는데, 다음의 17개로 정리된다.

① 유사가 전하의 욕위를 근정전 계상(階上)에 남향하여 설치한다.
② 전의가 시신을 동서로 관등 따라 겹줄로 보게 하고, 북쪽을 윗자리로 한다.
③ 일식하는 해를 등지지 않도록 시신들의 위치를 정한다.
④ 일식 전 5각 병조가 제위(諸衛)에게 문을 지키게 하고 전정에 진열시킨다.
⑤ 시신들이 각각 소복을 입고 모두 근정문 밖에 나아간다.
⑥ 일식 전 3각 판통례가 중엄 계청, 국왕은 소복, 유사가 산선을 진열한다.
⑦ 시위 관원들이 기구·복장을 차리고 봉영한다.
⑧ 일식 전 1각 봉례랑이 시신들을 나누어 인도하여 들어와 자리에 나아간다.
⑨ 판통례가 외판을 하면 국왕이 여(輿)를 타고 나오고 산선 시위는 보통 때와 같다.
⑩ 국왕이 욕위에 이르러 해를 향해 앉는다.
⑪ 일식이 시작되면 서운관에서 변고가 있음을 알린다.
⑫ 유사가 북을 두드리는데 태양이 회복된 뒤에 그친다.
⑬ 판통례가 국왕이 내전으로 돌아가기를 아뢰면, 올 때와 같이 의식을 진행한다.

⑭ 그날 각사의 관원들은 본청을 지키며 북을 청사 앞에 설치한다.

⑮ 각사에서는 일식 전 1각 소복으로 북 뒤에 서며 관등마다 자리를 달리해 겹줄로 해를 향해 선다.

⑯ 각사에서는 일식이 시작되면 집사가 북을 두드리는데 해가 회복된 뒤에 그친다.

⑰ 밤의 일식에는 구하지 않는다.[259]

위의 일식 의례에서 주목되는 것은 정부 내 모든 관원들이 동원된다는 점이다. 정전의 뜰에 모인 문무백관 이외에 각 관사의 관원들도 북이 울리는 가운데 해당 부서의 문 앞에 정렬하여 해를 바라보면서 일식이 끝날 때까지 정렬해 있어야 했다. 조선시대 일식이 발생하면 국왕이 거처하는 궁궐을 정점으로 궁궐 주변의 주요 관서와 도성 내 관청 등의 관원이 모두 해를 바라보며 일식이 지나가길 기원한 것이다. 물론 이때 도성 내는 일식이 그치길 기원하는 북소리가 진동했을 것임을 짐작할 수 있다.

그런데 일식 의례의 절차는 13개 정도로 구분되고 있다. 나머지 3개는 각 관서에서 해야 할 일들로 실제 의식의 절차는 의례를 마치는 순서인 13개이다. 동원되는 인원이나 기물을 보더라도 평소의 의장과 인원이라고 할 수 있다. 새롭게 추가되는 인원이나 기물은 보이지 않는다. 매월 거행하던 조회에 모이던 인원에 북을 하나 추가한 정도가 구일식의 의례 절차라고 해도 무방하다. 다만 일식을 미리 예측하지 못한 상황에서 인원을 동원하고 의례 절차를 진행하는 것이 용이하진 않았을 것으로 짐작된다. 궁궐 내만이 아니라 각 관서의 관원들까지 모두 동원해야 하는 의식이었으므로 사전에 통지하지 않은 상황에서는 진행하기 어렵기 때문이다.

259 『세종실록』 권61, 세종 15년, 7월 20일(신미).

1432년 예조에서 올린 구일식의 의주에 따라 이후 일식 의례가 정해졌다고 본다. 예컨대 밤에 월식하는 경우 구식하지 않고, 조시(朝市)만을 정지하였다.[260] 야간의 구식의는 중요한 사안이었다. 예컨대 구일식 의주가 만들어진 후인 1439년 세종은 다음과 같이 야간의 구식의 문제를 의정부에 전지하였다.

의정부에 전지하기를, "일식과 월식은 천변으로서 큰 것이다. 『주례』 고인(鼓人)에 '일월을 구하려면 왕고(王鼓)를 조(詔)한다'라고 하였고, 『좌전』에 '해와 달이 상(傷)한 것이 아니면 북을 울리지 않는다'라고 하였으니 일식과 월식을 구하는 법이 오래된 것이다. 그러나 태양이 밤에 먹히는 것과 태음(太陰)이 낮에 먹히는 것은, 예전에 구식한다는 글이 없고, 우리나라에서도 또한 중외(中外)에 효유하지 않은 것이 여러 해가 되었다. 지난 무신년 4월 초1일에 일식을 당하였는데, 일관이 밤에 있는 일식이라 하여 보고하지 않았다. 그때에 홍려시승(鴻臚寺丞) 조천(趙泉)과 병부원외랑(兵部員外郎) 이약(李約)이 평양에 도착하여 아침밥을 먹는데, 평양부 사람이 일색(日色)이 이지러졌다고 고하였다. 조천 등이 그때야 일식인 줄 알고 밥 먹던 것을 걷어 치우고 분주하게 뜰에 나가서 구식하였다. 이 뒤에 대신이 의논하여 말하기를 '비록 태양이 밤에 먹히고 태음이 낮에 먹히더라도, 또한 중외에 효유하여 조시를 정지하고 형륙을 하지 말아야 한다'라고 하였다. 논자가 말하기를, 일월이 서로 먹히는 날에 조시를 정지하고 형륙을 않는다는 글이 비록 경전에는 보이지 않았으나, 우리나라에서 의(義)로써 일으켰으니, 바꿀 수 없는 아름다운 법이라고 하겠습니다. 근자에 역자(譯者)에게 들으니, 중국에서는 해가 밤에 먹히는 것과 달이 낮에 먹히는 것은 천하에 포고(布

260 『세종실록』 권82, 세종 20년, 9월 1일(임오).

告)하지 않는다'라고 하고, 또 『교식통궤(交食通軌)』에 이르기를, '일식이 야각(夜刻)에 있는 것과 월식이 주각(晝刻)에 있는 것은 곧 먹히지 않는 것과 같으니, 반드시 추산할 것도 없다'라고 하였다. 그렇다면 지하에서 먹히는 것도 또한 조시를 정지하면, 이것은 예로서 무거(無據)한 것이고 지나친 것이다'라고 하였다. 혹은 말하기를, '만일 무신년에 미리 중외에 포고하여, 4월 초1일의 일식이 대생광이라는 것을 알게 하였다면, 평양부 사람들이 미리 일식을 구하고, 조천 등에게 고하여 해가 복원되기를 기다려서 아침밥을 먹게 하였을 것이다. 이렇게 하였다면, 조천 등이 반드시 우리나라에 예를 아는 사람이 있다고 말하였을 것이다. 대생광이라고 하면 중외에 포고하여, 조시를 정지하고 형륙을 하지 않는 것이 모두 행하여야 할 일인데, 그때에 고하지 않은 것은 일관의 과실이다'라고 하였다. 혹자는 말하기를, '그날에 교식(交食)이 있는 것을 알지 못하였다면 할 수 없지만, 이미 알았다면 비록 지하에서 일식을 하더라도 처사하는 것은 평일과 다름이 없을 수 없다. 『춘추』에도 밤에 일식하는 것을 기록하였으니, 하늘을 공경하고 재앙을 두려워하는 일은 비록 지나치게 삼가더라도 어찌 의에 해롭겠는가?'라고 하면, 답변하기를, '해가 먹힘을 당하고 있는데, 빽빽한 구름이 끼어 나타나지 않으면, 옛사람이 오히려 길상(吉祥)으로 여겼거늘, 하물며 지하에 있는 것이겠는가? 해가 먹힘을 당하여도 달이 혹 피하는 수가 있으니, 먹히고 안 먹히는 것도 기필할 수가 없다. 『춘추』에 말한 야식(夜食)이란 것은 소위 대생광이라는 것이다. 그러므로 전(傳)에 말하기를, 해가 처음 나올 때에 이지러지고 상한 곳이 있다라고 하였다. 하늘을 공경하고 재앙을 두려워하는 일은 더욱 예가 아닌 것으로써 행할 수 없다'라고 하였다. 혹은 말하기를, '음양의 바뀜이 비록 초하루와 보름에 있으나, 각과 분의 차가 혹간 있어서, 낮으로 정하였어도 혹 밤에 먹히기도 하고, 밤으로 정하였어도 혹 낮에 먹히기도 하니, 미리 먼저 포고하는 것을 폐할 수 없다. 어찌 이미 이루어진 법을 고칠 필요가 있겠는가?'라고 하면, 답변하기를, '『예기』에 조두(俎豆)를 이미 베풀었어도 제사를 마치지 못하고, 제후가 여럿이 천자를 뵙는 데도 예를 마치지 못한다라고 한 것은, 한결같이 일에 임하여 예를 행하다가 일식을 보면 구식하는 것을 말한 것이다. 성인의 말씀이 이미 저와 같으니, 지금 비록 미리 고하지 않더라도 나타나는 바에 따라 분주하게 구식하면, 어찌 불가할 것이 있는가? 어찌 반드시 무거한 예를 행할 것인가? 정조·동지의 하례와 사신을 접대하는 날을 당하여, 어찌 하늘에 있는 정하기 어려운 변으로 미리 대례를 폐할 수 있는가? 옛사람이 말하기를, '지나치는 것은 불급하는 것과 같다'라고 하였으니, 이제부터 태양이 밤에 먹히는 것과 태음이 낮에 먹히는 것을, 한결같이 중국의 제도에 의하여 중외에 포고하게 하지 말고 또 조시를 정지하지 않는 것이 편리하고 유익할 것이라'라고 하니, 두 가지 말 중에 어느 것이 옳은가를 의논하여 아뢰라"라고 하였다. 의정부에서 논의하고 아뢰기를, "태양이 밤에 먹히는 것과 태음이 낮에 먹히는 것을 미리 중외에 고하는 것은 우리나라의 이미 이루어진 법이오니, 비록 중국에서 행하는 것은 아니라도, 이것은 하늘을 삼가고 재앙을 두려워하는 뜻이오니, 어찌 의리에 해로울 것이 있습니까. 신 등은 생각하옵건대 예전대로 하는 것이 편할까 합니다"라고 하니, 그대로 따랐다.[261]

위의 논의에서 주안점은 일식의 예측이다. 오늘날 세종대가 다른 왕대와 비교해서 천체 관측을 비교적 활발하게 했다고 생각하고 있지만, 사실상 천체 관측 기구와 기술이 발전하지 않은 상황에서는 우주적으로 발생하는 일을 지구상의 한 지점에서 정확하게 파악하는 것 자체가 불가능하

261 『세종실록』 권86, 세종 21년, 8월 2일(정축).

였다. 일식의 의례에 따라 조회와 저자를 멈추고 형벌을 그만두거나 관원들을 동원하는 것은 가능했을지 모르지만, 날씨가 흐리고 비가 내리는 날에 일식을 관측하는 것은 어려운 일이었다. 실제로 문종대 의식에 맞추어 구일식의를 진행했음에도 날씨 때문에 결국 국왕이 거둥하지 않는 경우도 발생하였다.[262]

일식의 여부를 날씨에 따라 판단하여 국왕이 의식에 거둥하는 문제는 성종대에도 동일하게 발생하였다. 세종이 "하늘이 흐려 보이지 않으면 구식하지 말라"라고 하였고, 세조가 "비록 하늘이 흐려 보이지 않더라도 마땅히 구식하게 하라"라고 한 것이 문제였다. 더욱이 해를 가릴 정도로 구름이 많이 몰려 있을 경우 그 판단은 전례와 국왕의 용단이 기준이었다. 성종의 경우 소복하고 내전에서 일식의 형상을 보고, 구식하도록 하였다. 중종대에도 성종과 동일한 경우가 있었다. 중종대에 일식이 발생했을 때 왕실 어른이 병환 중이었으나, 그래도 구일식이 더 중요하다고 의례를 진행하고자 했다. 그런데 성종대 일식 때 구름이 끼어서 해를 볼 수가 없으면 친구(親救)하지 않았던 예가 있었다고 해서 구식에 친림하지 않아도 될 것을 논의하기도 하였다.[263]

중종대는 세종대 구식의가 성종대를 거쳐 어떻게 거행했는지를 보여 주는 사례가 있다. 1517년(중종 12) 중종이 창덕궁에서 미시에 소복과 오대(烏帶)를 갖추고 인정전 섬돌에서 친구하였다. 당시의 친구의주(親救儀註)는 모두 15개 과정으로 구분된다.

① 액정서가 국왕의 자리를 정전에 남향해 두고 그 앞에 향안(香案)을 놓는다.

262 『문종실록』 권8, 문종 1년, 6월 1일(무진).
263 『중종실록』 권28, 중종 12년, 6월 1일(을사).

② 전악이 청(靑)·적(赤)·백(白)의 3색 북을 방위에 따라 놓는다.

③ 병조정랑은 북 안쪽에 휘(麾) 3개와 그 바깥쪽에 병기 3개를 벌여 세운다.

④ 3색 휘는 방위에 따라 놓고, 모(矛)는 동쪽, 극(戟)은 남쪽, 월(鉞)은 서쪽에 놓는다.

⑤ 전의가 전정(殿庭) 동서 양편 시신 자리를 2중으로 등급에 맞게 둔다.

⑥ 식도(食度)에 따라 해를 등지지 않도록 좌석을 배치한다.

⑦ 일식 전 5각에 병조가 여러 위(衛)를 통솔 군사를 상례(常禮)대로 벌여 세운다.

⑧ 시신은 소복을 입고 인정문 밖에 나아가 차례대로 동서로 나뉘어 서기를 상례와 같이 한다.

⑨ 3각 전 호위 관원과 사금이 기복(器服)을 갖추고 문안한다.

⑩ 좌통례가 중엄을 계청하면, 국왕이 소복으로 선정전에 임어한다.

⑪ 1각 전 인의(引儀)가 시신들을 인도하여 동서 편문으로 들어가게 한다.

⑫ 좌통례가 외판을 아뢰면, 국왕이 남여를 타고 나오는데 산선과 시위는 상례대로 한다.

⑬ 국왕이 해를 향해 앉으면, 관상감이 변고를 아뢰고 사향이 향을 사르며 전악은 북을 친다.

⑭ 일식이 끝나고 해가 본래대로 회복되면 그친다.

⑮ 좌통례가 환궁할 것을 계청하면 전하가 남여를 타고 돌아오는데 시위는 상례대로 한다.[264]

264 『중종실록』 권28, 중종 12년, 6월 1일(을사).

중종대 15개의 구일식 의주를 세종대 오례의 군례 구일식의와 비교하면 대체적으로 대동소이하게 나타난다. 구일식의를 거행하는 궁궐만이 아니라 중앙의 각 관서와 지방의 관청에서도 동시에 구일식의를 하도록 규정된 것이 크게 다른 점이다. 그런데 조선왕조가 독자적인 구일식의를 정비했음에도 일식을 천체상의 문제로만 보고 그 의례 절차를 지속하는 것은 아니었다. 매년 발생하던 천체 현상으로 전례에 따라 이어가는 의식만으로 거행하기 어려웠다. 먼저 1529년(중종 24) 홍문관 부제학 유여림(兪汝霖) 등이 올린 차자를 보면 여전히 일식을 국왕의 청사와 연결시켜 설명하려고 했다.

> "일식은 천변 중에서도 큰 것인데, 그것이 순음(純陰)의 달에 나타나는 것을 옛사람들은 매우 꺼렸습니다. 그리하여 임금은 위에서 자신의 허물을 반성하여 두려워했고, 아래에서는 색부(嗇夫)나 서인들까지도 북을 두드리고 폐백을 바쳐 제사하느라고 분주히 뛰어다니는 등 서로 잘못된 점을 시정하여 재앙을 삼가는 실제의 도리를 다했습니다. (중략) 듣건대 머지않아 동교(東郊)에서 답렵(踏獵)을 하신다는데, 가을철을 당하여 수렵하는 것은, 종묘에 천금(薦禽)도 할 수 있고 한편으로는 군사훈련도 되는 것으로 폐할 수 없는 일입니다. 그러나 일식의 변이 마침 10월과 9월의 교차점에 있고 때 아닌 천둥과 번개가 있었으니, 이는 양기가 약하고 음기가 성한 징조입니다. 깊숙한 궁중에서 몸을 움츠리고 반성하여도 오히려 그 정성이 부족할까 두려운 것인데, 오늘은 융의(戎衣)를 입고 사열하느라 교외를 달리시고, 내일은 덕행을 닦으려 하십니다. 이는 일식을 당하여 근신하는 뜻이 전혀 없는 것이니 곤란한 일이 아니겠습니까? (후략)"[265]

265 『중종실록』 권66, 중종 24년, 9월 27일.

국왕이 군사훈련에 행행하려고 하다가 일식과 겹친다고 해서 중지하라는 내용이다. 당대인의 천문 지식이 어느 정도였는지는 알 수 없겠으나, 천체 현상을 이유로 국왕이 타인의 모범이 되어야 하며, 늘 경계하고 근신해야한다는 논리는 조금 시대에 뒤처진 느낌이다. 1539년(중종 34) 중종의 일식에 대한 전교 내용에서도 여전히 명나라 역에 의거해서 천체 운동을 파악하였으며, 천체 현상을 국왕의 위의와 연결시키는 것을 보여 준다.

> 전교하기를, "일식이나 월식은 비단 우리나라에서만 추산하는 것이 아니고, 중국에서도 반드시 추산할 것이다. 참으로 일식의 변이 있다면, 부경사신(赴京使臣)들이 중국 땅에 있거나 혹 도중에 있을 것이니, 반드시 중국에서 옷을 갈아입고 구식하는 일을 자세히 알 것이다. 그러니 사신이 돌아오면 알 수 있을 것이니, 칠정산 외편과 『대명력(大明曆)』은 추후 상고해서 아뢰게 하라" 하였다. 은보 등이 다시 아뢰기를, "요사이 천둥칠 때가 아닌데 천둥이 있었고 또 일식의 재변이 있었으니 이는 하늘이 보인 큰 변고입니다. 해와 달은 먹힐 때 먹혀야 하고 먹히지 않을 때 먹히면 이는 재앙이 아닌 것이 없으니, 마땅히 공구수성해야 합니다. 며칠 사이에 재이가 거듭 나타났는데도 상께서 배릉하려 하시니, 재앙을 삼가는 도리에 어긋나는 것이 아닌가 합니다." (중략) 일식도(日蝕圖)를 은보 등에게 내리면서 이르기를, "해는 모든 양의 으뜸이니 국왕의 상징이다. 이제 이지러졌으니 큰 변고로 마땅히 두려워해야 할 것이다. 그러나 이 때문에 오랫동안 일을 보지 않을 수는 없다. 배릉하는 일은 임시로 정지하려 하지만 다만 참작해서 하느라고 이때까지 아직 전교를 내리지 못했다. 10일 안으로는 안심하고 할 수 없지만 10일 이후에도 해선 안 되는가? 경들은 의논해서 아뢰라" 하였다. (중략) "나라의 큰일은 제사인데, 배릉하는 일을 임시로 정지시킨 것은 매우 미안하다. 만일 10일 뒤로 미루어 행한다면 백성들 가운데 배를 가

진 자가 여러 날 이를 기다리느라고 그 폐가 과연 많을 것이다. 더구나 위로는 하늘의 재앙이 있고 아래에는 백성들의 폐가 있으니 임시로 정지시키라."[266]

위의 중종대 사례를 통해 해가 국왕을 상징한다는 말 자체에서 일식이 지니는 의례상의 중요성을 알 수 있게 한다. 일식으로 인해 국가의 제사이며, 유교 국가의 수장이 치러야 할 중요한 능행을 연기하고 있다. 더욱이 세종대부터 명나라 역법이 조선과 맞지 않아 일월의 천체 운행을 계산하는 것이 부정확하다는 논의가 있었음에도 불구하고 이때까지도 대명력이 사용되고 있다는 것이 주목된다. 이 점은 명나라와 종번(宗藩) 관계였던 조선에게 독자적인 역법이나 일식의 통계를 통해 구일식의를 거행하는 것은 자칫 외교상의 문제로 확대될 수 있다고 생각한 결과라고 생각된다. 혹은 중종대 주자학을 신봉하며 등용된 관료들이 제후국으로서 황제국에서 결정한 역법을 무시하면 되지 않는다는 논리에 따라 움직인 것이 아닌가하는 의구심이 드는 부분이다. 여하튼 중종대에 보여지는 일식에 대한 논의는 조선 후기로 갈수록 형식화되었으며 고종대 대원군 집권기인 개항 이전에 이르면 형해화된 모습으로 이어졌다.[267]

이와 같이 조선 전기 중종대까지 진행된 일식의 형태와 내용, 변화 양상을 보면서 왜 구일식의가 군례에 포함된 것인가라는 의문이 발생한다. 국왕이 궁궐 내에서 백관과 같이 하늘을 향해 공구하며 의식을 거행하는 모습은 길례에 가까운 것이지 군례라고 하기에는 이해가 되지 않는다. 군례라고 한다면 군사들이 동원되어 외부에서 거행되는 것이라고 생각할 수 있다. 그럼에도 조선 건국부터 일식은 경복궁 근정전이나, 창덕궁 인정전

266 『중종실록』 권91, 중종 34년, 9월 1일(을미).
267 『고종실록』 권6, 고종 6년, 6월 15일(을묘).

월대에서 거행되었다.

구일식의를 조선 초기부터 논의하고 정리한 것이 아님에도 어떻게 갑자기 의례를 거행할 수 있는가? 더욱이 일식은 정기적으로 발생하던 천체 현상으로 국왕이 공구수성한다고 사라지거나 줄어드는 문제가 아니었다. 이 점은 시헌력이나 천체 현상을 기록한 데이터로 충분히 예상이 가능한 일이다. 따라서 조선 전기의 구일식의는 전조인 고려왕조의 의식을 답습한 것이라고 생각된다. 물론 구일식의가 불교적 색채를 지닌 의식도 아니며 고려왕실을 상징하는 의례는 아니었다. 구일식의는 고대 중국 왕조의 의례에서나 고려시대에서도 군주의 공구수성을 강조하던 의례였다.[268] 고려시대 일식에도 북을 치고 국왕과 신료들이 흰옷인 소복을 착용한 뒤 일식이 사라질 때까지 의식을 거행하여 조선시대 구일식의와 별다른 차이가 없었기 때문이다.[269] 일반적으로 의례가 지니는 장기지속성이 구일식의에도 반영되어 조선왕조로 전래되어 실행되었다고 본다.

268 『고려사』 권64, 지18, 예6, 군례.
269 『고려사』 권64, 지18, 예6, 군례.

5 계동대나의(季冬大儺儀)의 내용과 기능

나의(儺儀)는 나례의(儺禮儀)를 말한다. 나례는 구나(驅儺)를 행하는 의례이다. 구나는 말 그대로 역귀(疫鬼)를 쫓아 몰아낸다는 말이다. 그 역귀를 쫓아 내는 순서와 과정을 의례화시킨 것이 나의인 것이며, 곧 벽사의례(辟邪儀禮)의 일종이라고 볼 수 있다. 태종은 "제야(除夜) 전일에 구나하는 것은 본조(本朝)의 옛 풍속이다"라고 하였다.[270] 구나의 목표는 전염병-돌림병-시병(時病)을 의미하는 역(疫)이었다. 따라서 12월인 계동(季冬)에 대나의를 거행하는 것은 지난해의 전염병을 몰아내어서 신년에는 다시 발생하지 않도록 기원하는 과정이다. 그런데 조선시대 군례에 계동대나의만 있고 다른 계절의 나의가 없는 것은 중화적(中華的) 사고에서 도출된 것이라고 볼 수 있다.

나의는 조선을 건국하며 창안한 군례가 아니었다. 나의는 고려시대에도 국가적으로 설행되던 군례였다. 고려시대에는 계동만이 아니라 봄에 거행하는 춘나(春儺)도 있었다. 그런데 조선은 봄과 가을의 나의는 천자만이 거행할 수 있는 의례라고 설정하였다. 다만 봄의 나의는 섣달 그믐의 행사로 정착되어 세말세초(世末歲初)의 나례가 되었으므로 계춘(季春)은 그대로 진행했다고 볼 수도 있다. 궁궐에서는 나의를 궁궐 내부에서 거행하였다.

나의에는 방상시가 나타나는데 한국 고대부터 등장했다. 나의의 가면은 축귀하기 위한 무서운 형상이며 춤도 역귀를 쫓아내는 형태였다. 그중에서도 방상시가 대표였다. 방상시는 『주례』 하관(夏官)에 소속한 관직 명칭이

270 『태종실록』 권28, 태종 14년, 12월 30일(기해).

다. 방상시는 눈이 넷 달린 가면과 곰 털로 만든 검은색 웃옷과 붉은색 치마를 착용하고 창과 방패를 든 형상이었다.[271]

나의가 군례로 의례화한 것은 고려시대였다. 고려 성종대인 10세기 말 국가의례상 군례로 정비된 것으로 보인다. 나의는 계절에 따라 정기적으로 행하는 시나(時儺)와 비정기적인 것으로 구분된다. 비정기 나례는 장례, 부묘, 안태, 사신 영접 등이었다. 예컨대 장례 시 방상시는 시체에 앞서서 무덤에 들어가 영령을 위해 무덤 안을 정화시키는 임무를 수행했다. 반면 3월의 계춘(季春), 8월의 계추(季秋), 12월의 계동(季冬) 나례는 연중행사로 거행된 세시 의식이었다.[272] 이 외에 국왕이 행행을 마치고 환궁하면서 연희(演戱)의 하나로 나례를 거행하기도 하였다.[273]

그런데 조선 중기 이후로 나의는 군례를 통한 축역의 의미보다는 관나(觀儺)와 설나(設儺) 등의 궁중 연희로 연행되었다. 관나와 설나는 공연 오락물로 배우들이 왕실 가족이나 관객들을 상대로 볼거리를 제공하는 궁중행사이며, 연극과 노래, 춤이 어우러지던 종합예술이었다. 궁궐의 편전과 유원(遊園)에서 거행된 나례는 국왕과 왕족만이 아니라 문무 관료들이 함께 즐기던 행사이기도 하였다. 그래서 세말궁중나례, 사신영접나례, 신감사영접나례 등으로 변화하였다.[274]

그런데 나례가 축제와 같은 연희로 변화된 것은 고려시대부터였다. 고려시대부터 왕실은 물론 관료들이 모두 모여 즐기는 제야의 축제로 자리잡고 있었다. 이 점은 조선 전기에도 동일하게 나타났다. 국왕과 문무백관이 주연을 베풀고 연희를 즐겼다. 더욱이 고려시대 중요한 왕실 행사였던

271 삼국사기, 권32 잡지, 제1 악(樂), 향악잡영시 대면.

272 백정희, 「한국의 문화: 조선 나례무에 끼친 『주례』의 영향 연구」, 『한국 사상과 문화』 41, 2008, 289~298쪽.

273 『광해군일기』 권125, 광해군 10년, 3월 2일(신유).

274 윤아영, 「조선전기 儺禮와 그에 수반된 樂歌舞의 형태에 관한 연구」, 『온지사론』 13, 2005, 225~227쪽.

팔관회가 조선시대에 폐지되자 그 대안으로, 혹은 그로 인해 더욱더 성대하게 나례의가 연희되었다.[275]

계동대나의는 세시인 계동에 거행했기 때문에 시나라고 할 수 있다. 계동의 나례는 섣달에 거행된 국가적 대동의식이었다. 율곡 이이는 "구나축역(驅儺逐疫)은 『주례』의 방상시가 장악하여 사기(邪氣)를 벽제(辟除)하여 신년을 맞이하는 것"이라고 하였다. 따라서 계동대나의 구나 축역은 사기를 벽제하고 새해를 맞는 제야의 의식으로 국왕과 민인에 이르기까지 모두가 하나 되는 공연이라고도 볼 수 있다.[276]

따라서 조선 전기 나의는 당대와 송대의 의례화된 나례와 삼국시대부터 계승되던 벽사의례가 혼용된 유형이라고 할 수 있다. 조선 건국 후 나의는 1393년 2월에 나타난다. 태조가 청주에 행행했을 때 목사 진여의(陳汝宜)와 판관(判官) 민도생(閔道生) 등이 나례를 갖추어 북교(北郊)에서 맞이하고, 부로(父老)들은 노래를 불러올리면서 어가(御駕) 앞에 절하였던 모습이다.[277] 이 해에 태조는 전국에 잦은 행행을 거행하는데, 그때마다 나례의가 거행되었다. 청주에 이어 계룡산을 거쳐 상경할 때에도 백관들이 용둔(龍屯) 들에서 맞이하였는데, 태조가 숭인문(崇仁門)으로 들어오자 채붕(綵棚)과 나례를 시좌궁(時座宮) 문밖에 설치하고 성균관의 학관(學官)이 여러 유생을 거느리고 가요를 부르며 맞이하였다.[278] 태조대 나의 형식은 태종대에도 이어진다.

1401년 태종이 환궁할 때 유후사(留後司)의 여러 신하들이 산붕(山棚)·결채(結綵)·나례(儺禮)·백희(百戲)를 베풀고 공복(公服)으로 숭인문 밖에서 맞이하였으며, 성균관의 생도와 교방(敎坊)의 창기(娼妓)들이 가요로 맞이하였

275 황경숙, 「한국의 나례양상과 나희 형성 연구」, 『한국민속학보』 11, 2000, 40~41쪽.
276 백정희, 「한국의 문화: 조선 나례무에 끼친 『주례』의 영향 연구」, 300~321쪽.
277 『태조실록』 권3, 태조 2년, 2월 5일(경진).
278 『태조실록』 권3, 태조 2년, 2월 27일(임인).

다.[279] 당시 나례에 사용하던 채색은 모두 금은을 사용하였다.[280] 태조와 태종의 나례 사례를 보면 국왕의 행행을 맞이하는 과정에서 환영 행사로 나례의가 이용되었음을 볼 수 있다. 따라서 자칫 조선 초 나례는 고대부터 내려오던 나례의와는 달리 사용되었다고 볼 수도 있다. 그런데 세종대에 접어들면 나례의는 제석에서 왕실 행사로 매년 거행된다.

1419년(세종 1) 섣달그믐날 밤 나례를 행하였다.[281] 또한 1426년에는 명나라 사신을 영접하는 행사로도 나례가 이용되었다. 당시 명나라 사신을 맞이할 때 나례를 준비한 과정을 보면 다음과 같다.

> "(전략) 명나라의 사신을 영접할 때, 채붕(綵棚)을 맺고 나례를 준비하는 것을 일체로 성중애마와 시정(市井)의 공인·상인과 각 관사(官司)의 노비 및 각 리(里)의 향도(香徒)에게 맡겨서, 그 의대(衣帶)·병풍·족자(簇子)·단필(段匹)·금은(金銀)·주옥(珠玉)·잡식(雜飾)을 분정(分定)하고 재촉하여, 잡아 가두고 매를 때려 하지 못하는 일이 없으니, 이에 명령을 두려워하여 분주하게 각자 있는 곳에서 세금으로 바쳐 쓰임에 충당하게 되고, 그것이 부서지고 더럽게 되면 그 값을 배나 바치게 되니, 사람들이 심히 괴롭게 여깁니다. 다행히 우리나라는 재용에 여유가 있는데도 사신을 영접하는 준비는 일체 백성에게 맡기니 옳지 못한 듯합니다. 원컨대 지금부터는 위 항목의 물건은 모두 국비로 쓰게 하여, 관장한 각 관사로 하여금 고제에 의거하여 나누어 맡게 하여, 그 용도를 갖추어 오랫동안 쌓인 폐단을 제거할 것입니다. (후략)"[282]

279 『태종실록』 권1, 태종 1년, 4월 4일(임술).
280 『태종실록』 권33, 태종 17년, 6월 26일(경술).
281 『세종실록』 권6, 세종 1년, 12월 28일(무술).
282 『세종실록』 권32, 세종 8년, 4월 12일(을해).

위와 같이 중앙에서 성대하게 거행되던 나례는 지방에서도 예외 없이 설행되고 있었다. 무엇보다 왕명을 전수하는 감사의 행차에는 반드시 나례를 해야 한다는 의론이 많았다. 예컨대 세종대에도 원래는 각 도의 새 감사를 맞이하는 행사에 산붕·나례·결채·군위 등을 쓰지 못하게 하였지만, 왕지를 받든 행차에 예를 갖추지 않을 수 없다는 논리로서 농번기나 흉년인 경우를 제외하고는 나례를 시행하도록 하였다.[283] 그런데 세종대의 나례는 사회적인 이슈로도 논란의 여지가 있었다. 왕실의 의례만이 아니라 민간에서도 국왕의 나례 설행 시 그것을 관람하기 위해서 누구라도 참여한다는 것이 지적 사항이었다. 더욱이 부녀자들이 대로에서 구경을 일삼는다는 것이 주요 문제였다. 예컨대 당시 부녀자들의 나례 참여에 대한 지적을 보면 다음과 같다.

대사헌 신개(申槪) 등이 상소하기를, "예(禮)에, 부인은 낮에 뜰에서 놀지 않으며, 연고 없이 중문에 나오지 않는 것은 부도(婦道)를 삼가는 이유입니다. 본조(本朝)의 『경제(經濟)』, 『예전(禮典)』에 '양반의 부녀는 부모·친형제·자매·친백부·숙부와 고모, 친외삼촌과 이모 외에는 가 보기를 허락하지 않고, 어기는 자는 실행(失行)으로 논한다'라고 하였습니다. 지금 사대부의 아내가 귀신에게 아첨하고 혹(惑)하여, 산야(山野)의 음혼(淫昏)한 귀신을 제사하지 않음이 없으며, 그중에 송악산과 감악산(紺嶽山)에 섬기기를 더욱 지극하게 하여, 매양 봄과 가을을 당하면 몸소 친히 가서 제사하여 술과 반찬을 성하게 베풀며, 귀신을 즐겁게 한다고 칭탁하여 풍악을 치고 즐기기를 극진히 하며, 밤을 지내고 돌아오면서 도로에서 자랑하고 떠벌리며, 광대와 무당이 앞뒤에서 난잡하게 말 위에서 풍악을 베풀어 방자하게 놀이를

283 『세종실록』 권52, 세종 13년, 5월 27일(경인).

행하여도, 그 남편이 금하지 않을 뿐 아니라 염연(恬然)히 함께 행하되, 이를 괴이하게 여기지 않는 자가 이따금 있사오니, 부녀의 실덕(失德)이 이보다 큼이 없을 뿐만 아니라, 미혹하고 요사스러운 오랜 습관과 무당의 노래하고 춤추는 음란한 풍속을 장차 금할 수 없을 것이옵니다. 청컨대 지금부터 중외의 명산과 신사(神祠)에 부녀들의 내왕을 엄하게 금하고, 만일 어기는 자가 있으면 『육전(六典)』에 의하여 실행으로 논하옵소서. 또 산붕·나례 등 성대한 관광의 일에, 대소 부녀가 혹 길가에 장막을 치고, 혹 행랑의 다락 위에서 얼굴을 들고 마음대로 구경하면서 조금도 부끄러움이 없어, 심히 부도에 어그러지오니 더욱 통금(痛禁)하는 것이 마땅하옵니다. 어기는 자는 역시 상항(上項)의 예에 의하여 죄를 논하옵소서" 하니, 보류해 두기를 명하고, 인하여 사헌부에 전지하기를, 사대부의 아내가 친히 중외의 신소(神所)에 가서 기도하는 것은 예속(禮俗)에 어그러짐이 있으니, 지금부터 만일 친히 가는 자가 있으면 그 가장과 함께 논죄할 것이며, 신사가 있는 관사(官司)에서는 마음을 써서 금하지 않으면 함께 죄를 주겠노라" 하였다.[284]

그런데 나례의 설행은 외교사절을 영접할 때 반드시 필요한 것이므로 정례적으로 반드시 진행되었다는 것이 문제였다. 외교사절을 영접하는 의례에서 나례만한 공연을 찾기란 쉽지 않았다. 명의 조사(詔使)가 파견될 때는 그 설행 여부가 논란이었으며, 대부분은 그대로 지속하라는 것이 국왕과 신료들의 합의였다. 예컨대 세종과 신료들의 의견을 정리하면, 나례를 태상황의 연고 때문에 폐한다면, 연향에 음악도 마땅히 제거해야 하는데, 연향에 음악을 제거한다면, 방금 새 황제가 즉위하여 사방에서 사신이 와서 하례할 때 중국에서도 오히려 음악을 사용할 것이므로, 조선에서도 음

284 『세종실록』 권52, 세종 13년, 5월 27일(경인).

악을 사용해야 한다는 것이며, 이런 배경에서 나례를 설행해야 한다는 논리이다. 또한 태상황이 승하한 것이 아니며 이번에 등극한 황제는 정통의 아들이 아니므로 더욱더 전례보다 의례를 감하면 안 되니 나례를 형세상 설행해야 한다는 것이다.[285]

나례의 설행 여부에 대한 논의가 지속되는 가운데에도 왕실에서는 계속 나례가 거행되었다. 나례가 설행되던 장소도 궁궐의 편전 등 다양한 곳에서 거행되었다. 1464년(세종 10) 12월 말에는 국왕과 왕비가 경복궁 사정전에서 나례를 구경하였으며, 이후에 왕세자, 종친·재추(宰樞)·승지(承旨) 등도 동참하여 술자리를 나누었다. 이날 나례를 설행한 것은 궁궐에서 연말에 잡희(雜戲)와 함께 역귀를 쫓는 연례행사를 하기 위해서였다.[286] 1475년(성종 6) 성종대에는 창덕궁 선정전에서 국왕과 삼대비(三大妃) 등이 나례를 관람하였다.[287]

나례가 어느 왕대보다 성행한 것은 연산군대였다. 연산군은 나례를 왕실의 군례로 생각하면서 설행하는 시각이 아니었다. 물론 연산군도 전례되던 의례를 폐하거나 새롭게 개편하려는 모습은 없었다. 예컨대 예전부터 내려온 관례인 나례를 기일 전 2개월 동안 미리 연습하지 말고 보름만 연습하게 하거나 "나례는 국가의 긴요하지 않은 일인데, 다만 그 유래가 이미 오래된 까닭으로 관습에 따라 고치지 않았을 뿐이다. 재인들이 비록 부족하더라도 현재 인원으로 변통해서 거행할 것이며, 정원대로 채울 필요는 없다"는 식으로 나례를 왕실 군례의 하나로 취급하는 모습을 보였다.[288] 그럼에도 연산군은 공연에 더 많은 관심이 있었던 것으로 보인다. 연산군대 유명한 공연 배우였던 공길(孔吉)의 기사를 보면 다음과 같이 연산군이

285 『세종실록』 권126, 세종 31년, 10월 1일(무신).
286 『세조실록』 권34, 세조 10년, 12월 28일(정미).
287 『성종실록』 권62, 성종 6년, 12월 29일(갑진).
288 『연산군일기』 권47, 연산군 8년, 11월 3일(임신).

나례를 바라보던 내용이 나타난다.

> 전교하기를, "『주례』에 방상시가 나례를 맡아 역질을 쫓았다면 역질을 쫓는 것과 나례가 진실로 두 가지 일이 아닌데, 우리나라 풍속이 이미 역질은 쫓았는데 또 나례를 하여 역질을 쫓는 것은, 묵은 재앙을 쫓아버리고 새로운 경사를 맞아들이려는 것이니, 비록 풍속을 따라 행하더라도 오히려 괜찮거니와, 본디 나례는 배우의 장난으로 한 가지도 볼 만한 것이 없으며, 또 배우들이 서울에 떼를 지어 모이면 표절(剽竊)하는 도둑이 되니, 앞으로는 나례를 베풀지 말고, 옛날 폐단을 고치게 하라" 하였다. 이보다 앞서 배우 공길이 늙은 선비 장난을 하며 아뢰기를, "전하는 요·순 같은 임금이요, 나는 고요(皐陶) 같은 신하입니다. 요·순은 어느 때나 있는 것이 아니나 고요는 항상 있는 것입니다" 하고, 또 『논어』를 외어 말하기를, "임금은 임금다워야 하고 신하는 신하다워야 하고, 아비는 아비다워야 하고 아들은 아들다워야 한다. 임금이 임금답지 않고 신하가 신하답지 않으면 아무리 곡식이 있더라도 내가 먹을 수 있으랴" 하니, 왕은 그 말이 불경한 데 가깝다 하여 곤장을 쳐서 먼 곳으로 유배하였다.[289]

연산군은 나례가 왕실의 군사의례가 아닌 단순한 연례행사의 하나로 그 의미를 축소하고 있다. 또한 나례에서 배우들의 공연만이 유일한 볼거리이며, 이들이 도성 내에서 이리저리 몰려다니며 공연하는 것을 문제 삼으면서 나례를 설행하는 것을 금하도록 하였다. 연산군의 바람대로인지 그가 반정으로 쫓겨난 이후 나례의는 축소되고 정지되었다. 중종대에 사림파의 진출과 주자학적 사고관의 확산에 따른 영향이라고 할 수도 있겠으

289 『연산군일기』 권60, 연산군 11년, 12월 29일(기묘).

나, 비의례적이라고 생각되는 부분이 정지되었다. 1513년(중종 8) 정조의 나례는 조종조(祖宗朝)의 고사이므로 폐할 수는 없지만 잡희(雜戲)이니 재감(裁減)하라고 하였다.[290] 1515년에는 정조의 양재처용(禳災處容)을 하지 말라는 명령이 내려졌다.[291] 이 두 가지 조치는 중종의 명령으로 왕실 군례인 나례의가 의례 주재자인 국왕에 의해 축소되었음을 보여주는 사례이다. 명종대에는 나례의가 더욱더 축소되어 궁궐 내에서만 거행되었다.[292]

결국 계동대나의는 왕실 군사의례에서 축소되었고, 상장례의 일부분에 편입되거나, 사신 접대와 궁궐 내 행사로 변형되었다. 예컨대 조선 후기에는 나례도감이 설치되어 나례의 설행을 전담하였다. 나례도감은 부묘 후 환궁 때의 나례를 거행하기 위하여 설치한 임시 기구였다. 나례도감은 의금부와 군기시에서 각각 좌변과 우변의 일을 맡아 보았는데 산대나 채붕, 헌가 등 나례에 필요한 무대 구조물을 만들고 외방재인들을 한양으로 상송하는 일을 주관하였다. 『오례의』에 따르면 종묘에서 광화문에 이르는 연도에는 임금의 행차를 환영하고 칭송하는 거가환궁(車駕還宮) 행사가 거행되었다. 거가환궁의 절차 가운데 나례 잡희와 교방가요는 채붕이나 침향산 같은 화려한 무대 설비를 사용하였으므로 많은 인력과 물력이 소비되는 행사였다. 인조는 이러한 행사를 주관했던 나례도감을 혁파하고 침향산을 공개적으로 불태워 왕실의 의전을 감축하겠다는 뜻을 만방에 알렸다. 장악원에서 교방가요를 맡았던 경기(京妓)의 제도를 없앴고 궁정의 내연(內宴)에 필요한 기녀들은 외방의 선상기(選上妓)로 충당하게 된다. 이후 조정에서는 종묘 제례 후 환궁 때의 나례는 더 이상 거행하지 않았다. 숙종대에는 신묘년(효종 2년, 1651)과 신축년(현종 2년, 1661)의 전례에 따라 부묘 후

290 『중종실록』 권19, 중종 8년, 11월 1일(을축).
291 『중종실록』 권23, 중종 10년, 12월 22일(갑술).
292 『명종실록』 권27, 명종 16년, 12월 26일(신사).

나례를 거행하지 않기로 하였고 경종 역시 신축년(현종 2년, 1661)과 병진년(숙종 2년, 1676)의 전례에 따라 나례를 거행하지 않기로 하였다. 그러나 나례를 설행해야 하는 계기 때마다 예조가 보고를 올려 국왕의 재가를 받았으므로 제도적으로 폐지한 것은 아니었다. 1754년(영조 30)에 와서야 제도적으로 부묘 나례를 완전히 폐지하였다. 당시 영조는 부묘 후 나례의 설행 여부를 묻는 예조의 품신조차 그만두라고 명하였다. 중국 사신을 접대하는 나례에 대해서는 존폐 여부에 대한 조정의 의논이 있었지만 임진왜란 직후에도 나례를 폐지하지 않았는데 반정 이후 설행하지 않으면 중국 사신 측에서 의혹을 제기할까 우려하여 계속 실시한다는 결론을 맺었다. 백성에게 폐단이 미치지 않도록 간편하게 설행하라는 국왕의 당부도 있었다. 세밑에 거행하는 구나 역시 존폐 여부에 관한 논의가 있었으나 위로 자전(慈殿)이 있으므로 존속시키되 그해와 이듬해는 거행하지 말 것과 종이가면을 나무가면으로 바꾸어 해마다 새로 만드는 폐단을 없애라는 결정이 내려졌다. 관상감에서 올린 안건이었으므로 이때의 가면은 방상시와 십이지신, 진자(侲子) 등의 가면을 말한다.[293]

구나는 1694년(숙종 20)에 폐지될 때까지 변함없는 제의 형식을 유지하였다. 중국 사신을 접대하는 나례를 거행할 때는 여전히 의금부와 군기시가 좌우변 나례도감을 맡아 행사를 주관하였다. 1626년(인조 4)에 제작된 『나례청등록』을 비롯하여 『인조실록』과 『승정원일기』 등의 여러 자료에서 그러한 사실이 나타난다. 나례도감의 변화는 병자호란 이후부터 보인다. 청나라와 외교 관계를 맺어 처음으로 사신이 오던 1637년(인조 15)에 나례의 존폐 여부에 대한 논란이 다시 일었다. 전란으로 피폐해진 상황인데다 금나라 시절 사신이 올 때 영접했던 전례가 소략했기 때문에 전란 이전 명나

293 사진실, 「인조 이후 나례(儺禮)의 사습(私習)과 산대도감패의 흥행 활동」, 『공연문화연구』 28, 2014, 91~105쪽.

라 사신에 대한 의전처럼 설행하기는 어려웠기 때문이다. 따라서 예조에서는 헌가(軒架)를 제작하는 비용이 많이 들어서 대신 결채(結綵)만 베풀고 희자들의 놀이인 나례는 없앨 것을 주달하였다.[294] 청나라 건국 이후 처음 맞이하는 사신이므로 뒷날의 고락을 생각하여 사치하지 말고 처음부터 절약해서 국가를 지탱하고 백성을 보존하자는 취지의 논의도 거듭되었다.[295] 그러나 결국 청나라 사신을 접대하는 첫 의전에서는 헌가를 만들어 나례를 거행하였다. 1637년의 나례는 청나라 사신을 접대하는 전례가 되어 이후 행보에 걸림돌이 되었다.

한편 관나의 경우 국왕 앞에서 풍속의 미악과 정치의 득실을 담은 배우희(排優戲)가 주요 공연 종목이었기 때문에 의금부는 그 내용에도 깊이 관여하였다. 종묘 제례 후 거가환궁 때의 나례는 국왕의 관람이 목적이 아니라 성대한 장관을 연출하는 데 있었기 때문에 재인들의 공연 종목을 세세하게 관리하지는 않았다.[296]

인조 이후 국왕의 거가환궁 때 나례를 완전히 폐지하였고 더불어 관나의 행사가 사라졌기 때문에 재인들이 국왕과 접하는 기회가 없어졌다. 이때부터 자연스럽게 의금부는 나례를 주관하는 업무를 끝내게 되었다. 병자호란 이후 나례도감은 영접도감 내 나례색으로 축소되었다가,[297] 1784년(정조 8) 나례 때는 포도대장을 당상관으로 하는 독립적인 나례도감을 두었다. 거의 30년 만에 다시 거행하는 나례였으므로 여러 가지 폐단이 우려되어 특별히 인적 조직을 강화했다.[298] 당시 청국 사신의 행차를 위한 나례는 도성 안팎의 백성들에게 가장 큰 구경거리였다. 병자호란 이후에는 나례

294 『승정원일기』 59책, 인조 15년, 6월 22일(기미).
295 『인조실록』 권35, 인조 15년, 10월 2일(기미).
296 사진실, 「조선 전기 儺禮의 변별 양상과 공연의 특성」, 『구비문학연구』 3, 1996, 157~158쪽.
297 『승정원일기』 60책, 인조 15년, 9월 18일(계미).
298 『정조실록』, 권18, 정조 8년, 10월 9일(신묘).

도감이 축소되고 나례의 규모가 줄었지만 청국 사신을 맞이하는 나례에서 삼도습의를 겸하여 사습을 진행하는 관례 정도는 시행되었다. 1784년(정조 8)에 청국 사신을 맞이하는 나례는 30년 가까이 정지되었다가 정조 즉위 후 처음으로 거행하였다. 오랜만에 설행하는 나례였으므로 백성들의 노고에 대한 국왕의 배려로 생각된다. 나례의 사습때 숭례문 밖으로 헌가를 끌고 나가면서 연습하다 보면 밧줄을 끄는 백성들이 익숙하지 않아 다칠 것을 염려하여 별도의 사습을 거행하지 못하게 하였다.[299] 또한 사습 때는 구경꾼을 금지할 필요가 없다고 나례도감에 알리라고 하였다. 이에 모화관의 사습 현장은 도성 안팎 백성들을 위한 놀이판이 되었다고 할 수 있다.

299 『승정원일기』 1568책, 정조 8년, 10월 8일(경인).

제 4 장

조선 후기 군사의례의 변화와 연속

조선왕조는 명나라가 구축한 종번질서(宗藩秩序) 체제 안에서 정치적으로나, 의례적으로는 일본과 여진보다는 우위에 있었다고 자부하였다. 조선왕조에게 왜란과 호란의 여파는 20세기 초 웨스턴 임팩트에 버금갈 정도로 충격 그 자체였다. 군사적인 굴욕보다도 정치, 외교적인 부분은 물론 사상적으로도 도저히 용납하기 어려운 체제의 혼란이 야기되었기 때문이다. 명나라를 중심으로 문명국의 일원이라고 자부하던 조선에게 외적의 무례하면서도 일방적인 침략은 받아들이기 어려운 사건이었다. 무엇보다 여진, 즉 만주족의 침략은 문명국에 대한 야만인의 무례함 그 자체였다. 조선에게 여진은 늘 한수 아래라고 생각하던 유목 부족으로 치부하던 존재였기 때문이다. 특히 정묘년에 치욕적으로 맺었던 형제국이라는 사이에서, 병자년에는 명나라를 대신하는 천자국이 된다는 것을 받아들일 수 없었다. 이 점은 조선 후기 정치, 사상계의 딜레마인 동시에 주자 성리학만이 대두되는 근저가 되기도 하였다.

반면 군사의례가 상징적이면서 의례적인 것으로 유지되었던 배경이 되기도 하였다. 조선 후기의 군례가 임진왜란 이전과 달리 군사적 면모보다는 국왕과 왕실의 의례적인 모습에 국한된 것을 통해서 알 수 있다. 물론 조선후기에도 국왕들이 대열이나 사열을 통해 국초부터 강조하던 상무적 전통을 지향하기는 하였다. 그러나 양난 이전의 국왕들이 병법을 개발하고 새로운 군제를 도입하면서 적극적으로 군사의례를 거행한 것과는 달리 국왕과 왕실의 안위, 도성의 방어를 중심으로 하는 소극적인 거행에 국한되고 있었다. 무엇보다 왕실 위주의 군례가 집중적으로 거행되었다고 역설적으로 말할 수도 있다. 그 중 대표적인 것이 영조대 대사례와 선로포의(宣露布儀), 기우제이다. 대사례는 조선 전기에 설행되었다가 왜란과 호란을 거치면서 전혀 시행되지 않았다. 선로포의는 영조대 무신난의 여파로 만들어진 군례였다. 따라서 대사례와 선로포의는 영조의 심중이 반영된 군례라고 할 수 있다. 이와 함께 정조대에 정리된『춘관통고』에서 보이는 공통점은 군례가 새롭게 정비되는 것과 동시에 친림 의주들이 증가한 것이다. 예컨대 전통적으로 기신제는 국왕이 신하에게 섭행시켜 지내는 것이 일반적이었다. 그런데 영조 이후 정조대에 이르면 국왕이 기신제를 주관하기 위해 신하를 보내던 관행에서 벗어나 국왕이 직접 제사에 참여하는 친행이 정착하였다.[1] 이런 배경에서 조선 후기의 군례는 전기와 달리 왕실을 중심으로 의례적인 부분에 더 집중되었다고 할 수 있다.

1 송지원,「정조대 의례 정비와『春官通考』편찬」,『규장각』38, 2011, 120~121쪽.

1 대사례(大射禮)의 내용과 기능

1) 국왕의 문묘(文廟) 행행

조선시대 대사례는 군사적 의례 행위라기보다는 군자의 덕을 함양하는 수단인 인격 수양의 하나로 인식되었다. 공자가 사례(射禮)를 예악의 도리를 실행하는 실천적 덕목이라고 했듯이 대사례는 문무관료 누구라도 익혀야 하는 기본적인 소양이기도 하였다. 활쏘기의 과정을 관덕(觀德)이라고 한 것에서도 알 수 있다. 그런데 중국 역대 왕조에서는 한나라 이후에 태학에서 대사례를 거행하는 전통이 없어졌다. 그렇지만 역대 왕조에서 대사례를 국가의례에서 제외하지는 않았다. 군신 간의 회합과 단결을 위한 의례적인 활동이라고도 볼 수 있겠지만 무엇보다 군사적인 상무의 기상을 유지하는 것이 주목적이었다. 다만 의식이 의례화되는 것은 북제(北齊)에 이르러서였다. 북제에서는 매년 3월 3일에 황제가 상복(常服)으로 사장(射場)에 행행하여 황태자와 여러 관료들과 같이 대사례를 거행했다. 이때의 행사는 회합한 후 잔치[進酒行爵]를 벌이고 난 뒤 황제를 시작으로 품관의 차서에 따라 활을 쏘는 순서였다. 특히 봄과 가을인 3월 및 9월에 일자를 정하여 활쏘는 단을 설치해 대사례를 거행하였는데, 이때의 정기적인 활쏘기는 당나라 대사례에 이어졌고 조선에도 영향을 미쳤다. 당나라에서는 황제사어사궁(皇帝射於射宮), 황제관사어사궁(皇帝觀射於射宮)으로 대사례를 의례화하였다.[2]

2 박종배, 「조선시대 成均館 大射禮의 시행과 그 의의」, 『교육사학연구』 13, 2003, 34~36쪽.

유교 정치를 표방하던 조선왕조에서는 왕조의 창업과 함께 문묘의 의례를 정비하여 정치적, 사회적 상징성을 높였다.[3] 조선왕조의 문묘 제사는 태조의 명에 의해 1392년 8월 8일 대학사였던 민제(閔霽)가 거행하던 것에서 시작되었다.[4] 태조는 문묘가 완공되기 전인 1397년(태조 6) 역소(役所)를 방문하여 관원과 인부들을 위무하였다. 국왕이 문묘에 처음 행행한 것은 1406년(태종 6) 11월 13일이었다. 태종은 문묘에 행차하여 곤룡포와 면복 차림에 평천관(平天冠)을 쓰고 문선왕에게 제사를 지내고, 성균관 관원과 학생들을 공궤(供饋)하였다. 당시 문묘는 아직 완공되기 전이었으므로[5] 태종의 문묘 행행은 이례적이었다고 할 수 있다.

이때 태종은 문묘에 대해 다음과 같이 말했다. 태종은 하륜(河崙)에게 "내가 국학(國學)의 강경(講經)을 보고 선비를 시취(試取)하고자 하는데, 경의 뜻으로서는 어떻다고 여기는가?"라고 하였는데, 이에 하륜은 "친히 국학에 나아가는 것은 인군(人君)의 성사(盛事)입니다"라고 하면서 역대 국왕들이 문묘에 친히 나아갔던 고사를 말하였다.[6]

태종과 하륜의 대화에서 알 수 있는 것은 국왕이 문묘에 행행하는 것이 공자에 대한 제사만이 목적이 아니라 과거를 시행하여 인재를 선발하는 데 있음을 알 수 있다. 그런데 조선 초기 국왕의 문묘 행행 사례를 보면 태종은 1406년(태종 6) 11월, 1407년 3월과 7월, 1414년 7월 등의 4회, 세종은 1429년(세종 11) 5월과 1434년 3월의 2회로서 문묘 행행의 수치가 매우 낮다. 세종은 예악(禮樂)을 표방하며 유교적 도덕 정치를 실현하려한 국왕[7]

3 지두환, 「朝鮮前期 文廟儀禮의 整備過程」, 『한국사연구』 75, 1991, 89~112쪽; 김해영, 「조선초기 문묘 향사제에 대하여」, 『조선시대사학보』 15, 2000, 25~60쪽; 이기동, 「문묘제례의 철학적 기반」, 『유교문화연구』 8, 2004, 1~20쪽.

4 『태조실록』 권1, 태조 1년, 8월 8일(정사).

5 『태종실록』 권13, 태종 7년, 3월 21일(을해).

6 『태종실록』 권14, 태종 7년, 7월 11일(임술).

7 이성무, 『(개정증보) 조선의 사회와 사상』, 일조각, 2004, 88~94쪽.

으로 알려졌음에도 재위기간 중 단 2회의 문묘 행행을 거행하였다.[8] 이후 세조는 재위 14년간 1회, 성종은 25년간 6회, 중종은 39년간 8회, 선조는 40년간 2회 등의 문묘 행행을 거행하였다.[9]

조선시대에는 모두 8회의 대사례가 거행되었다. 이 중 4회는 1471년(성종 8), 1502년(연산군 8), 1534년(중종 29)이며, 나머지는 1743년(영조 19), 1764년(영조 40)이다. 국왕이 대사례를 거행하기 위해 문묘에 행행한 횟수나 목적은 임진왜란을 거쳐 인조 이후 조선 후기에도 유사하게 전개되었다. 인조의 문묘 행행은 1623년(인조 1) 5월에 시작하여, 1624년 10월, 그리고 15년 후인 1639년(인조 17) 3월에 거행되었다. 1639년은 병자호란을 겪은 지 3년 후로서 당시 인조는 성균관에 거둥하여 알성(謁聖)하고 작헌례(酌獻禮)를 행한 다음, 명륜당에서 선비를 시험 보여 권즙 등 7인을 취하였으며, 하연대(下輦臺)에서 무예를 시험 보여 김사길(金士吉) 등 11인을 취하고 그날로 방방(放榜)하였다.[10]

인조가 재위 26년간 3회의 문묘 행행을 거행한 것과 같이 인조 이후의 국왕들도 재위년에 비해 10% 전후의 비율로 문묘 행행을 거행하는 경향을 보였다.

- 인조: 1623년(인조 1) 5월 2일, 1624년 10월 19일, 1639년 3월 10일.
- 효종: 1651년(효종 2) 9월 18일, 1653년 8월 17일, 1657년 9월 17일.
- 현종: 1661년(현종 2) 9월 24일.
- 숙종: 1677년(숙종 3) 3월 26일, 1681년 9월 10일, 1686년 4월 3일, 1687년 9월 21일, 1691년 8월 10일, 1693년 8월 11일, 1694년 8월 4일,

8 『세종실록』 권44, 세종 11년, 5월 26일(신미); 『세종실록』 권63, 세종 16년, 3월 8일(을유).
9 『조선왕조실록』을 정리하였다.
10 『인조실록』, 권38, 인조 17년, 3월 10일(정묘).

1698년 9월 11일, 1702년 3월 25일, 1705년 4월 28일, 1709년 8월 11일.

- 경종: 1722년(경종 2) 9월 15일.
- 영조: 1726년(영조 2) 11월 24일, 1732년 3월 18일, 1733년 2월 12일, 1736년 10월 2일, 1742년 4월 13일, 1746년 윤3월 4일, 1749년 3월 16일, 1750년 9월 10일, 1756년 2월 26일, 1759년 7월 25일, 1762년 3월 20일, 1765년 3월 28일, 1767년 9월 18일.
- 정조: 1778년(정조 2) 7월 27일, 1782년 3월 9일, 1785년 3월 11일, 1789년 2월 26일, 1790년 2월 24일, 1794년 2월 26일, 1799년 9월 30일.
- 순조: 1803년(순조 3) 4월 10일, 1807년 9월 10일, 1811년 7월 25일, 1825년 4월 21일.
- 헌종: 1838년(헌종 4) 4월 13일.
- 철종: 1851년(철종 2) 10월 19일, 1862년 3월 15일.

국왕들이 문묘 행행을 시작한 것은 즉위한 후 1~3년 사이가 대부분으로 인조, 숙종, 순조, 헌종을 제외하면 모두 재위 2년에 문묘 행행을 거행하였다. 국왕들의 행행은 보위에 오른 해에 바로 거행하지는 않았으며 매년 반복되지도 않았다. 즉위 1년 만에 문묘에 행행한 것은 인조가 유일하다. 헌종은 즉위 4년 만에 문묘 행행을 거행하여 제일 늦은 것과 동시에 현종, 경종과 함께 재위기간 단 1회만 문묘에 행행하였다. 반면 정조는 재위 14년인 1790년 2월 행행에서는 문묘에 3일이나 머물렀다.[11] 그리고 영조는 재위 2년인 1726년 처음 문묘에 행행한 시기가 11월 24일로서 국왕 중에서 유일하게 겨울에도 행행을 거행하였다.

이와 같이 인조 이후 국왕들의 문묘 행행은 일정한 기간이나 주기를 보

11 『정조실록』 권29, 정조 14년, 2월 24일(을해)~26일(정축).

이며 거행되지 않았으며 특별한 날을 선정하지도 않았다. 다만 대부분 봄과 가을에 집중되어 있는 것이 주목된다. 이것은 문묘가 곧 공자의 사당인 곳으로 2월과 8월에 석전제를 지내기 때문에 당연한 일이기도 하였다. 국왕들의 행행이 거행된 시기를 보면, 봄인 2월부터 4월 사이가 22회이며 가을인 7월부터 10월은 18회로서 전체 48회 중에서 40회로서 90%에 달하는 비율이다. 그러므로 조선 후기 국왕의 문묘 행행은 봄과 가을에 걸쳐 거행하였음을 알 수 있다. 이것은 문묘의 제사와 함께 문무과 시험을 보기 위한 한 방편이었음을 짐작하게 한다.

특히 조선 후기 국왕들의 문묘 행행에서 특징적인 것은 조선 전기의 국왕과 마찬가지로 문묘에서 작헌례와 함께 대부분 인재 등용을 위한 과거를 시행한 것이다. 따라서 봄과 가을의 문묘 행행이 문묘의 제사일 때문만이 아니라 과거의 시행도 함께 고려해야 했다. 문무과 시험 장소와 과목의 특성상 문묘에서는 문과를 시험하였으며 궁궐로 돌아올 때는 창경궁의 춘당대에서 무과 시험을 보는 것이 일반적이었다. 그러므로 조선후기에 국왕이 문묘에 행행한다고 하면 문무과 시험이 거행된다는 것을 의미하기도 하였으며, 시험에 참여하는 선비들이 한양과 지방의 각처에서 모였으므로[12] 날씨가 그날의 행사를 좌우하여 봄과 가을에 집중적으로 문묘 행행이 거행될 수밖에 없었다.

당시 국왕들은 다음의 그림에서 우측 상단에 위치한 창경궁 동북문인 집춘문(集春門)을 통해 문묘에 이르러 작헌례를 행한 뒤 명륜당에서 시취하고, 다시 집춘문을 거쳐 춘당대로 와서 무과 시험을 치렀다.[13] 국왕이 문묘에 행행 시 창경궁 정문인 홍화문이나 창덕궁의 돈화문을 나와서 문묘로 향하는

12 『숙종실록』 권17, 숙종 12년, 4월 3일(정해).

13 『현종실록』 권4, 현종 2년, 9월 24일(경자); 『숙종실록』 권32, 숙종 24년, 9월 11일(임오); 『영조실록』 권55, 영조 18년, 4월 13일(임인); 『정조실록』 권6, 정조 2년, 7월 27일(갑인); 『순조실록』 권5, 순조 3년, 4월 10일(갑술).

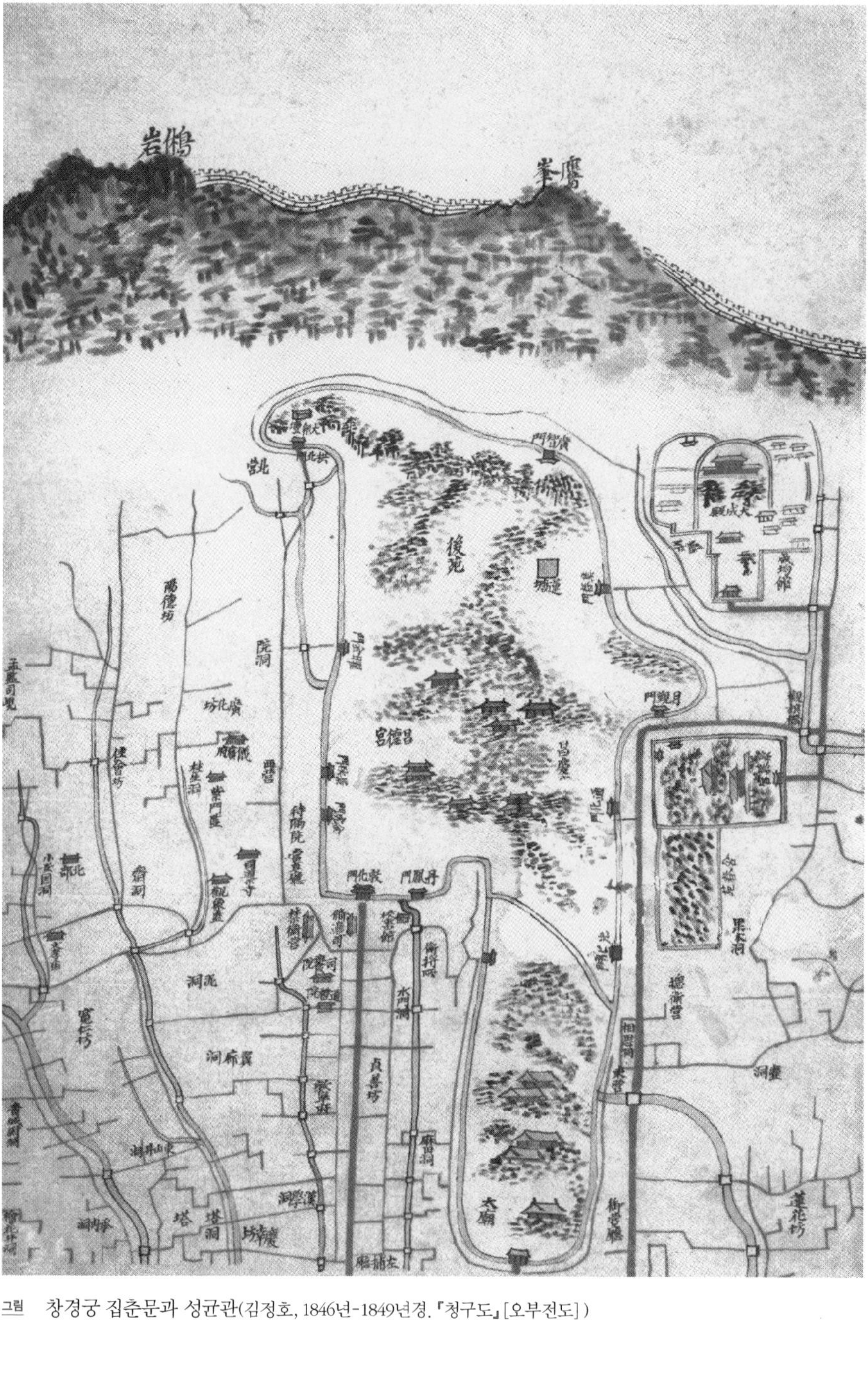

그림 창경궁 집춘문과 성균관(김정호, 1846년-1849년경. 『청구도』[오부전도])

동선보다 집춘문을 거치면 일반인의 이동을 방해하지 않고 시행할 수 있기 때문이다. 또한 행행 시 도로를 이용하면 군사와 의장물들을 동원해야 하므로 집춘문을 이용하는 것이 행차 준비를 간략하게 하여 국왕이나 관료들에게 용이하였다. 국왕이 문묘에 행행하는 것이 과거를 설행하기 위한 목적 때문이었으므로 도로를 이용한 행행은 불필요한 준비와 과정일 뿐이었다.

다음의 〈표 9〉은 조선 후기 국왕의 문묘 행행과 시취 여부를 정리한 것이다.

표 9 조선 후기 국왕의 문묘 행행과 시취 여부

	인조 (26)	효종 (10)	현종 (15)	숙종 (46)	경종 (4)	영조 (52)	정조 (24)	순조 (34)	헌종 (15)	철종 (14)	계
문묘	3	3	1	11	1	13	7	4	1	2	46
시취	3	3	1	11	1	13	7	3	0	1	43

『조선왕조실록』과 『御營廳擧動謄錄』을 정리하였다.

〈표 9〉에서 국왕별 행행 횟수의 차이와 변화에 있어서 일정한 형태의 증가세나 감소세가 나타나지 않는다. 국왕별 행행 횟수는 숙종과 영조, 정조를 제외하고 재위년과 비교해 보면 대부분 10% 이내인 것을 알 수 있다. 그리고 숙종에서 정조까지 문묘 행행의 횟수가 재위년과 비교할 때 20~50%에 가깝도록 높은 것을 알 수 있다. 특히 영조와 정조는 종묘와 사직 행행에서와 같이 다른 국왕들에 비해 높은 수치를 나타내고 있다.

국왕별로 재위기간 중 4회 미만의 문묘 행행을 거행한 것이 전체 10명 중에서 7명으로 70%에 이르고있다. 이 중 전쟁을 겪은 인조나, 재위기간이 짧았던 경종의 경우를 예외로 본다 해도 순조(34년)의 4회와 헌종(15년)의 1회, 철종(15년)의 2회는 재위기간에 비해 너무 적다고밖에 볼 수 없다. 문묘의 행행에 제사와 함께 거행하던 시취의 경우에도 정조 이후로 누락되는 경우가 발생하고 있다. 헌종은 단 1회의 문묘 행행에서 다른 국왕들이 대부분 거행하던 시취도 하지 않았다.

그러므로 〈표 9〉의 문묘 행행 수치의 변화만을 놓고 본다면 정조 이후 세도정치기에 접어들면서 문묘 행행 횟수와 시취가 감소 추세에 들어갔다고 볼 수 있다. 숙종대 이후 정조까지 증가하던 행행 수치와 시취가 순조부터 급감하거나 없어지고 있다. 따라서 대사례가 영조대에 부활되었다가 지속적으로 시행되지 않았던 것은 국왕이 문묘에 직접 행행하던 유형과도 연관되고 있다. 대사례를 주재할 국왕이 문묘, 즉 성균관에 행행하지 않았기 때문에 의례 자체를 거행하지 못했던 것이다.

2) 영조대 대사례 시행의 배경

1743년(영조 19) 3월 영조는 대신들이 진연(進宴)을 동조(東朝)에게 계청(啓請)하고자 소견(召見)할 때에 "임어(臨御)한 이후 구전(舊典)을 거행하고자 하였다. 시학례(視學禮)·친경례(親耕禮)와 같은 것은 모두 열조(列朝)에서 이미 행했던 일이고 채 행하지 못한 것은 양로연(養老宴)이다. 가을이 되기를 기다려 동조께 술잔을 올리고 이어서 노인을 노인답게 대접한다는 뜻을 미루어 기로(耆老)에게 잔치를 내리되, 선조(先朝)를 섬겼던 신하들까지 함께 그 잔치의 즐거움을 같이한다면, 곧 내가 군신(群臣)들에게 잔치를 베풀어 주는 것이 되며, 군하(群下)와 나에게 잔치를 올림이 아니니다. 대사례의 경우는 근래에 행했던 의절(儀節)을 따르고 싶다. 글이 본디 『오례의(五禮儀)』에 실려 있을 것이나, 이것은 중묘조(中廟朝)에 이미 행했던 전례(典禮)이니, 실록 등을 상고해 오도록 하라"고 하였다.[14]

14 『영조실록』 권57, 영조 19년, 3월 27일(신사).

영조는 대사례를 시행하려는 의지를 신료들에게 보인 다음날에 예조판서 정석오(鄭錫五)와 참판 오광운(吳光運)을 소견하여 대사례의 의문(儀文)에 대해 강정(講定)하였다. 이때 대사례에 대해 정리한 내용을 보면, 『오례의』에는 사단(射壇)에서 활을 쏘는 의식이 있는데 국왕과 신료들이 활을 쏘는 의식, 사단에서 활을 쏘는 것을 보는 의식, 국왕과 백관들이 활을 쏘는 것을 보는 의식 등이 있다고 하였다. 화살이 맞혀지는 과녁인 웅후(熊帿)와 미후(麋帿)는 모두 옛 제도에 따라 그대로 쓰도록 하였다. 그런데 영조는 대사례가 자주 시행되지 않았던 의례이므로 의례 절차를 대충 갖출 수 없다고 하면서 친경례에 의거해 3차례 습의(習儀)하도록 명하고, 어용(御用)을 조달하는 상방(尙方)에서 결습(決習), 공조에서 존(尊)·탁(卓)·풍(豊)·치(觶)·점(坫), 군기시에서 웅후·미후·핍(乏)·복(福)·금(金)·고(鼓)·정(旌) 등을 준비하도록 하였다.[15]

이어서 영조는 예조 당상관을 소견하여 사례 때의 악장(樂章)에 대해 물었다. 이때 대사례에 대한 영조와 관료들의 시각이 나타났는데, 당시의 대화를 보면 다음과 같다.

> "예조참판 오광운은 "어사(御射) 때는 악장의 3절을 먼저 연주하는데, 제1시(矢)와 제4절을 서로 응하게 하여 차례로 서로 응해 나가다가 제4시에 이르러 제7절과 서로 응하게 하고는 그칩니다. 시사(侍射) 때는 짝수 때마다 먼저 제1절을 연주한 뒤 제1시와 제2절을 서로 응하게 하고, 제4시에 이르러 제5절과 서로 응하게 하고서는 그칩니다" 하였다. 오광운이 또 말하기를, "대사례와 사례의 이름은 실로 가볍고 무거움이 있습니다. 이미 대사(大射)라 불렀다면 반드시 대사의 의문(儀文)을 갖추어 마땅히 이름과 실상이 서

15 『영조실록』 권57, 영조 19년, 3월 28일(임오).

로 부합되게 해야 할 것입니다. 그러나 삼대(三代) 이후로 예악(禮樂)이 결망(缺亡)되어 당나라 개원(開元)의 예(禮)가 옛날의 것과 합하지 않는 것이 많습니다. 『국조오례의』는 고금의 적절함을 참작하였으니, 오늘날 행할 수가 있는 것입니다. 그런데 지금 그 편목(篇目)을 살펴보니, 단지 '단(壇)에서 활을 쏘고 단에서 활을 쏘는 것을 본다'라고만 하였고 '대사'란 이름이 없으니, 한결같이 『오례의』를 따라 '대(大)'자를 떼버리는 것이 마땅하겠습니다"라고 하였다. 국왕이 말하기를, "대사란 천자의 예이니, 만약 참칭(僭稱)한 것이라면 불가하겠지만, 제후(諸侯) 또한 대사례가 있는 것이니 대사라고 불러도 무슨 나쁠 것이 있겠는가? 대사례를 장차 하연대(下輦臺)에서 거행할 것이니, 사유(師儒)의 장관 또한 사원(射員)으로 입참(入參)하게 하라. 사례가 끝난 뒤에는 또한 명륜당에서 마땅히 시사(試士)할 것이니, 시관(試官)으로 낙점을 받은 자 외에 문무(文武)·종친(宗親)으로 20명을 점하(點下)하여 활쏘기를 익히게 하라. 악장 또한 장악원(掌樂院)으로 하여금 익히게 하라"고 하였다. 뒤에 중종대의 실록을 상고해 보았더니, 그 당시 사원이 60여 명에 이르는 많은 숫자였기 때문에 다시 문무·종친·의빈(儀賓) 중에서 각각 10명을 더하도록 하였다.[16]

위의 대화에서 제일 주목되는 부분은 대사례라는 군례는 천자의 예이고 제후국의 국왕인 영조는 거행할 수 없다고 예조에서 주장한 것이다. 그 근거로 『국조오례의』의 편목에는 '대사(大射)'란 이름이 없다는 것이다. 반면 영조는 제후도 대사례를 거행한 전례가 있었으니 대사례라고 할 수 있다고 하였다. 예조의 입장에서는 영조대 이전까지 대사례가 시행되지 않은 것은 의례상 당연한 것이며 제후국에서 거행할 수 있는 의례가 아님을

16 『영조실록』 권57, 영조 19년, 3월 29일(계미).

말하고 있다. 중중대 이후 영조대까지 대사례가 거행되지 않았던 것은 중국을 천자국으로 보고 조선을 제후국으로 인정하는 동북아시아의 동심원적 국제 질서 체제를 유지하려던 주자학적 세계관을 지닌 관료들의 반대 때문임을 짐작하게 한다. 실제로 영조의 대사례 거행을 막기 위해 기우제를 지내야 한다는 의견을 제시하는 시도가 있었다. 당시 대사헌 서명빈(徐命彬)은 "대사례가 국조(國朝) 이래 두 번 있던 성대한 행사입니다만, 오늘날은 아마도 그 때가 아닌 듯합니다. 그러나 지금은 기일이 이미 박두하였고 많은 선비들이 함께 모였으니, 형편상 중간에 그만둘 수 없겠습니다. 하지만 전(殿)에 임하여 진하(陳賀)를 받는 것은 아마도 재앙을 만나 반성하고 몸을 닦는 도리에 어긋날 듯합니다. 만약 전하께서 삼가 깊이 생각하셔서 미리 정지하도록 하심으로써 근심하고 편안하지 못하다는 뜻을 보이시고, 또 유사(有司)에게 명하시어 빨리 기우제를 지내도록 하신다면, 저 밝게 강림하는 하늘이 아마도 그 정성에 감응(感應)하는 효험이 있을 것입니다"라고 하였다.[17]

대사헌의 은근한 반대 의사에도 불구하고 영조는 대사례를 거행한 전례가 있었다는 이유로 그대로 진행하게 한다. 한 달 뒤인 4월 20일에는 대사례에 참여하는 인원들이 논의되었다. 영조는 대사례에서 활을 쏘는 짝은 대신의 경우는 정1품 종반(宗班)과 하고, 그 이하는 문신과 무신이 차례로 짝이 되는 것이 좋다고 하였다.[18] 10일 뒤인 4월 30일에 영조는 창경궁 영화당(暎花堂)에 거둥하여 대사례의 습의를 관람하였다. 영조는 예조 당상을 입시하도록 해서 대사례 때의 악장(樂章)은 여씨(呂氏)가 추우장(騶虞章)의 뜻을 논한 것에 의거해 1장을 1절로 하여 미리 익히게 하고, 웅후와 미후도 고례

17 『영조실록』 권57, 영조 19년, 윤4월 2일(을묘).

18 『영조실록』 권57, 영조 19년, 4월 20일(계묘).

(古禮)에 의거해 3정(正) 및 2정의 제도를 쓰도록 의주(儀註)를 논의하였다.[19]

영조는 대사례의 거행에 대해 다음과 같이 말했다. "대사례가 끝난 뒤 다음날 진하(陳賀)하는 것이 고례(古例)라 처음 시행할 것을 명했던 것이고, 자리에 나아가 예를 행하니, 이 마음이 갑절이나 된다. 하지만 위로는 선조(先祖)를 추념(追念)하고 아래로는 백성을 생각건대, 무슨 마음으로 진하를 받겠는가? 그만두도록 하라. 제도(諸道)의 전문(箋文)은 탄신일의 전례에 의거해 봉입(捧入)토록 하라"고 하였다. 또한 영조는 이번의 대사례가 시행된 지 200년 이후로 처음 있는 일이니, 중외(中外)가 함께 해야 하는데, 한량(閑良)은 이미 서울에 모두 모였으니 당연히 응시(應試)할 것이나, 양도(兩都) 및 제도(諸道)의 출신(出身) 장교(將校)는 도신(道臣)·수신(帥臣) 등이 일순(一巡)으로 시취(試取)하게 하되 수석을 차지한 자는 장문(狀聞)하고, 그 다음은 해당 도에서 등급을 나누어 시상하라는 지시를 내리도록 하였다.[20]

영조는 대사례를 왕실 혹은 도성 내에 국한되어 거행하는 군례가 아닌 전국적인 규모에서 진행시키려 한 것이다. 특히 영조는 군례인 대사례의 거행을 왕실 전례의 계승만이 아니라 선대와 백성까지 생각하는 입장에서 이루어진 것임을 말하고 있다. 영조가 대사례의 시행을 고례의 회복이라는 왕실의례의 정비를 목적으로 했다고 할 수 있다. 동시에 영조는 국왕의 보위에 오르는 과정에서 왕통의 정통성에 있어서 여러 번 지적을 받은 것이 있었기 때문에 왕실의례의 준행 혹은 기존에 왕권을 상징했던 군례를 재시행함으로써 자신의 입지를 강화하는 수단으로 사용한 것이다.

영조는 윤4월 4일에 문무 과거를 시취해 현능하고 빼어난 인재를 등용했다면서, 예는 당연히 경하할 것이다라는 의미의 "식준고전 대사례성 문무시취 현준등용 예당경(式遵古典 大射禮成 文武試取 賢俊登庸 禮當慶)" 글자를 승

19 『영조실록』 권57, 영조 19년, 4월 30일(계축).

20 『영조실록』 권57, 영조 19년, 윤4월 2일(을묘).

정원에 내리고, 예조에서 문무 창방(唱榜) 때 치사(致詞)의 쓰임에 대비하도록 하였다.[21]

3) 대사례의 시행과 내용

1743년(영조 19) 윤4월 7일, 영조는 새벽에 성균관으로 행행하여 대성전에서 작헌례(酌獻禮)를 거행하였다. 뒤이어 명륜당(明倫堂)에 거둥하여, 희우관덕(喜雨觀德)으로 글제를 내려서 과거의 응시자들에게 시제로 주었다. 영조가 '희우'라는 말을 한 것은 전날 밤인 윤4월 6일에 비가 내려 그 기쁨을 표시한 것이었다. 그리고 아침에 비가 개이자, 영조는 성균관에 행행하여 하련대(下輦臺)에 전좌한 뒤 대사례를 거행한 것이다. 대사례에서 활을 쏜 사람들은 밀창군(密昌君) 이직(李樴) 등 30명이었다. 이들은 짝을 지어 활쏘기를 마치자, 그 맞힌 여부에 따라 차등 있게 상과 벌을 받았다. 그리고 과녁으로 거자(擧子)를 시험하여 60명을 뽑았다. 고시(考試)를 마치고, 한광조(韓光肇)·이환(李渙)·박성원(朴盛源)·신회(申晦)·김양택(金陽澤)·최태형(催台衡) 등 6명을 뽑아서 그날 바로 그 합격을 대외에 방방(放榜)하였다.[22]

영조가 윤4월 7일 성균관에서 거행하도록 한 대사례의 의절(儀節)은 모두 『오례의』와 『대명회전(大明會典)』 등의 책을 상호 참고하여 결정한 것이다. 당시 대사례의 준비 과정과 진행 순서를 정리하면 다음의 49개의 절차와 같다.

① 병조판서가 국자장(國子長)·예관(禮官) 등과 성균관의 반수교(泮水橋) 서쪽에 후단(帿壇)을 쌓는다.

21 『영조실록』 권57, 영조 19년, 윤4월 4일(정사).
22 『영조실록』 권57, 영조 19년, 윤4월 7일(경신).

② 사단(射壇)과의 거리는 90보이다.

③ 웅후단(熊帿壇)은 조금 북쪽이고 미후단(麋帿壇)은 조금 남쪽인데, 그 사이는 10보의 차이다.

④ 군기시에서는 예기척(禮器尺)을 만들어 그 척수(尺數)에 의해 웅후·미후를 만든다.

⑤ 웅후는 곧 대후(大帿)이고 미후는 시사인(侍射人)이 쏘는데, 웅후의 색은 붉고 미후의 색은 푸르다.

⑥ 웅후의 표적을 그 가운데 두되, 곰의 머리를 그리고 미후의 경우는 사슴 머리를 그린다.

⑦ 웅후의 둘레에다 삼정(三正)을 주색(朱色)·백색(白色)·창색(蒼色)의 차례로 그린다.

⑧ 미후는 2정으로 하는데, 백색·창색을 없애고 주색·녹색으로 한다.

⑨ 웅후는 붉은 대나무와 붉은 줄로 단상(壇上)에 벌려서 걸며 미후는 푸른 대나무와 푸른 줄로 한다.

⑩ 화살이 옆으로 달림을 방지하는 핍(乏)은 동서 각 10보에 둔다.

⑪ 사원(射員)의 출입을 분리하기 위해 홍전문(紅箭門)은 사단 아래 동서 각 40보에 둔다.

⑫ 맞힌 화살을 꼽는 복(福) 다섯은 사단 아래 조금 서쪽에 설치한다.

⑬ 시사(侍射)자가 활을 쏠 자리는 서쪽 계단 앞에서 동향하여 북쪽이 위가 되게 설치한다.

⑭ 병조판서의 자리는 동쪽 계단 앞에서 서향으로 설치한다.

⑮ 시사하는 사람과 성균관 대사성 이상의 활쏘는 자리는 사단 위에, 3품 이하의 활쏘는 자리는 사단 아래 두는데, 모두 서쪽에 가까우며 남향하여 가로로 펼쳐서 둔다.

⑯ 집사관(執事官)과 시사하는 사람, 종친 및 백관의 절하는 자리는 사단

아래 동서로 설치한다.

⑰ 문관은 동쪽에, 종친과 무신은 서쪽에, 시사하는 사람은 서반(西班) 앞에 둔다.

⑱ 화살을 줍는 획자(獲者)의 자리는 동서 핍(乏)의 안쪽에다 서로 마주 보도록 설치한다.

⑲ 훈련원의 관원은 여섯 빛깔의 기(旗)를 가지고 핍의 동서 양쪽 사이에 있는다.

⑳ 시사자가 맞히는 방위에 따라 그 방색(方色)으로 하되, 홍심(紅心)을 맞히면 홍색 기를, 맞히지 못하면 채색(采色) 기를 들고 정고(鉦鼓)는 사용하지 않는다.

㉑ 상으로 내릴 물건은 사단 아래 조금 동쪽에 진열해 둔다.

㉒ 제용감에서는 표리(表裏)를 관장하고 군기시에서는 궁시를 관장한다.

㉓ 벌준(罰尊)을 올려놓은 탁자는 사단 아래 조금 서쪽에 두되, 점(坫)을 설치하여 치(觶)를 올려놓고 탁(卓)의 서쪽에 풍(豊)을 두었다.

㉔ 점·치·풍은 공조에서 올리고, 술은 주원(廚院)에서 단술[醴]로 준비하였다.

㉕ 어용(御用)의 궁탁(弓卓)·시탁(矢卓)·결습탁(決拾卓)은 각 하나를 사단 위 조금 동쪽에 서향으로 설치하는데, 모두 함에 담아 놓았다.

㉖ 무신 정2품인 상호군은 헌가(軒架)를 받들어서 홍전문 안의 중앙 시도(矢道)에 둔다.

㉗ 시사자는 활과 화살을 갖추어 서쪽 문 밖에서 기다린다.

㉘ 전의(典儀)가 배설을 마치면 국왕이 익선관과 곤룡포를 갖추고 단소(壇所)에 거둥하고 협률랑(協律郎)이 대기한다.

㉙ 부복(俯伏)했다가 일어나서 휘(麾)를 들어 음악을 연주하면 헌가의 고취(鼓吹)도 연주한다.

㉚ 국왕이 어좌에 오르면 찬의(贊儀)가 문무백관에게 사배(四拜)할 것을 창(唱)하며 음악은 그친다.

㉛ 통례(通禮)가 유사(有司)의 갖춰졌음을 아뢰면 상호군이 결습함(決拾函)을 들고 어좌 앞에 나간다.

㉜ 획자(獲者) 1명은 깃발을 들고 후(侯)를 등진 채 북향해 서고, 시사자는 활과 화살을 잡고 그 위치로 들어선다.

㉝ 병조판서가 꿇어앉아 획자를 후에서 조금 물러나 있도록 명할 것을 아뢴다.

㉞ 병조판서가 북을 칠 것을 아뢰면 훈련정(訓鍊正)이 북을 세 번 친다.

㉟ 획자 1명은 북소리에 맞추어 후를 등졌던 자가 핍을 둔 곳으로 달려가고 상호군은 결습(決拾)을 올린다.

㊱ 국왕이 결습을 마치면 통례가 꿇어앉아 어좌에서 내려올 것을 계청한다.

㊲ 국왕이 사위(射位)에 서면 음악을 연주한다.

㊳ 상호군이 활을 올리면 국왕이 활을 쥐고 시험 삼아 당기며, 음악은 제4절에 이른다.

㊴ 상호군이 화살을 쏠 것을 아뢰면 국왕이 첫번째 화살을 쏜다.

㊵ 상호군이 맞혔음을 고하면 음악의 1절이 끝난다.

㊶ 국왕이 활을 다 쏘고 나면 상호군이 받아 탁자에 두고 결습도 받아서 탁자 위에 둔다.

㊷ 음악을 연주하면 시사자가 짝을 지어 사위에 오른다.

㊸ 두 짝이 서로 읍하고 활을 쏘며, 쏘기를 마치면 또 서로를 향해 읍한다.

㊹ 화살을 줍는 사람이 맞힌 화살을 복(福)에다 얹어놓으면 병조판서가 맞힌 사람의 성명과 화살의 수를 가지고 맞힌 사람에게는 상을, 맞히지 못한 사람에게는 벌을 줄 것을 계청한다.

㊺ 병조정랑이 맞힌 사람의 직함과 성명을 외쳐 동쪽 계단 아래 서향하여 서게 하고, 맞히지 못한 사람은 서쪽 계단 아래 동향으로 서게 한다.

㊻ 음악이 그치면 군기시에서 맞힌 사람에게 상을 매긴다.

㊼ 화살 네 대를 과녁에 맞힌 사람은 표리(表裏) 각 하나, 세 대를 맞힌 사람은 활 하나 화살 100개, 하나를 맞힌 사람은 표(表) 하나, 두 대를 맞힌 사람은 활 하나를 상으로 준다.

㊽ 화살을 과녁에 맞히지 못한 사람에게는 사옹원(司饔院)의 관원이 사준(沙尊)에다 단술을 가득 담아 작(勺)으로 치에 따라서 풍 위에 둔다.

㊾ 화살을 과녁을 맞히지 못한 사람들이 활을 풀어 팔에 걸고 들어가 끓어앉아 치를 잡고 서서 마신 뒤 치를 풍 옆에 둔다.

영조는 대사례가 끝난 뒤 예문 제학에게 기문(記文)을 지어 그 사실을 서술하고 명륜당에 걸라고 명하였다. 이어서 사단을 헐지 말아서 후세에 보여 주도록 하였다.[23] 영조가 구례인 대사례를 지속적으로 거행하겠다는 의지가 담긴 메시지였다.[24] 또한 성균관 내에 별도의 각(閣)을 지어 대사례에서 사용한 활과 화살 및 여러 기구를 간직케 하라고 명하였다. 그 각의 이름을 육일각(六一閣)이라 했는데, 활쏘기가 육례(六禮)의 하나이기 때문이라고 설명했다.[25] 이 밖에도 대사례의 내용이 의궤로도 작성되었다. 『대사례의궤』는 5책이 만들어져 어람용, 의정부, 사고(史庫), 예조, 성균관에 보관되었다. 『대사례의궤』에는 어사례도(御射禮圖) 4면, 시사예도(侍射禮圖) 4면, 시사관상벌도(侍射官賞罰圖) 4면의 12면 채색도가 실려 있다. 이 그림들은 대사례도해(大射禮圖解)에서 그 내용을 설명하였다. 의궤의 마지막에 실린 대사례기(大射

23 『영조실록』 권57, 영조 19년, 윤4월 7일(경신).
24 『영조실록』 권61, 영조 21년, 4월 2일(갑진).
25 『영조실록』 권57, 영조 19년, 윤4월 7일(경신).

禮記)에는 영조가 대사례를 거행한 배경과 과정, 의의 등이 기재되었다.[26]

영조는 재위 40년인 1764년 2월에 재차 대사례를 거행하였다.[27] 2월 8일, 영조는 경희궁 건명문(建明門)에 나아가 충량과 시험에 친림(親臨)하고 이어서 대사례를 거행하였다. 이때의 대사례는 성균관에서 거행하지 않았으나, 영조가 직접 웅후와 미후에 활을 쏘고 여러 신하들과 화합한 자리였다. 영조는 자신이 대사례에서 사용한 웅후를 성균관의 육일각에 보관하도록 하였다. 영조가 사위로 나갈 때는 기신(耆臣)과 문무관이 동서로 나누어 도열하였다. 상호군 어영대장 김한구(金漢耉)가 결습(決拾)을 올리고, 훈련대장 구선행(具善行)이 활을 바쳤으며, 금위대장 이장오(李章吾)가 화살을 바쳤다. 영조는 승시(乘矢)를 쏘아 화살 2개는 날리고 2개로 과녁의 복판과 과녁의 변죽을 연중(連中)하였다. 이때 쏘았던 활과 화살은 기신 판부사 유척기(兪拓基)에게 주어 기로소의 영수각(靈壽閣)에 보관하라고 하였다. 영조는 기신에게도 쏘라고 명하여 맞힌 사람은 활 하나를 상으로 주고 맞히지 못한 사람은 벌로 풍치(豊觶)를 들게 하였으며 음례(飮禮)를 의식대로 거행하였다. 또한 직접 '망팔에 갑신년(甲申年)을 거듭 만나서, 단지 열천(冽泉)만 외우노라[望八重逢只誦冽泉]'의 사언(四言) 한 귀를 지어 여러 신하들에게 화답하여 지어 올리라고 명하였다. 이어서 충량과의 과차(科次)를 매겨 김노순(金魯淳)·김장행(金章行)·김이소(金履素) 등 3인을 뽑았는데, 무과에 입격한 자도 14명이었다.[28]

결국 영조대에 성균관에서 거행된 대사례는 1743년에 친림한 것이 유일하다. 이후 정조대에도 문묘 행행과 시취는 이루어졌으나 대사례가 거행되지는 않았다. 따라서 조선시대 왕실 군례로서 대사례는 중종과 영조대에 설행된 것이 유일하다고 하여도 과언이 아니다.

26 신병주, 「영조대 대사례의 실시와 『대사례의궤』」, 『한국학보』 106, 2002, 72~74쪽.
27 『영조실록』 권103, 영조 40년, 2월 3일(을유).
28 『영조실록』 권103, 영조 40년, 2월 8일(경인).

2 선로포의(宣露布儀)의 내용과 기능

선로포의는 전쟁 시 거행하던 군례로 영조대에 정비되었다. 1728년(영조 4)인 무신년(戊申年)에 영조의 즉위를 부정하며 일어난 무신난 혹은 이인좌(李麟佐)의 반란은 선로포의가 조선왕조의 왕실 군사의례이면서 국가의례 체제로 새롭게 편입되는 계기를 만들었다.[29] 영조는 자신을 지지했던 노론과 경종을 지지했던 소론의 대립 과정을 거쳐 왕위를 승계하였다. 따라서 즉위 초부터 왕위 정통성과 관련한 문제를 해결해야 했다. 그 와중에 소론의 일부가 소현세자 후손인 밀풍군(密豊君)을 추대하면서 영남을 근거지로 반란을 일으켰다. 영조 집권 초반기에 발생한 무신난은 청주성이 함락되며 정부군의 무능을 보여 주기도 했으나, 곧 정국 운영이 노론 일색으로 경도되어 세도정치로 이어지게 만드는 단초의 하나로 되었다.[30] 따라서 군례가 역사적으로 전쟁과 관련된 군사적인 문제로 탄생된 것을 감안한다면 선로포의가 무신난으로 인해 만들어졌다는 것도 오히려 당연한 결과로 보아야 할 것이다.

물론 영조 이전에도 선로포의에 해당하는 군례가 시도되었다. 조선 전기 1423년(세종 5) 파저강(婆猪江)의 여진족 정벌에서 헌괵(獻馘)이 나타나는 것에서 그 시초를 찾을 수도 있다. 당시 파저강 여진족을 정벌하면서

29 송지원, 「영조대 의례 정비와 『국조속오례의』 편찬」, 『한국문화』 50, 2010, 214~218쪽.

30 무신난에 대한 연구는 정석종, 「戊申亂과 영조년간의 정치적 성격」, 『동양학』 19, 1989; 이영춘, 『조선후기 왕위계승 연구』, 집문당, 1998; 고수연, 「청주지역 영조 戊申亂의 動向」, 『조선시대사학보』 41, 2007; 조윤선, 「英祖 6년(庚戌年) 謀叛 사건의 내용과 그 성격」, 『조선시대사학보』 41, 2007; 변주승·문경득, 「18세기 전라도 지역 戊申亂의 전개과정」, 『인문과학연구』 39, 2013 등을 참조할 수 있다.

헌괵을 하였다는 실록 기사를 통해 선로포의의 초기적 형태가 나타났다고 보는 것이다.[31] 그러나 군례의 형식을 갖춘 선로포 의례가 거행된 것은 1624년(인조 2)에 발생했던 이괄의 난이 진압되던 때로 보는 것이 타당하다. 당시 예조판서 이정구(李廷龜)는 반란을 진압한 사실을 노포(露布)로 사방에 알려야 한다고 하였다.[32] 이정구가 작성한 헌괵 의주를 정리하면 다음과 같다.

표 10 이정구 월사집(月沙集)에 실린 헌괵례 절차[33]

의례 절차	행례 과정
준비	적의 수급이 이르면 전설사(典設司)가 시어소(時御所) 정전(正殿)에 어좌(御座)를 설치하고 군악을 연주한다.
초엄(初嚴)	병조가 각 부대를 지휘하여 전정(前庭)에서 병의(兵儀)를 성대히 벌였다.
이엄(二嚴)	여러 시위(侍衛) 및 종관(從官)이 상의(常儀)대로 입시하고 종친과 문무백관이 동서로 나뉘어 나열해 자리를 달리하고 겹줄로 섰는데, 모두 융복(戎服)을 입고 패검을 갖추며, 제도의 관찰사는 반열의 끝에 서고 수령·찰방·유생 등은 외정(外庭)에 선다.
삼엄(三嚴)	통례(通禮)가 외판(外辦)을 계청하면 국왕이 융복을 입고 정전에 행차하며, 군악이 연주되면서 도체찰사 이원익(李元翼)이 노포를 거행한다는 것을 보고한다.
헌괵	적의 수급을 진문(陣門) 밖에서 선전관과 의금부 당상에게 전해 주면 수급을 가져다 계상(階上)에 놓는다. 병조판서가 앞으로 나아가 무릎을 꿇고 역괴의 수급이 사실임을 고한다.
고묘(告廟) 및 진하(進賀)	국왕이 궁궐로 돌아가서 고묘례(告廟禮)를 행한 뒤에 백관이 진하한다.

그런데 이정구가 정리한 인조 연간에 행해졌던 헌괵 의례는 국가적 차

31 정다함, 「征伐이라는 戰爭/征伐이라는 祭祀: 世宗代 己亥年 "東征"과 婆猪江 "野人征伐"을 중심으로」, 『한국사학보』 52, 2013, 293~296쪽.

32 『인조실록』 권4, 인조 2년, 2월 15일(기해).

33 李廷龜, 『月沙集』 권61, 獻馘儀.

원에서 문서화하여 보존하지는 않았던 것으로 보인다. 『인조실록』에서는 당시의 구체적인 행례기록을 찾을 수 없지만, 이정구의 문집에 남아 있는 헌괵의를 통해 당시의 의례가 어떠한 형식을 갖추고 행해졌는지 알 수 있다. 이정구가 의주의 말미에, 당시 창졸 간에 생긴 일이라 조신(朝臣) 및 각사(各司)의 서리(胥吏)들이 모두 어가(御駕)를 수행하지 못하였고 의주는 구술로만 받아썼다고 기록하고 있어서 당시 상황에서 헌괵을 군례대로 시행하기는 어려웠음을 간접적으로 시사하였다.[34]

원래 노포란 전승문(戰勝文)이면서 전장에 장군을 보내던 의식의 하나였다. 또한 노포는 전쟁에서 승리한 사실을 '사해(四海)에 퍼트리고[布], 백성들의 눈과 귀에 적신다[露]'는 의미에서 노포라 하였다. 중국의 고사에서 선로포 의례는 후위(後魏)가 전쟁에서 승리하고 그 사실을 천하에 알리고자 명주 천에 기록하여 장대에 매달아 게시한 것에서 시작되었다고 한다. 또한 헌괵은 전투 과정에서 죽인 적의 수급이나 왼쪽 귀를 잘라서 바치는 행위였다. 중국 왕조에서 선로포와 헌괵은 두 가지가 함께 행해지거나 선로포만 거행되기도 하였다. 정기적으로 거행하는 것이 아니라 황제가 친정(親征)하거나 군대가 정벌을 나갔다가 돌아왔을 때에만 행해졌다. 특히 군주와 신하가 의례 거행에 대해 합의했을 때만 시행되었다. 정벌에서 승리한 경우와 지도층의 합의가 동시에 이루어져야 했기에 각 왕조별로 시행 사례는 드물었다. 동시에 의례를 행하는 장소도 상황에 따라 상이했지만 대개 도성의 문루에서 거행되었다.[35]

이와 함께 중국사에서 선로포의 기원을 전쟁사에서 살펴볼 필요가 있다. 진나라와 한나라 이전인 춘추전국시대에는 전차가 군사력의 핵심이

34 李廷龜, 『月沙集』, 권61, 「南宮錄中」 獻馘儀 甲子二月. 幷各有儀註, 時事出蒼黃, 朝臣及各司胥吏, 皆未隨駕, 儀註口號記草.(신진혜, 「英祖代 凱旋 儀禮의 整備와 그 意義–『國朝續五禮儀』「宣露布·獻馘」 儀禮를 중심으로」, 『태동고전연구』 34, 2015 재인용).

35 신진혜, 위의 논문, 11~18쪽.

었다. 당시에는 전장에 장군을 파견할 때 추곡(推轂)이라는 의례가 있었다. 추곡은 '떠밀다'는 의미의 추(推)와 '바퀴'라는 의미의 곡(轂)이 합쳐진 용어로서 '바퀴를 떠민다'가 핵심 개념이다. 그런데 곡은 단순한 바퀴가 아니라 바퀴살 안쪽의 바퀴를 특별히 지칭하는 용어이다. 이 곡은 축(軸)을 통해 다른 바퀴와 연결됨으로써 무한 회전하는 바퀴의 중심이 된다. 고대 중국 역사에서 주나라 때의 전쟁은 전차를 핵심으로 하였다. 황하의 중상류 지방인 하북의 평원 지대에서는 전차를 운용하기에 용이하였고 장거리를 이동하기에도 수월했기 때문이다. 당시 각국의 국력의 강약 역시 전차의 보유 대수로 결정되었다. 이에 따라 주나라 때에는 제왕이 장군을 전쟁터로 파견할 때 장군이 탄 수레를 떠미는 특별한 의례가 있었다. 예컨대 『사기(史記)』에 의하면 중국의 상고(上古) 시대에는 왕이 장수를 전쟁터에 보낼 때 무릎을 꿇고 추곡하면서 말하기를, '곤(閫) 안쪽은 과인이 제압하고, 곤 바깥쪽은 장군이 제압하라' 했다고 한다. 여기서 언급된 '곤'은 문지방 또는 국경이란 의미로서 제왕이 추곡하는 이유가 전쟁터에서의 생사여탈권을 전장에 보내는 장군에게 이양한다는 상징성을 부여하기 위해서라고 해석된다. 이 같은 의미가 확장되어 추곡은 특정인을 특별한 지위에 추천한다는 의미로도 사용되었다.[36]

그런데 중국 역사에서 진나라와 한나라 이후로 전차의 중요성은 급격하게 하락되었다. 흉노를 비롯한 유목민의 기마 군대를 상대하기에는 전차의 기동성이 떨어졌기 때문이다. 이에 따라 군주가 장군을 전쟁터로 보낼 때 거행하던 추곡은 점차 사라지고 그 대신 '견장(遣將)'이라고 하는 새로운 군사의례가 생겨났다. 『대명집례(大明集禮)』에 의하면 견장 의례는 오례 중 군례에 포함되었으며 수절월(授節鉞), 조묘(造廟), 의사(宜社), 고무성왕묘(告武

36 『숙종실록』 권18, 숙종 13년, 3월 17일(을미).

成王廟), 마제아독(禡祭牙纛), 주개(奏凱), 헌부(獻俘), 선로포, 논공(論功) 등의 절차로 이루어졌다. 수절월은 제왕의 생사여탈권을 상징하는 절(節)과 월(鉞)을 장군에게 수여하는 절차이고, 조묘는 종묘에 고하는 것, 의사는 사직에 제사하는 것, 고무성왕묘는 강태공의 묘에 고하는 것, 마제아독은 사령관의 깃발인 둑[纛]에 제사하는 것, 주개는 개선을 아뢰는 것, 헌부는 포로를 바치는 것, 선로포는 승전보를 선포하는 것, 논공은 전공을 논의하는 것 등의 절차였다.[37]

이 같은 견장 의례 중에서 핵심은 군주의 생사여탈권을 상징하는 절과 월을 장군에게 수여하는 '수절월'이었다. 이 수절월 의례는 고려시대는 물론 조선시대에도 수용되었다. 예컨대 조선시대에는 지방의 병마절도사, 수군절도사가 파견될 때 국왕이 절월을 수여하는 의례가 있었다. 하지만 조선 전기까지는 수절월 이외의 견장 의례가 마련되지 않았다. 반면 영조대에 견장 의례의 일부분인 '선로포'가 시행되었다. 그 계기가 이인좌의 난인 무신난 진압이다.

영조는 이인좌의 반란을 진압한 오명항의 개선을 기리기 위하여 1728년(영조 4) 4월 19일에 선로포의와 헌괵의를 숭례문에서 거행하였다. 이후 1755년(영조 31)에도 무신난에 연루된 자들의 후손이 역모를 꾀했다는 이유로 윤혜(尹惠)를 숭례문에서 효수(梟首)한 뒤 헌괵하게 하였다. 영조는 갑주를 입고 숭례문에 친림하여 윤혜를 국문한 뒤 처형하였다. 영조는 국문에 임하면서 갑주를 착용하고 대취타(大吹打)를 하도록 했다. 이때 영조는 훈련대장 김성응(金聖應)이 즉시 헌괵을 거행하지 않는다고 해서 부처시키고 어영대장 홍봉한에게 담당하도록 하였다.[38]

숭례문에서 영조가 주재한 선로포의 의례의 주요 부분에 대한 연대기

37 『대명집례』 권33, 「군례」 宣露布.
38 『영조실록』 권84, 영조 31년, 5월 6일(기묘).

표 11 영조대 무신난의 진압과 선로포 거행의 과정

과정	일자	내용
난의 시작	1728년 3월 14일	봉조하 최규서(崔奎瑞) 고변
	3월 15일	이인좌 군대 청주성 점령
난의 진압	3월 18일	오명항(吳命恒)과 김동필(金東弼)의 진압군 출정
	3월 20일	정희량(鄭希亮) 등이 안음·거창 점령
	3월 23일	오명항이 안성·죽산에서 반란군 진압
	3월 24일	오명항이 이인좌, 권서봉(權瑞鳳), 목함경(睦涵敬) 등을 서울로 압송
	3월 25일	헌부례(獻俘禮) 시행
	3월 27일	이인좌 공초 후 참수
	3월 29일	이인좌 등 수급 전시
	4월 2일	정희량·이웅보(李熊輔) 참수
	4월 9일	정희량·이웅보·나숭곤(羅崇坤) 수급 서울로 상송
		오명항에게 반사(班師)를 지시
의례의 준비	4월 10일	윤순(尹淳)에게 노포문 작성 지시
	4월 13일	수급 보관과 예전 시행 지시
	4월 16일	친림수괵(親臨受馘) 일자와 수괵 장소 결정
		숭례문 문루에 수괵시 거행할 일 지시
		노포 제진(製進) 분부
	4월 17일	정우량(鄭羽良) 노포문(露布文) 작성 지시
의례의 시행	4월 19일	오명항과 정벌군의 귀경과 선로포례 거행

기사를 정리해서 당시의 의례를 보면 〈표 11〉과 같다. 먼저 전장에서 돌아온 사도도순무사(四道都巡撫使) 오명항이 출정 군대를 정돈하여 도성의 남쪽 밖에 진을 쳤으며, 영조는 숭례문 문루에 올라가서 이들을 영접했다. 영조는 궁궐에서 숭례문으로 행차하다가 광통교(廣通橋) 위에서 말을 정지시키고 두 승지를 시켜 도성의 백성들을 위유(慰諭)하였다. 영조는 백성들이 자

신의 유시에 반응하여 크게 함성을 지르자 눈물을 흘렸다. 이어서 영조는 승지 조명신(趙命臣)·조현명(趙顯命)을 시켜 마군(馬軍)과 보군(步軍)을 위로하였다. 오명항이 교리(校理) 정우량(鄭羽良)이 지은 노포문을 영조에게 바쳤는데, 그 내용은 다음과 같다.

"큰 교화로 중생들을 훈도하여도 효경(梟獍) 같이 사나운 성품은 변혁시킬 수 없고 하늘이 인후(仁厚)함으로 만물을 배양하여도 상설(霜雪)의 위엄은 없앨 수 없는 것입니다. 그리하여 우(虞)나라와 주나라 때 삼묘(三苗)와 서국(徐國)이 왕명에 항거했고 당(唐)나라와 진(晉)나라 때 주자(朱泚)와 왕돈(王敦)이 난리를 일으켰으며, 가까이는 이괄(李适)이 서곤(西閫)에서 반란을 일으켰고 이인거(李仁居)가 동관(東關)에서 변란을 일으켰는데, 이들은 모두 타고난 흉추(凶醜)들로 스스로 왕장(王章)을 범하였으므로 승리를 다짐하는 군대를 출동시켜 천토(天討)를 행하게 되었던 것입니다. 이제 전하의 예산(睿筭)에 힘입어 감히 역적인 포로들을 바칩니다. 삼가 주상 전하께서는 항상 딱하게 여기는 마음을 지니시어 그토록 신무(神武)스러웠음에도 죽이지 않으셨습니다. 그리하여 영성(盈盛)된 왕업을 안존(安存)시킴에 있어서는 깊은 연못에 가서 엷은 얼음을 밟듯이 조심스러운 마음으로 지켰으며, 화락한 인덕(仁德)에 근본하여 광대한 산수(山藪)에 작은 해독을 감추어 주었습니다. 도거(刀鋸)를 오랫동안 폐지시켜 죄가 있든 죄가 없든 간에 한결같이 생성(生成)의 은택을 베풀어 주었고, 낭유(稂莠)를 제거하지 않고서 죄가 있는 자는 오형(五刑)에 의거하여 죄를 주고 덕이 있는 이는 오복(五服)에 의거하여 상을 주어 오직 관대함을 숭상했습니다. 따뜻한 봄기운이 널리 퍼지니 꿈틀거리는 갈거미까지도 모두 화기(和氣)에 흠씬 젖었습니다. 밝은 태양이 높이 솟아 있는데도 아직 도깨비 같은 자들이 은밀히 기회를 엿보고 있었으니, 간활(奸猾)들에게 살길을 열어 주고 있는 이때에 강기(綱紀)를 간범하는 무리가 있을 줄 어찌 알았겠습니까? 흉악한 말이 비등하여 먼저 궁벽한 산골의 광포(狂暴)한 자들을 꾀었고, 폐기된 족속들이 화응하여 일어나 연곡(輦轂) 아래서 오랑캐 같은 자들이 은신하게 되었습니다. 화기(禍機)가 은밀한 가운데 자라났으니, 종사(宗社)의 위태로움이 털끝과 같았음을 차마 말을 할 수가 있었겠습니까? 외로운 성(城)이 갑자기 함몰되니 가련하게도 장군이 목숨을 잃게 되었습니다. 그리하여 섬으로 밤중에 도망간 자들이 있었는데 성상께서 그들을 저버린 것이 무엇이며 하북(河北)에 하나도 강개한 의사(義士)가 없었으니, 어찌 원통한 일이 아니겠습니까? 이에 성상께서 걱정하는 때를 당하여 외람되이 '그대가 가서 정벌하라'는 명을 받들었습니다. 아침에 한강을 건너니 군사들의 기개가 백배나 왕성하였고 저물녘에 수원을 가리키니 역적들의 간담이 이미 떨렸습니다. 승리의 바람이 큰 깃발에 불어오니 안성에 개미떼처럼 주둔하고 있는 적도들이 먼저 무너졌고, 요란한 천둥소리가 신봉(神鋒)에서 걷히니 죽산에서 저항하던 무리들이 저절로 무너졌습니다. 가마솥 속의 물고기와 불길에 휩싸인 제비집의 제비 같은 놀란 혼들이 앞서거니 뒤서거니 형벌을 받았으며, 까마귀처럼 모이고 쥐처럼 달아나는 무리들이 차례로 사로잡혔습니다. 나쁜 기운이 없어지고 나니 절도(節度)의 옛 진영(鎭營)이 아무 탈이 없게 되었고, 산하가 바뀌어지지 않았으니 백성들이 편안히 사는 것이 전과 같게 되었습니다. 영남의 적도들을 소탕하는 데 이르러서는 실로 도신(道臣)의 계획에 도움을 받았으니, 대병(大兵)이 천천히 진군하면서 그저 고라니나 거북을 사냥하였을 뿐이고, 여러 고을이 숙청(肅淸)되었는데도 반마(班馬)가 놀라지 않게 되었습니다. 활을 활집에 넣고 화살을 화살 통에 담은 뒤에 정휘(征麾)를 정돈하여 부상당한 사람들을 위문하였고, 고삐를 거머잡고 수레를 정지시킨 뒤에 부로(父老)들을 불러서 덕의(德意)를 선포했습니다. 하찮은 적도들은 본디 성상의 걱정을 번거롭게 할 것도 없었는데, 선성

(先聲)이 지나쳐서 조정을 놀라게 하기까지 했습니다. 순역(順逆)이 이미 나누어지자 천지 귀신이 은밀히 도와주었고, 또한 위령(威靈)이 멀리 파급된 탓으로 기전(畿甸)·호남·영남이 즉시 평정되었습니다. 은혜와 위엄이 아울러 시행되었으니, 남인(南人)이 다시 배반하지 않을 것이며, 경계하고 면려할 것이 여기에 있으니 우리나라가 이로부터 홍왕해질 것입니다. 지금 신은 본디 호신(虎臣)이 아닌데 우연히 역적의 소굴을 소탕한 것입니다. 신은 각곡(郤縠) 같은 시서(詩書)의 공부가 모자라고 길보(吉甫) 같은 문무의 재능도 부족하므로, 장재(長才)에는 부끄러운 점이 있었는데, 성주(聖主)의 위덕(威德)에 의지하고 군수(群帥)들의 충심에 힘입게 되었으니, 감히 하찮은 공로를 말하겠습니까? 단지 경축하고 기뻐하는 정성만 간절할 뿐입니다. 삼가 노포를 받들어 아룁니다."[39]

이어 헌괵 의례가 거행되었다. 우선 오명항이 황금 투구에 붉은 갑옷을 입고 꿇어앉아서 적괴(賊魁)인 이웅보, 정희량, 나숭곤의 수급을 단하(壇下)에서 올렸다. 판의금 김흥경(金興慶)이 이를 받아 단상에 진열하였고, 이광좌가 수급을 받은 뒤 문루로 올라가 복명하니, 영조가 "어느 쪽이 위인가. 동쪽 끝에 있는 것이 이웅보인가?" 물었다. 이에 이광좌가 "동쪽이 이웅보이고 가운데가 나숭곤이며 서쪽이 정희량입니다. 역적의 수급이 오래되어 썩고 이지러져서 모두 형상이 없습니다. 정희량의 수급은 형상이 조금 남아 있고 머리카락은 다 떨어져서 장대에 매달 수가 없으니, 가는 그물[細網]로 둘러서 매다는 것이 어떻겠습니까?" 하니 영조가 그렇게 하라고 하여 모두 장대에 매어 달라고 명하였다.[40] 그런데 이광좌가 숭례문 어로는 반드시 철물교(鐵物橋)를 지나가야 하는데 최근에 적수를 많이 매달아놓아 더러

39 『영조실록』 권17, 영조 4년, 4월 19일(기해).
40 『승정원일기』 660책, 영조 4년, 4월 19일(기해).

운 기운이 끊이지 않고, 연이어 창출(蒼朮)을 태워서 냄새가 심하여 가마가 지나가기에는 방해가 된다고 하며 장대에 수급을 매다는 것을 중지할 것을 요청했다. 반면 영조는 수삼일이면 깨끗해질 수 있을 것이니 상관이 없고, 금후로는 죄인들의 머리를 서소문 밖에도 매달도록 명하였다.[41]

이어서 수가(隨駕)한 군중(軍中)과 순무영(巡撫營)의 마보(馬步) 진중(陣中)으로 하여금 함께 승리를 얻게 된 것을 미루어 군악(軍樂)을 연주하게 하였다. 이어서 영조는 오명항의 손을 잡고는 호남과 영남의 흉추(凶醜)들을 깨끗이 소탕해서 종사가 다시 편안해지고 두 분 동조(東朝)까지 칭찬하며 기뻐하는 것이 모두 그의 공이라고 하였다. 영조는 헌괵례를 마치고 환궁한 뒤에는 도순무사(都巡撫使)와 출정했던 중군별장(中軍別將)에게 모두 선정전(宣政殿)으로 입시(入侍)하게 하고 출정 군병들에게는 궁궐 밖에서 호궤(犒饋)하도록 했다. 영조는 오명항이 입시했을 때 안성(安城)과 영남의 적변(賊變)이 발생했을 때의 사상(事狀)에 대한 보고를 들은 뒤 선온(宣醞)하라고 명하고 직접 술을 따른 뒤 내려 주었다. 오명항은 영조의 뜻을 군중에 효유(曉諭)했는데, 군사들이 눈물을 흘리면서 나라를 위해 목숨 바칠 것을 원하지 않는 사람이 없었다고 하였다.[42]

그런데 영조가 거행한 헌괵례는 견장 의례 중 헌부(獻俘)에 해당했다. 이때의 선로포의와 헌괵의가 『국조속오례의(國朝續五禮儀)』의 군례 중에 규정됨으로써 조선시대 견장 의례는 수절월, 선로포, 헌괵의로 정비되었다. 포로의 수급을 장대에 매다는 절차가 포함됨으로써 무신난 참여 정적에 대한 영조의 의지가 표현되었다. 또한 영조의 정치적 의지가 반영된 군사 활동이 군례로 정비되어 국가의 공식적인 의례로 활용할 수 있는 기반을 만들었다. 영조는 무신난을 진압한 공신들과 회합하여 회맹(會盟) 의식을 하여

41 『승정원일기』 659책, 영조 4년, 4월 15일(을미).

42 『영조실록』 권17, 영조 4년, 4월 19일(기해).

무신난의 정당성을 대외적으로 마무리지었다. 회맹례는 7월 17일 경복궁 신무문 밖에서 이루어졌다. 영조는 회맹제가 거행될 7월 18일의 전날 경복궁 신무문 밖에서 재숙한 뒤 회맹단(會盟壇)에서 훈신(勳臣)들과 차례로 삽혈(歃血)하고 의식을 마쳤다.[43] 이때의 선로포의례가 『속오례의』의 군례로 정비되었다.[44]

그런데 1744년(영조 20) 『속오례의』를 구상할 당시 논의한 내용에서 "무신년에 행해졌던 헌괵례는 『국조오례의』에 없었기 때문에 이정구의 문집에 남아 있는 선조 연간의 수괵도(受馘圖)를 본떠서 참고했다"고 적고 있다. 이러한 사실과 위 인용문을 바탕으로 이해한다면 『대당개원례(大唐開元禮)』와 『대명집례』에 수록되어 있는 「평탕구적선로포(平蕩寇賊宣露布)」 의주와 「선로포헌부(宣露布獻俘)」 의주를 바탕으로 당시 실제로 시행했던 선로포 의례를 개정하여 『국조속오례의』에 수록한 것이라 볼 수 있다. 이를 비교해보면 다음 〈표 12〉와 같다.[45]

〈표 12〉의 내용을 비교한 것을 보면 1728년 영조 4년 4월 19일에 거행했던 장소와 의례 절차를 정리해서 전례서에 포함시킨 것을 알 수 있다. 선로포가 『국조속오례의』에 수록된 것은 영조의 의지가 작용했다고 보아야 할 것이다. 영조가 무신난을 진압한 것을 대내외에 과시함으로서 왕위 계승의 정통성을 확보하려던 것이었음을 짐작하게 한다. 무신난의 진압이 전쟁사적으로 관군의 승리가 아니라 정치사적으로 영조의 왕위 계승에 대한 정통성이 부각되는 것임을 의미하는 것이다. 영조가 도성의 얼굴인 숭례문에서 직접 난적들의 수급을 받고, 그 수급을 장대에 내걸어 보여 주게 함으로서 대내외에 왕위 계승에 대한 정당성을 알리는 것과 동시에 자신의

43 『영조실록』 권18, 영조 4년, 7월 18일(정묘).
44 『국조속오례의』 「군례」 宣露布儀.
45 신진혜, 「英祖代 凱旋 儀禮의 整備와 그 意義-『國朝續五禮儀』 「宣露布·獻馘」 儀禮를 중심으로」, 재인용.

표 12 1728년(영조 4)의 선로포의와 『국조속오례의』의 선로포의 비교

	『영조실록』 영조 4년	『국조속오례의』「선로포의」
준비	• 오명항이 군대를 정돈하여 조정으로 돌아와 남쪽 성 밖에 진을 쳤고, 임금이 숭례문의 문루에 올라가서 영접.	• 의례 당일에 준비 진행. • 숭례문 누상에 어좌 설치. • 종친·문무백관·유생·찬의·인의 자리 설치. • 병조가 헌괵계(獻馘階)와 헌괵간(獻馘竿) 설치. • 의금부 당상의 수괵의(首馘位) 설치. • 도순무사의 노포위(露布位) 설치.
위차		• 거가출궁(車駕出宮). • 영조가 어좌에 나아감. • 종친·문무백관·유생 등이 자리함.
선로포	• 오명항이 노포문을 올림.	• 승전 군악 연주. • 도순무사가 노포위에서 북향 4배함. • 선로포 시행. • 노포를 펼치고 사방에 알리도록 함.
헌괵례	• 오명항이 갑주를 갖추고 수급을 바침. • 판의금 김홍경이 수급을 받아 단상에 진열. • 영의정 이광좌가 수급을 받은 뒤 문루에 올라가 복명함. • 왕이 수급을 모두 장대에 매어 달라고 명함. • 수가한 군중과 순무영의 마보군 진영에서 군악을 연주하게 함.	• 의금부당상 및 수괵관이 괵을 받는 자리로 감. • 헌괵 장교가 수괵관에게 괵함(馘函)을 줌. • 수괵관은 곽함을 병조 집사에게 전달. • 수급을 헌괵간에 매담. • 찬의가 4배를 외치면 유생·종친·문무백관이 4배.
예필(禮畢)	• 오명항을 입시하게 함. • 국왕이 선온을 명함.	• 좌통례가 예필을 보고. • 종친·문무백관을 인도. • 거가환궁(車駕還宮).

권위에 도전하는 자들에게 반대파들에 대한 처벌이 어떠한 것인지를 분명하게 보여 주는 정치적 행위였던 셈이다. 그 정치적 행위가 선로포의라는 군례였던 것이다.

3 친림구일식의(親臨救日食儀)의 내용과 기능

『논어』 자장에 자공(子貢)이 말하기를, "군자의 허물은 일식(日食)이나 월식(月食)과도 같아서, 허물이 있을 때는 사람들이 다 볼 수 있고, 고치면 사람들이 모두 우러러본다"라고 하였다. 상촌(象村) 신흠(申欽)은 고려시대 475년 동안에 일식 현상이 132회나 나타났고, 달과 오성(五星)이 능범(凌犯)한 것은 모두 기록할 수가 없다고 하였다.[46] 동아시아 고대부터 조선 후기에 이르기까지 일식은 지대한 관심의 대상이었음을 단적으로 보여 주는 기록이다.

일식은 달이 해를 가린 현상이다. 인류 사회에서 기상 현상은 고금을 막론하고 사회 전체에 큰 영향을 미쳤다. 예컨대 오늘날에도 평균 온도 1도의 변화는 작물의 생육에서부터 인류의 생활 전반에 직접적인 영향을 주고 있는 것에서도 알 수 있다. 즉 일식이 일어날 경우에는 태양과 달, 지구의 순서로 천체들이 배열하므로 일식의 진행 시간에 밤이어서 일식을 볼 수 없는 지구의 다른 절반 가량의 지역은 달의 주기로 볼 때 밤에 달을 볼 수 없는 삭(朔)이 된다. 또한 일식에는 달이 햇빛을 차단하므로 비열의 차이에 의해 지표면보다 상공의 공기가 먼저 식어서 결과적으로 지역에 따라 폭풍이 치고 비와 눈이 내린다. 그 결과는 흉년 내지는 이상기후로 나타났으므로 정권의 안정을 위해서는 의례적인 조치가 필요했던 것이다.

조선시대에도 기상 현상은 늘 관심사였고 연대기 자료에도 빠짐없이 기

46 『상촌집(象村集)』, 제45권 외집 5, 휘언(彙言).

재되던 사항이었다. 조선왕조에서는 기상이변을 재이(災異)로 인식하였다. 재이에는 일식, 월식, 혜성 같은 천문 현상과 가뭄, 홍수, 지진 등의 이변이 포함되었다. 조선왕조는 농업을 주요 산업으로 하는 농경 국가였으므로 기상 현상은 인간의 경제활동과 직결되는 부분이었다. 따라서 인간이 이해하기 어려운 자연 현상에 대해서 일종의 천인합일설(天人合一說), 천인감응설(天人感應說)의 형태로 받아들이려고 했다. 즉 하늘의 일은 사람의 영향으로 발생한다는 논리였다.

조선의 국시인 유교에서는 자연현상을 하늘이 인간에게 보여 주는 경고 내지는 지시라고 보았다. 왕조가 바뀌는 역성(易姓) 혁명이나 국왕을 찬탈하는 행위의 당위성을 자연의 기상 현상에서 유추하였다. 특히 실록은 선대 국왕의 자료들 중에서 중요한 것들만 선별한 선택된 기록으로 그 레토릭의 가치가 특별하다. 따라서 실록에 기재된 기상 현상은 당대에 지니는 중요성은 물론 후대에도 그 정보의 지속성을 인정한 것이다. 가뭄이나 홍수에 국왕이 하루 종일 근신하면서 반성하는 기거동작을 제안하는 모습은 기상 현상이 단순한 천문 및 자연의 변화라고 보지 않았음을 알 수 있다. 더욱이 그런 기상 현상을 이용하여 국왕권을 제한하려는 모습으로 해석할 수 있다.

이런 배경에서 조선시대에는 일식이 일어나면 국왕이 구식례(求食禮)를 거행하는 것이 당연한 조치였다. 국초인 태조의 즉위 이후부터 일식을 구하는 의례가 이루어졌다. 조선 후기의 친림구일식의도 전기와 동일한 양식의 의례로 이루어졌다. 『국조속오례의』의 친림구일식의는 다음과 같다.

> 의례를 거행할 날에 액정서에서 전하의 욕위(褥位)를 인정전 전계(殿階) 위에 북쪽 가까이 남향하여 설치하고, 향안(香案)을 그 앞에 설치하며, 또한 소차를 욕위의 동쪽에 설치한다. 전악(典樂)이 북 3개를 전계 위에 남쪽 가

까이 둔다. 병조정랑이 휘(麾) 3개를 고(鼓) 안에 진열하고, 병기 3개를 고 밖에 진열한다[청색·적색·백색의 세 가지 빛깔의 휘를 각각 그 방위에 따라 진열하되, 모(矛)는 동쪽, 극(戟)은 남쪽, 월(鉞)은 서쪽에 둔다]. 전의가 시신(侍臣)의 자리를 전정(殿庭)의 동서쪽에 설치하되, 모두 품등마다 자리를 달리하여 겹줄로 서로 마주보고, 북쪽을 상(上)으로 한다[일식의 도(度)가 남쪽에 있으면, 시신은 동쪽과 서쪽으로 나누어 서로 마주보고, 일식의 도가 동쪽에 있으면, 시신은 모두 서쪽에 있어 동향하고, 일식의 도가 서쪽에 있으면, 시신은 모두 동쪽에서 서향한다]. 해가 이지러지기 전 5각에 병조에서 여러 위(衛)를 거느리고 군사를 배열하기를 평상시와 같이 하고, 시신들은 각각 천담복을 갖추고 인정문 밖에 나아가서 동서쪽에 나누어 차례대로 서기를 평상시와 같이 한다. 이지러지기 전 3각에 여러 호위하는 관원과 사금(司禁)이 각각 무기와 제복을 갖추고 합문(閤門) 밖에 나아가서 사후(伺候)한다. 좌통례가 합문 밖에 나아가서 부복(俯伏)하고 꿇어앉아 중엄(中嚴)을 계청하면, 전하가 익선관(翼善冠), 참포(黲袍), 오서대(烏犀帶), 백피화(白皮靴)를 갖추고 내전(內殿)의 시위는 평상시의 의식과 같다. 좌우통례가 전도하며 전하가 가마에서 내리는 곳에 이르면 좌통례가 가마에서 내리시길 계청한다. 전하가 가마에서 내려 욕위에 이르러 해를 향해 앉으면 근시들이 좌우로 나뉘어 들어와 부복하고 사관은 그 뒤에 있는다. 해가 이지러지려 할 때 관상감 제조가 어좌 앞으로 나와 꿇어앉아 계청하고, 일식이 되면 경척수성(警惕修省)을 요청한다. 사향(司香) 2명이 향을 피우고 전악 3명은 북을 두드린다. 일식이 심해지면 제조가 다시 나와 꿇어앉아 계청하고, 일식이 더 심해지면 더욱 경성(警省)하기를 청한다. 해가 다시 회복되려하면 또 꿇어앉아 계청하고 해가 원래의 모습이 되면 비해궐성(匪懈厥省)을 요청한다. 해가 완전히 돌아오면 북을 그친다. 좌통례가 어좌 앞에 나아가서 내전에 돌아가기를 계청하면, 전하가 여(輿)를 타고 내전으로 돌아가는데, 시위하기를 올 때의 의식과 같이 한다.

인의(引儀)가 시신을 나누어 인도하여 나간다[그날에 백관들은 각각 본사(本司)에서 북을 청사(廳事)의 앞에 두고, 천담복 차림으로써 북 뒤에 겹줄로 하여 해를 향하고 선다. 처음 해가 이지러지면, 향을 피우고 북을 치는데, 밝음이 회복된 후에 그친다. 밤의 일식은 구제하지 않고 외관에서 일식을 구하는 것은 동일하다].

위에 언급한『국조속오례의』의 의례 절차는 영조대 친림구일식의에 대한 논의가 진행되면서 정착된 것으로 보인다. 영조는 능원묘에 대한 다양한 친림, 즉 행행을 거행하였으며 일식의는 국왕이 친림하는 형식으로 격상시켰다. 1734년(영조 10) 8월 영조가『좌전(左傳)』을 강(講)한 뒤에 하교한 내용을 보면 영조의 일식의에 대한 의지를 잘 알 수 있다.

국왕이 문의(文義)로 인해서 하교하기를, "일식의 재앙을 옛사람들을 가장 삼갔는데, 요사이는 한갖 홍수와 가뭄이 재앙이 되는 것만 알고 태양의 박식(薄蝕)하는 것에 이르러서는 보통일처럼 여기니, 이것이 어찌 하늘의 경계를 삼가는 도리이겠는가? 구식(救食) 하는 데에 친히 임어(臨御)하였었다는 것이『국조오례의』에 기재되어 있는데, 지금은 그만둔 지가 오래되었다. 지금부터는 일식을 당할 적마다 국기(國忌) 및 연고 있는 날이 아니면 내가 장차 친히 나아갈 것이니, 해당 부서에서 그 시기에 당해서 품의하여 거행하게 하라" 하였다.[47]

위의 기사를 분석하면, 영조가 집권 10년 차에 일식의를 국왕 친림하에 거행하는 왕실 및 국가의 공식 의례 행사로 격상시키고자 한 것이다. 집권 초기부터 경종으로부터 이어받은 왕위 정통성의 취약함, 무신난으로 인한

47 『영조실록』 권38, 영조 10년, 8월 22일(을축).

정치 기반의 혼돈기 등을 거치고 난 뒤 왕권을 확고하게 대내외에 신장시키고 권위를 앞세우려는 방법으로 친림의례를 증가시켰다고 생각된다. 그런데 사실 당시까지만 해도 일식에 대해서는 역법을 이용하여 많은 과학적 접근을 이루어내고 있었음에도 여전히 고대적인 주술을 이용하여 일식을 벗어나려는 태도를 보이고 있던 시기이기도 하다. 예컨대 1728년 1월 초에 관상감에서는 "평상시에 일식이나 월식이 하늘가에 나타나면 으레 높은 곳에 올라가서 관망(觀望)합니다. 이제 1월 16일 정묘 보름의 월식은 내편법(內篇法)으로 추정한다면 대명역법(大明曆法)에 월식이 되지 않고, 외편법(外篇法)으로 추정한다면 월식이 지하에 있는 것입니다. 달이 뜰 때에 만약 원형(原刑)으로 복원(復圓)되지 않는다면 보는 대로 구식하지 않을 수 없습니다. 전례에 따라 감관(監官) 2명을 특별히 정하여 남산에 올라가서 후망(候望)하게 하고, 달이 뜰 때에 만약 이그러진 형상이 있으면 곧 화전(火箭)을 쏘아 보고하여 구식하도록 하는 것이 사리에 합당할 듯합니다"[48]라고 하여 일식에 대해 과학적인 접근이 아닌 여전히 과거의 주술적 발상에 머물러 있음을 알 수 있다.

영조가 처음으로 구의식에 친림한 것은 1735년(영조 11) 9월 1일이었다. 이때 진시(辰時, 07~09시)에 일식이 있었는데, 영조는 천담복을 입고 창덕궁 인정전에 임하여 유막(帷幕)을 철거하고 해를 향하여 앉아서 구식하였으며, 정오가 되어서 해가 다시 둥글게 되자, 바로 내전으로 돌아왔다.[49] 이후 7년 뒤인 1742년 5월에도 구의식에 친림하였다. 이때 영조가 구의식에 참여하고 논의한 내용을 보면 다음과 같다.

일식이 있었다. 국왕이 친히 구식을 행하였으니, 예(禮)인 것이다. 구례(舊

48 『영조실록』 권15, 영조 4년, 1월 9일(경신).
49 『영조실록』 권40, 영조 11년, 9월 1일(정유).

例)에는 본감관(本監官)이 수시로 아뢰었는데, 국왕이 그 일을 중하게 여기는 뜻으로 본감의 제조로 하여금 계고(啓告)하게 하고 이어 현저하게 정식으로 삼으라고 명하였다. 또 앞으로는 전기(前期)해서 하루를 재계하고 각사(各司)의 구식관도 하루를 재계하라고 명하였다. 이날 국왕이 익선관·참포·오서대에 백피화를 신고 편문(偏門)으로 나와 여를 타고 인정전(仁政殿)의 뜰 위에 나아가 여에서 내려 욕위에 이르렀다. 국왕이 해를 향하여 앉으니, 관상감 제조 서종급(徐宗伋)이 앞으로 나와 무릎을 꿇고 아뢰기를, "해가 장차 먹혀 이지러지려 합니다. 청컨대 경척(警惕)하고 수성(修省)하소서"라고 하고, 드디어 향을 피우고 북을 쳐서 전례대로 구식을 행하였다. 국왕이 물동이가 상 아래에 있는 것을 보고 상 위에 올려놓으라고 명하여 관측하였다. 감관이 바람이 불고 물이 출렁거려 관측하기가 어려우므로 규일경(窺日鏡)으로 관측하기를 청하니, 국왕이 그대로 따랐다. 이어 하교하기를, "촉구(燭具)는 있는데 촛불이 없으니, 어찌된 일이냐?" 하니, 승지 조윤성(曹允成)이 말하기를, "월식에는 촛불이 있고 일식에는 촛불이 없습니다"라고 하였다. 국왕이 이르기를, "낮 제사에도 촛불이 있지 않으냐?" 하면서 드디어 촛불을 밝히라고 명하였다. 진시 정 1각(正一刻)에 이르러 일식이 심해지자, 서종급이 또 꿇어앉아 아뢰기를, "해가 장차 많이 먹히겠습니다. 청컨대 더욱 경성(警省)을 더하소서"라고 하고, 해가 다시 둥그래지려 하자 서종급이 다시 꿇어앉아 아뢰기를, "해가 장차 다시 둥그렇게 되려고 합니다. 청컨대 경성을 게을리하지 마소서"라고 하였다. 해가 둥그렇게 되니, 드디어 북을 그쳤고 국왕은 내전으로 들어갔다. 하교하기를, "역상(曆象)의 소임이 가볍지 않으니, 본감으로 하여금 인재를 찾아서 차하(差下)하도록 하라"라고 하였다.[50]

50 『영조실록』 권55, 영조 18년, 5월 1일(기미).

1741년(영조 17)에 영조가 이덕수(李德壽)와 유수탄(柳壽坦)에게 『국조오례의』를 수정하여 『국조속오례의』를 정비하게 하여 1744년 8월 27일에 완성하였다. 따라서 1742년의 친림구일식의에 대한 기사는 구일식의가 의례화되기 이전에 진행된 것임을 알 수 있다. 또한 앞서 언급하였던 『국조속오례의』 구일식의 조항과 비교하면 대부분 유사한 내용임을 확인할 수 있다. 이후 영조는 재위기간 동안 1751년(영조 27) 5월 명정전, 1769년(영조 45) 5월 숭정전, 1770년 5월 숭정전, 1773년 3월 경봉각(敬奉閣) 등에서 구일식의를 직접 거행하였다. 따라서 영조대 친림구일식의는 모두 5회였다.

그런데 영조 이후로는 친림구일식의를 친행한 국왕이 보이지 않는다. 영조는 1743년 대사례, 1728년과 1744년의 선로포의, 1742년 친림구일식의에 친행할 정도로 군례를 직접 거행하는 것에 적극적인 국왕이었다. 물론 영조는 군례 이외에도 사친인 숙빈 최씨의 궁묘에 대한 것에서부터 종묘와 사직 등 왕실의 능원묘 등에 어느 왕대보다 잦은 행행을 거행한 국왕이었으므로 군례만 특별하게 친행하였다고 말하기는 어렵다. 다만 다른 왕대에 비해 군례를 적극적으로 친행한 것은 분명하게 나타난다. 친림구일식의 경우에는 영조 이후 왕대에 친행한 경우를 찾기 어렵기 때문이다.

물론 정조대에도 구일식의 의례 절차에 대한 논의는 지속되었다. 1785년(정조 9) 7월 일식이 발생하자, 정조의 하교에 따른 신료들의 움직임을 보면 다음과 같다.

> "일식과 월식의 구식에 있어 문헌이 소루(疎漏)하다. 서울과 지방관의 구식조(救食條)는 비록 『경국대전』과 『속대전』에 기재되어 있지는 않으나, 『국조오례의』와 『국조속오례의』의 구식의(救食儀)에 모두 주록(註錄)이 있는데, '백관은 각각 그 소관 관사(官司)에서 관청에 북[鼓]을 설치해 놓고 두 줄로 해를 향하여 선다'라고 하였다. '두 줄'이라 하였으니, 각사의 관원이 모두

참여하는 것이 분명하다. 그런데 근래에는 왕이 친림하지 않으면 다만 입직한 낭관(郎官)만으로 구식한다고 하는데, 일의 체통이 이와 같아서는 안 될 것이니, 이후에는 응당 관원들을 참석시키되, 일정한 규식이 없을 수 없으니, 병조·관상감·군기시는 근거가 될 만한 문적을 상고하고 묘당(廟堂)에 왕복하여 하나를 지적하여 상주(上奏)하고 분부를 받아 처리하도록 하라"라고 하였다. 신칙한 뒤에 여러 관사의 당상관과 낭관은 모두 와서 참여하였으나, 오직 사헌부만 입직감찰(入直監察) 1명 외에는 모두 나와서 대기하지 않았으며, 대사헌도 겸임한 교서관에 참여하느라고, 본사(本司)에 나와서 구식을 하지 않았으니 경중의 차례를 잃었다. 외출한 대사헌 오재순(吳載純)을 종중 추고(從重推考)하고, 공무로 외출한 여러 대관(臺官)들도 추고하였다.[51]

영조대 구일식의에 대한 친림의주를『국조속오례의』에 삽입하였음에도 불구하고 정조대에 여전히 구일식에 대한 근거 문헌의 부족과 정례화되지 않은 친림이 문제가 되고 있음을 보여 주고 있다. 또한 관원들도 구일식에 참여율이 저조하고 특별한 반응을 보여 주고 있지 않아서 일식에 대한 주술적인 영향에서 많이 벗어났음을 알 수 있다. 이점은 국왕인 정조에게서도 추론해 낼 수 있는 부분이기도 하다. 위와 같은 문제는『대전통편』감인청(監印廳)에서도 아래와 같이 동일하게 지적하고 있다.

"일식과 월식 때에, 궐내의 각사(各司)에서는 친림하여 구식하는 경우가 아니면 전례에 의하여 행하지 말고, 여러 군영에서는 다만 복색이 불편할 뿐만 아니라 여러 각사와 일의 체통이 다르니 좌우 포도청과 함께 잠시 보류

51 『정조실록』권20, 정조 9년, 7월 1일(무신).

하며, 잔사(殘司) 가운데 빙고(氷庫)·도화서(圖畫署)·조지서(造紙署)·활인서(活人署)·자문감(紫門監)·와서(瓦署) 등 6사(司) 및 혹 관아의 이름은 있으나 관원이 없는 곳은 제외시키는 것이 마땅하고, 관상감의 고자(瞽者)에 있어서는 과거에 행하지 않던 아문으로서 일시에 배정하여 책립(責立)하면 소요를 일으킬 듯하니, 여러 상사(上司) 및 2품 이상의 아문으로서 종전과 같이 거행하는 곳 외에는 모두 잠시 보류할 것입니다. 백관이 모두 참여하는 문제도 또한 장애가 있으니 각 관사마다 당상관과 낭관 각 1명만 참여하고, 당상관이 없는 곳은 수령관(首領官)과 좌이관(佐貳官)이 진참(進參)하여 2명을 갖추도록 하는 것이 옳겠습니다"라고 하니, 국왕이 윤허하였다.[52]

위의 기사를 통해서 더 이상 구일식에 대한 국왕의 친림이 거행되지 않을 것이며 각 관서들에서 필요한 최소의 인원만을 동원하여 구일식 의례에 참석시키게 되고 있음을 알 수 있다. 따라서 영조 이후에는 친림구일식의가 지속적으로 이어지지 않았음을 보여 주는 셈이다.

한편『목민심서』에도 일식에 대한 의례가 등장하는데 다음과 같다.

"해와 달이 서로 침식하는 현상은 본래 천체 운행의 도수(度數)에 따른 것으로서 미리 그 시각을 알 수 있는 것이므로 처음부터 재변(災變)이 아니다. 요순의 시대에 역법(曆法)이 이미 밝혀졌으니 일식·월식을 알지 못한 것이 아니라 단지 해와 달의 빛이 죽어져 경색(景色)이 수참(愁慘)하게 되므로 북을 치고 희생(犧牲)을 써서 하나의 변고임을 보인 것일 따름이다. 지금 군현에서 일식·월식에 비는 방법은 중들을 잡아와 징을 울리고 판(板)을 치며 일광보살(日光菩薩)·월광보살(月光菩薩)을 부르짖으며 펄쩍펄쩍 뛰게 하

52 『정조실록』 권20, 정조 9년, 7월 12일(무신).

는데, 이것은 재변을 두려워하는 행위가 아니라 바로 하늘을 무시하는 것으로 예를 어기는 것이다. 마땅히 중앙 관서의 관례에 따라 수령이 빛깔 엷은 옷에 검은 각대(角帶)를 하고 뜰 가운데 나가 앉아 소경을 시켜 북을 세 번씩 아홉 차례 치게 할 것이다. 수령은 공경스런 마음으로 단정히 앉아 있고 좌우는 떠들지 말게 하여 해와 달이 다시 밝아지기를 기다리는 것이 옳다. 이런 의식을 사직단(社稷壇)에서 행한다면 더욱 옛날의 법과 합치될 것이다. 『춘추전(春秋傳)』에 이르기를 '일식이 있으면 북을 울리고 사직에 희생을 드린다'라고 하였다"[53]

위에 인용한 정약용의 말을 생각한다면, 일식은 더 이상 경외의 대상도, 재변의 하나도 아닌 자연의 현상이라고 파악하고 있음을 알 수 있다. 또한 조선 후기에 일식에 대해서는 경외를 막론하고 그것을 벗어나거나 적어도 의례의 절차를 빌려서 해결하려는 것이 관에 의해 이루어졌음을 볼 수 있다. 각 지방에서는 수령과 좌수들이 중심이 되어 상하의 위계를 갖추는 것으로 일식을 대하고 있음을 알 수 있다. 특히 요순시대부터 역법을 통해 이미 그 진상을 밝히고 있다는 다산의 지적을 생각한다면, 구일식 행위가 단순한 요식 행위 내지는 정치적인 이유로 거행되었다고 의심이 되는 부분이다. 그런 까닭으로 조선 후기에 군례의 하나로 구일식의가 재정비되었다는 것은 영조의 국왕권 강화를 위한 수단으로 이용되었다고 해석할 수 있을 것이다. 이 점은 영조 재위기에 다양한 의례들이 재정비되고 친림의주가 등장하였다는 것에서도 이해할 수 있다.[54]

53 『역주 목민심서』 권3, 제7부 예전(禮典) 육조(六條), 제1장 제사(祭祀), 일식(日食).

54 송지원, 「영조대 의례 정비와 『국조속오례의』 편찬」, 208~214쪽.

제 5 장

결론

조선 왕조 국가의 의례는 왕실 권위의 상징물이며 정치적 행위의 결과물이다. 유교를 국시로 정한 조선왕조에서 의례는 국가 지배 구조와 사회 질서의 차서적(差序的)인 관계를 물리적인 강제력이 아닌 구성원 스스로가 자발적으로 수용하도록 형성시켜 주는 토대였다. 국왕부터 신민에 이르기까지 정치사회적 행위를 의례에 따라 거행하고자 한 것에서 확인할 수 있다. 왕실의 군사의례도 왕조의 국가의례와 동일한 성격에서 분석된다.

군사의례는 동북아시아 왕조 국가들의 역사와 밀접한 관계가 있다. 일반적으로 군사(軍事)는 국가 단위의 물리력을 동원하는 군사 활동인 장병 훈련, 무력시위, 전쟁 등을 의미한다. 조선왕조를 비롯한 중국에서는 선진(先秦) 시대부터 군사 활동을 국가의례의 범주에 포함시켜 전례화(典禮化)할 정도로 역사적 기원이 오래되었다. 예컨대 의례의 원형으로 자주 인용되는 『주례(周禮)』의 오례(五禮) 속에 군사의례가 들어가 있었으며, 이 같은 전통은 중국의 역대 왕조로 계승되었다.

군례가 왕실은 물론 국가적 차원에서 의례화되고 정형화된 것은 군사라는 무력의 고유한 성격 때문이다. 군례는 군사의 동원과도 관계가 있지만, 군주가 통치권을 안정적으로 소유하고 있다는 무력 장악 정도를 의례적으로 정리해 보여 주는 것이다. 군례가 단순히 무력을 장악하고 강화하는 수단으로만 사용되었다면 중국 역대 왕조에서 농경민족만이 아니라 진(秦), 당, 원, 청과 같은 북방 기마 민족이 지배할 때에도 굳이 군례를 지속해서 사용할 필요가 없었을 것이다. 기마 민족이 중원의 농경민족이 창안하고 정착시킨 유교적 의례를 자신들의 강력한 무력 집단에 도입했다는 것은 군사적인 문제보다 통치, 정치에 연관되었다고 볼 수밖에 없다.

물론 군례 이외의 다른 의례도 통치와 연관되지 않은 것이 없다고 할 수도 있다. 반면 정권의 안녕을 해치고 권력을 견제할 수 있는 것은 군사력만한 것이 없다. 또한 왕조가 안정기에 접어들게 되면 권력을 위협할 수 있는 군사력의 절제와 남용을 제한하는 제도의 정비가 필요하다. 이런 상황에서 왕조의 구성원들이 자발적으로 움직이고 자제하도록 하는 것은 의례만한 것이 없다. 예컨대 한나라 고조인 유방이 통치권을 안정화시키기 위해 적극적으로 수용한 것이 유교의 의례 체제였다. 유방이 중원을 통일하기 이전에는 지위 고하를 막론하고 무력으로 뛰어난 인물이 중요시되었다. 상하 간의 격식을 차린 관계보다 친분 관계가 중요시되었다. 유방은 전쟁이 끝난 평화 시기에 안정적 통치 체제의 확립을 해결하기 위해 육가(陸賈)와 숙손통(叔孫通)이 주장한 유교적 의례 체제를 적극적으로 수용하였다. 후한의 한무제도 동중서를 통해 적극적으로 유교를 통치술로 사용한 것에서도 재차 확인된다. 따라서 역대 왕조가 국가의례에 군사 활동을 포함시킨 것은 통치와 밀접한 관련을 가지고 있었으며, 군례의 의례화도 왕조 초기에 동일하게 나타났다.

조선 건국기에도 적극적으로 군사를 의례의 통치 구조에서 정비하였다. 『세종실록』의 오례의를 비롯하여 조선 후기의 의례서들을 통해 군례의 정비를 확인할 수 있다. 특히 군례를 비롯해서 조선 왕실의 의례가 오례 체제에서 정비되었다는 것은 국가적 차원에서 관리되었다는 것은 물론 유교적 관점에서 진행되었음을 반증해 주는 것이다.

필자는 조선왕실 군례의 왕대별 변천을 의례서와 연대기 등의 자료를 비교하여 의례가 지니는 역사적 보편성과 장기 지속성을 조명하였다. 조선왕조는 건국기부터 소멸기까지 지속적으로 왕실 군례를 국가 체제에서 거행하였던 것이 큰 특징이다. 또한 왕실 군례가 장기적으로 지속되었던 배경과 상무적인 기능보다 문치적인 분야로 군례가 기능했던 부분을 기술하였다. 예컨대 조선왕실 군례의 기원과 유래가 중국 역대 왕조는 물론 고려 왕조의 전례(典禮)에 근거한 것임을 설명하였다. 태조대부터 왕실 전래의 활쏘기를 관사(觀射) 군례로 후대에 계승시킨 것이나 태종대에 군사 체제를 정비하면서 오례의에 국왕을 중심으로 하는 군례를 구축하기 시작한 것에서 확인된다.

조선 전기에 왕실 군례가 오례의 등의 국가의례서에 정비되어 조선 말기까지 큰 재편 없이 지속·유지된 것에서 왕실 군례의 생명력을 알 수 있다. 연구 내용에서 조선 전기에 대한 설명이 후기보다 상대적으로 많은 것도 그 이유이다. 물론 조선 후기에 국왕의 행행(幸行)을 중심으로 대사례와 대열(大閱) 등이 주기적으로 시행되면서 전기와 달리 대형화되는 것에서 변화상을 볼 수 있다. 반면 군례의 형식이나 진행 과정이 오례의의 규정에 부합되는 것은 물론 증보된 의례서의 내용도 기물과 인원의 도입 내지는 장소의 변화상이 대부분이다.

이런 배경에서 본 연구는 조선 왕실의 군례가 장기 지속되던 현상에서 의례가 지니는 보편적 고유성을 조명할 수 있었던 점을 강조하고자 했다. 왕실 군례는 자칫 왕가의 사적인 범위에서 거행된 의례라고 해석할 수 있다. 그러나 왕조 국가의 의례적 기능이 왕실과 혼융(混融)되어 시행되었다는 것을 감안한다면 별 의미가 없는 해석이다. 조선 왕실의 군례가 국가적 범위의 의례로서 공적인 성격으로 후대까지 거행되었다는 것에 보다 큰 의미를 부여해야 한다. 결론적으로 왕실 군례가 왕권의 강화 내지는 군사적인 기능보다는 왕조의 영속을 지탱하는 '의례'로서 작용하였던 것이다.

참고문헌

『국조오례의』, 『속국조오례의』, 『춘관통고』, 『대한예전』, 『대사례의궤』, 『원행을묘정리의궤』, 『陣法』, 『訓局謄錄』, 『御營廳擧動謄錄』, 『禁衛營擧動謄錄』, 『摠戎廳幸行謄錄』, 『扈衛廳謄錄』, 『兩營遺事』, 『唐開元禮』, 『洪武禮制』, 『大明集禮』, 『大明會典』, 『大淸會典』, 『五禮通考』, 『續古今攷』, 『禮記義疏』, 『通典』, 『通志』, 『文獻通考』, 『禮書通故』, 『李文忠公全集』, 『籌辦夷務始末』, 『淸季中日韓關係史料』, 『淸光緖朝中日交涉史料』, 『倭使日記』, 『日本外交文書』, 『朝鮮外交事務書』

국립민속박물관, 「조선시대 대사례와 향사례」, 2009.

강신엽, 「조선시대 大射禮의 시행과 그 운영-大射禮儀軌를 중심으로」, 『조선시대사학보』 16, 2001.

강제훈, 조선 초기 朝儀의 의례구조와 상징」, 『한국사연구』 137, 2007.

구선희, 『한국근대 대청정책사 연구』, 혜안, 1999.

권석봉, 『淸末對朝鮮政策史硏究』, 일조각, 1986.

권혁수, 『근대 한중관계사의 재조명』, 혜안, 2007.

김성혜, 「고종 친정 직후 정치적 기반 형성과 그 특징(1874~1876)」, 『한국근현대사연구』 52, 2010.

김동진, 「조선전기 講武의 시행과 捕虎政策」, 『조선시대사학보』 40, 2007.

김문식, 『高宗의 皇帝 登極儀에 나타난 상징적 함의」, 『조선시대사학보』 37, 2006.

______, 『국조오례통편(國朝五禮通編)의 자료적 특징」, 『한국문화연구』 12, 2007.

김세은, 「고종초기(1864년~1873년)의 經筵」, 『진단학보』 89, 2000.

______, 「高宗初期(1863~1873) 國家儀禮 시행의 의미」, 『조선시대사학보』 31, 2004.

김용구, 『세계관의 충돌과 한말외교사』, 문학과지성사, 2001.

김종학, 『심행일기』, 푸른역사, 2010.

김창혁, 「『고려사』 예지의 구조와 성격」, 『한국사학보』 44, 2011.

노영구, 「조선후기 漢城에서의 閱武 시행과 그 의미－大閱 사례를 중심으로」, 『서울학연구』 32, 2008.
박도식, 「조선초기 강무제에 관한 일고찰」, 『박성봉교수회갑기념논총』, 1987.
박례경, 「조선시대 國家典禮에서 社稷祭 儀禮의 분류별 변화와 儀註의 특징」, 『奎章閣』 29, 2006.
박종배, 「조선시대 성균관 대사례의 시행과 의미」, 『교육사학연구』 13, 2003.
백기인, 「조선후기 국왕의 열무 시행과 성격」, 『한국정치외교사논총』 27, 2006.
백영자, 『朝鮮時代의 어가행렬』, 한국방송통신대학교, 1994.
소순규, 「조선초 大閱儀의 의례 구조와 정치적 의미」, 『사총』 75, 2012.
송미령, 「강희제의 清 帝國 구상과 滿洲族의 정체성－예수회 선교사들의 기록을 중심으로」, 『역사학보』 196, 2007.
송병기, 『近代韓中關係史硏究』, 단대출판부, 1987.
______, 『개방과 예속』, 단대출판부, 2000.
신명호, 「조선후기 국왕 행행시 국정운영체제」, 『조선시대사학보』 17, 2003.
신병주, 「영조대 대사례의 실시와 『대사례의궤』」, 『한국학보』 106, 2002.
______, 「仁祖代 '禮呈' 儀式의 추진과 관련 의례 연구」, 『한국학보』 114, 2004.
심승구, 「조선시대 대사례의 설행과 정치·사회적 의미－1743년(영조19) 대사례를 중심으로」, 『한국학논총』 32, 2009.
______, 「조선시대 사냥의 추이와 특성－講武와 捉虎를 중심으로」, 『한국학논총』 24, 2007.
______, 「朝鮮時代 大射禮의 設行과 政治·社會的 意味－1743년(영조 19) 大射禮를 중심으로」, 『한국학논총』 32, 2009.
안외순, 「고종의 초기(1864-1873) 대외인식 변화와 친정－遣淸回還使 召見을 중심으로」, 『한국정치학회보』 30-2, 1996.
연갑수, 「甲申政變 이전의 국내 정치세력의 동향」, 『국사관논총』 93, 2000.
윤소영, 「1870년 전후 조선의 대일인식과 정책」, 『한국근현대사연구』 25, 2003.
이광린, 『韓國開化史硏究』, 일조각, 1985.
이범직, 『韓國中世禮思想硏究－五禮를 중심으로』, 일조각, 1991.
李範稷, 「儒教 儀禮의 象徵」, 『건대사학』 10, 2003.
이성무, 「조선시대의 왕권」, 『동양 삼국의 왕권과 관료제』, 국학자료원, 1998.
李完宰, 「朝鮮初期의 儒教的 國家儀禮에 대한 연구－五禮의 儀禮官을 중심으로」, 『한국사상사학』 10, 1998.
이왕무, 「1802년 순조의 嘉禮에 나타난 국왕의 행행 연구」, 『장서각』 14, 2005.
______, 「영조의 私親宮園 조성과 행행」, 『장서각』 15, 2006.
______, 「조선시대 국왕의 온행 연구」, 『국사관논총』 108, 2006.
______, 「조선후기 국왕의 행행시 궁궐의 숙위와 유도군 연구」, 『군사』 62, 2007.
______, 「조선후기 국왕의 도성내 행행의 추세와 변화」, 『조선시대사학보』 43, 2007.
______, 「조선후기 순조의 행행과 의례적 성격」, 『역사와 실학』 34, 2007.
______, 「조선후기 국왕의 능행 연구」, 한국학중앙연구원 한국학대학원 박사학위논문, 2008.
이태진, 「조선왕조의 유교정치와 왕권」, 『한국사론』 23, 1990.
이현수, 「조선초기 강무 시행사례와 군사적 기능」, 『군사』 45, 2002.
임민혁, 「조선 초기 국가의례와 왕권-『국조오례의』를 중심으로」, 『역사와 실학』 43, 2010.
장영숙, 「고종의 대외인식전환 연구(1863~1881)」, 『상명사학』 5, 1997.
______, 『고종의 정치사상과 정치개혁론』, 선인, 2010.
정옥자, 「紳士遊覽團考」, 『역사학보』 27, 1965.
정재훈, 「조선시대 국왕의례에 대한 연구-강무를 중심으로」, 『한국사상과 문화』 50, 2009.
조병한, 「海防 體制와 1870년대 李鴻章의 洋務運動」, 『동양사학연구』 88, 2004.
池斗煥, 「朝鮮初期 朱子家禮의 理解過程: 國喪儀禮를 중심으로」, 『한국사론』 8, 1982.
______, 『朝鮮前期 儀禮研究: 性理學 正統論을 中心으로』, 서울대, 1994.
______, 「朝鮮後期 國喪儀禮 變遷-卒哭 練祭 前後 喪服의 변화를 중심으로」, 『한국학논총』 27, 2005.
채미하, 「신라의 軍禮 수용과 王權」, 『한국사연구』 149, 2010.
최진열, 「唐代 皇帝 巡幸의 성격-巡幸 빈도·기간·장소·활동의 통계적 분석을 중심으로」, 『대동문화연구』 72, 2010.
한형주, 「朝鮮初期 朝賀儀禮에 대한 考察-正至朝賀를 중심으로」, 『명지사론』 13, 2002.
______, 「조선초기 왕세자의 국가의례 참여와 그 성격」, 『역사민속학』 30, 2009.
홍승현, 「漢代 華夷觀의 전개와 성격」, 『동북아역사논총』 31, 2011.

鄭定國, 『周禮夏官的軍禮思想』, 文思哲出版社, 大北, 1995.
______, 『周禮夏官的軍禮思想』, 文史哲出版社, 1995.
青木保, 『儀礼の象徵性』, 岩波書店, 동경, 2006.

阪口修平,「軍隊」,『近代ヨロッパの探究』, ミネルウア書房, 2009.

________,『歴史と軍隊』, 創元社, 2010.

藤田省三,『天皇制国家の支配原理』, 未來社, 1966.

岡木隆司,『屬國と自主のあいだ』, 名古屋大學出版會, 2004.

孔繁敏,「晩清對韓政策的演變與教訓」,『北京聯合大學學報』3, 2002.

白新良,『中朝關係史』, 世界智識出版社, 2002.

濱下武志,『朝貢システムと近代アジア』, 岩波書店, 1993.

三好千春,「兩次アヘン戰爭を事大關係の動搖」,『朝鮮史研究會論文集』27, 1990.

原田環,「十九世紀の朝鮮における對外的危機意識」,『朝鮮史研究會論文集』21, 1984.

佐々木揚,「同治年間後期における清朝洋務派の日本論ー李鴻章の場合を中心として」,『東洋史研究』44(3), 東洋史研究會, 1985.12.

川島眞,『中國近代外交の形成』, 名古屋大學出版會, 2004.

坂野正高,『近代中國政治外交史』, 東京大學出版會, 1973.

彭澤周,『明治初期日韓淸關係の研究』, 塙書房, 1969.

찾아보기